博士后文库
中国博士后科学基金资助出版

交通冲突极值统计方法与应用

郑 来 著

科 学 出 版 社
北 京

内 容 简 介

本书系统地介绍交通冲突极值统计方法与应用。在撰写过程中，归纳了作者近十年来在交通冲突极值统计领域的研究成果，也充分吸收了近年来交通冲突和极值理论领域的新理论和新方法，并注重探讨其在实践应用中的可行性和可操作性。全书共八章，主要内容包括交通冲突技术、极值理论、一元交通冲突极值建模与分析、多元交通冲突极值建模与分析、交通事件安全连续体模型构建、交通安全改善效果前后对比分析、信号交叉口交通事故风险实时预测等。

本书可作为交通运输规划与管理、交通信息工程及控制专业研究生的参考教材，也可供从事道路交通安全相关行业的工程技术人员学习参考。

图书在版编目(CIP)数据

交通冲突极值统计方法与应用 / 郑来著. —北京：科学出版社，2022.3
(博士后文库)

ISBN 978-7-03-070547-1

Ⅰ. ①交…　Ⅱ. ①郑…　Ⅲ. ①交通拥挤-极值(数学)-统计方法
Ⅳ. ①U491.2-32

中国版本图书馆CIP数据核字(2021)第224275号

责任编辑：朱英彪　周　炜　罗　娟 / 责任校对：任苗苗
责任印制：吴兆东 / 封面设计：陈　敬

科学出版社出版
北京东黄城根北街16号
邮政编码：100717
http://www.sciencep.com
北京凌奇印刷有限责任公司 印刷
科学出版社发行　各地新华书店经销
*
2022年3月第　一　版　开本：720×1000 1/16
2023年6月第二次印刷　印张：15 1/2
字数：312 000

定价：108.00元

(如有印装质量问题，我社负责调换)

“博士后文库”序言

1985 年，在李政道先生的倡议和邓小平同志的亲自关怀下，我国建立了博士后制度，同时设立了博士后科学基金。30 多年来，在党和国家的高度重视下，在社会各方面的关心和支持下，博士后制度为我国培养了一大批青年高层次创新人才。在这一过程中，博士后科学基金发挥了不可替代的独特作用。

博士后科学基金是中国特色博士后制度的重要组成部分，专门用于资助博士后研究人员开展创新探索。博士后科学基金的资助，对正处于独立科研生涯起步阶段的博士后研究人员来说，适逢其时，有利于培养他们独立的科研人格、在选题方面的竞争意识以及负责的精神，是他们独立从事科研工作的“第一桶金”。尽管博士后科学基金资助金额不大，但对博士后青年创新人才的培养和激励作用不可估量。四两拨千斤，博士后科学基金有效地推动了博士后研究人员迅速成长为高水平的研究人才，“小基金发挥了大作用”。

在博士后科学基金的资助下，博士后研究人员的优秀学术成果不断涌现。2013 年，为提高博士后科学基金的资助效益，中国博士后科学基金会联合科学出版社开展了博士后优秀学术专著出版资助工作，通过专家评审遴选出优秀的博士后学术著作，收入“博士后文库”，由博士后科学基金资助、科学出版社出版。我们希望，借此打造专属于博士后学术创新的旗舰图书品牌，激励博士后研究人员潜心科研，扎实治学，提升博士后优秀学术成果的社会影响力。

2015 年，国务院办公厅印发了《关于改革完善博士后制度的意见》（国办发〔2015〕87 号），将“实施自然科学、人文社会科学优秀博士后论著出版支持计划”作为“十三五”期间博士后工作的重要内容和提升博士后研究人员培养质量的重要手段，这更加凸显了出版资助工作的意义。我相信，我们提供的这个出版资助平台将对博士后研究人员激发创新智慧、凝聚创新力量发挥独特的作用，促使博士后研究人员的创新成果更好地服务于创新驱动发展战略和创新型国家的建设。

祝愿广大博士后研究人员在博士后科学基金的资助下早日成长为栋梁之才，为实现中华民族伟大复兴的中国梦做出更大的贡献。

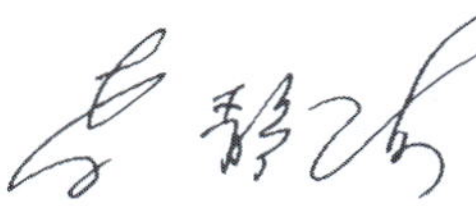

中国博士后科学基金会理事长

前　言

"不要等待交通事故的发生!"这句话时常回荡在作者脑海中，也一直推动着作者致力于道路交通安全主动分析领域的研究工作。众所周知，道路交通安全问题是影响人类可持续发展的痼疾之一，全世界每年都会因为交通事故而有上百万人死亡，上千万人受伤，直接或间接经济损失更是数目惊人。因此，改善道路交通安全仍任重道远，需要广大科研人员积极探索新的思路和方法。

无论是现在还是将来，交通事故都是分析和评价道路交通安全状况的核心依据。然而，以交通事故为基础也就意味着必须等到一定数量的交通事故和事故伤害发生后才能进行安全分析并制定相应的对策，这种事后性所带来的被动和无奈显然是很难接受的。随着科技的进步和人类文明的发展，人们对改善交通安全的主动性要求必将越来越高，这也促使广大科研人员积极探索能够作为交通事故补充甚至完全替代交通事故的安全分析方法，交通冲突技术就是其中最具代表性的一种。

使用交通冲突技术的前提是证明交通冲突是一种有效的交通事故替代指标，即需要验证基于交通冲突和基于交通事故的安全分析结果存在一致性，最为直接的方法是通过统计分析证明交通冲突与交通事故之间存在关联。例如，如果能够证明交通冲突数与交通事故数存在显著的正相关关系，那么观测的交通冲突越多，也就意味着交通事故越多。然而，这种简单的正相关关系往往是不存在的，很多情况下交通冲突与交通事故之间的关系极为复杂，这也是将极值理论与交通冲突结合的初衷——满足复杂条件下交通冲突与交通事故关系的建模需求。现阶段交通冲突极值模型的研究以分析交通冲突与交通事故的关系为主，本书以此为起点，在介绍交通冲突与极值理论的基础上引入冲突极值模型的建立方法与应用实例。

本书集成了作者近十年来在交通冲突极值统计领域的研究成果，希望能给交通安全领域的科研和实践人员提供一些借鉴和参考。书中涉及的安全改造效果前后对比分析、事故风险实时预测等应用实例均来自加拿大，作者也希望能够通过这些例子推动交通冲突技术在我国的应用。

最后，在此由衷地感谢哈尔滨工业大学的孟祥海教授、孙金玮教授，加拿大卡尔顿大学的 Karim Ismail 教授，英属哥伦比亚大学的 Tarek Sayed 院士，他们是我进入道路交通安全研究领域及开展交通冲突极值统计研究的引路人；感谢硕士研究生温程和黄曜在本书校稿过程中付出的努力；感谢中国博士后科学基金面上项目、博士后国际交流计划派出项目、博士后优秀学术专著出版项目的资助。

本书中很多研究尚处于探索阶段，加之作者水平有限，难免存在不当之处，敬请广大读者批评指正。

郑　来

2021 年 10 月

目　录

第1章 绪　　论

据世界卫生组织统计，全世界每年均有超过120万人死于道路交通事故，受伤人数及由此造成的经济损失更是数目惊人。目前，道路交通事故是人类死亡的第八大诱因，并且是年龄为5～29岁的人死亡的首要原因。道路交通安全已然成为影响世界可持续发展的重大问题之一，而改善交通安全状况则亟须全人类不懈地努力和探索。交通冲突技术是近年来交通安全研究领域兴起的一个重要探索方向，并逐渐发展成为道路交通安全主动分析不可或缺的技术手段。交通冲突技术与极值理论的结合，不仅有助于验证交通冲突技术的有效性，增强使用交通冲突技术进行安全分析与评价的信心，而且能极大地丰富交通冲突的使用方法，拓展应用交通冲突技术进行安全分析与评价的领域。

1.1　交通冲突技术的起源与发展

交通事故是道路交通系统运行失效的产物，也是反映道路交通安全状况最直观有效的指标。因此，现阶段为改善交通安全状况所采取的努力主要是以历史交通事故数据的统计分析为基础，并将事故数(率)和事故严重程度作为安全水平的衡量依据。然而，以交通事故数据为基础的交通安全分析方法存在诸多缺点。

(1)交通事故记录的不完整性导致分析结果不能反映真实的交通安全水平。

交通安全分析所使用的事故数据主要来自交警部门或道路交通主管部门的交通事故记录。由于交通事故的界定、处理、现场记录、报告、统计等阶段存在的问题，最终收集到并用于安全分析的交通事故数据往往只是实际发生交通事故的一部分，很难反映研究对象的真实安全水平。

(2)交通事故发生的稀少性导致交通安全分析所需的周期一般较长。

交通事故属于极稀少事件，很多研究对象在相对较长的时间内没有交通事故发生。因此，一般需要相当长的时间才能收集到满足统计分析要求的交通事故数据。通常情况下，建议的交通事故数据收集周期为2～3年。

(3)交通事故发生的随机性导致以统计回归为基础的安全分析存在较大的不确定性。

交通事故也属于强随机性事件，即使在道路、交通、环境等因素完全相同的情况下，交通事故的发生与否也不一定相同。通过对大量交通事故数据进行统计分析可以帮助寻找一般性规律。然而，由于事故发生的随机性，安全分析的结论也存在较大的不确定性。

(4) 交通事故统计分析的集计性导致无法分析事故个体发生的内在机理。

交通事故发生的极稀少性和强随机性要求必须从集计的角度分析才能得到相对可靠的分析结果。这种集计分析方法有助于从总体角度分析道路、交通、环境因素与交通事故的关系，却无法具体分析每一起事故发生的内在机理，尤其是很难分析道路使用者个体因素(如驾驶员行为因素)对事故发生的影响。

(5) 交通事故统计方法的事后性导致安全分析的时效性和主动性较差。

应用交通事故统计方法进行安全评价及指导安全改善对策制定具有明显的事后性，即必须等到一定数量的事故和事故伤害发生后才能采取相应的措施。这往往意味着需要等待 2～3 年才能知道一项改造措施的安全效果，严重影响了安全分析的时效性。此外，被动等待交通事故的发生也制约了交通安全分析的主动性。

这些缺点给交通安全分析带来的被动和无奈显然是人们不愿意看到和接受的。交通安全理论和概念国际研究协会(International Cooperation on Theories and Concepts in Traffic Safety，ICTCT)提出的“不要等待交通事故的发生”和“我们不需要利用交通事故来阻止交通事故”等口号，明确表达了交通安全领域广大科研人员和工程实践人员对改变现状以及探寻利用非事故数据进行交通安全分析的迫切希望。

实际上，利用非事故数据进行交通安全分析或寻找交通安全分析的事故替代指标方面的研究由来已久。具有普遍认可度的事故替代指标往往需要同时具备以下三个条件：①能够恰当地反映道路和交通条件变化的影响；②与受道路、交通条件变化影响的交通事故相关；③能够被实际观测。

满足上述条件的事故替代指标较多，交通冲突是最为常用的一种。首先，交通冲突的发生受道路、交通、环境及其他因素的影响。其次，虽然交通冲突与交通事故有所不同，但是两者之间联系密切且受到很多共同因素的影响。最后，相较于交通事故，交通冲突发生频率更高且在现有技术条件下能够被较为准确地观测。

交通冲突与交通事故的关系如图 1-1 所示[1]。道路改造措施的实施可能会导致条件集合 A、B、C 的变化，其中集合 A 中的因素只影响交通冲突的发生，集合 C 中的因素只影响交通事故的发生，集合 B 中的因素同时影响交通冲突和交通事故的发生。例如，一个驾驶经验丰富的驾驶员会更加自信，并倾向于在驾驶过程中与其他车辆保持相对较小的时空间距，这会导致交通冲突数量的增加而可能并不引发交通事故；在路面非常湿滑的条件下驾驶员采取了制动措施，如果以开始刹车时刻车辆之间的时空接近度来界定交通冲突，交通冲突的数量可能保持不变，而交通事故数量则会由于制动失效而明显增加；不良的道路设计会导致驾驶员操作失误，促使驾驶员采取避险操作以进行纠正，这种情况就可能导致交通冲突(避险行为及时有效）或交通事故（避险行为无效）的发生。从这个角度来看，交通冲突和交通事故都属于风险事件且诱因相同。由于交通冲突和交通事故过程的一致性，集合 B 的范围往往较广而集合 A、C 相对较小。

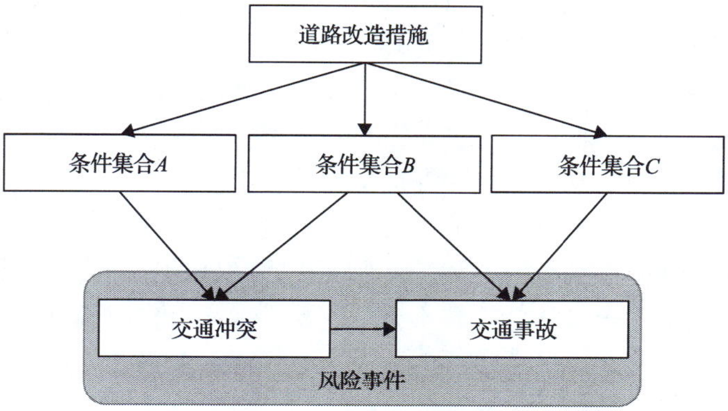

图 1-1 交通冲突与交通事故关系示意图

美国的底特律通用汽车实验室最早认识到交通冲突与交通事故之间的密切关系并将交通冲突应用至安全分析。1968 年，该实验室的 Perkins 和 Harris 提出使用以避险行为为核心的交通冲突来评价车辆运行的安全性[2]。此后，交通冲突技术就得到了越来越多的关注和应用。然而，交通冲突的界定在当时还是比较宽泛的，不仅道路使用者之间的相互作用会被视为交通冲突，交通违规行为（如车辆闯红灯）也会被视为交通冲突。1971 年，Hayward 重新界定了交通冲突，认为交通冲突是需要相互作用的道路使用者中至少有一方必须改变速度或方向才能避免交通事故发生的一种危险情况[3]。

从 20 世纪 70 年代后期开始，北美和欧洲很多国家的学者开始了交通冲突技术的研究，制定了一系列交通冲突标准。1977 年，在 Oslo 举办的第一届交通冲突技术研讨会（The First Workshop of International Cooperation on Traffic Conflict Techniques）上，参会学者对交通冲突的定义达成了共识，认为交通冲突是“一种可观测的交通事件，其中两个或两个以上道路使用者在空间或时间上相互接近，以至于如果其中一方不改变其运行状态将会发生碰撞”[4]。

在随后的几十年里，交通冲突技术的发展也历经波折。虽然广大学者对交通冲突的定义达成了共识，但在实际应用该定义时却存在诸多问题。一方面，当时的交通冲突观测主要以人工观测为主，观测方法的主观性和观测结果的不一致性在较大程度上限制了交通冲突技术的应用；另一方面，很多研究发现交通冲突与交通事故之间并没有较强的相关关系，这也带来了对交通冲突有效性的质疑。虽然发展缓慢，但当时也取得了很多标志性的成果，例如，部分国家建立了适用于本国条件的交通冲突技术体系，学者提出了一系列用于衡量交通冲突严重程度的量化指标，也有很多研究建立了描述交通冲突与交通事故关系的回归模型等。

21世纪左右，随着视频检测技术等传感技术的飞速发展，一些客观的交通冲突判别技术和方法相继提出，从而推动了交通冲突技术的快速发展。很多先进的交通冲突判别方法(如加拿大基于计算机视觉的交通冲突识别技术)逐步成型并成功应用至科学研究和工程实践中。此外，很多新的统计分析方法也被引入交通冲突技术中，从而更好地证明了交通冲突与交通事故之间的关系，也验证了交通冲突技术的有效性。这些都在很大程度上促进了交通冲突技术的研究和进一步发展，也推动了交通冲突技术在道路交通安全领域的应用。

通过对交通技术发展进程的分析发现，尽管过去的几十年里交通冲突技术取得了长足的发展和一系列重要的突破，但无论是在理论基础研究还是在应用实践中，现阶段的交通冲突技术体系并不十分完善，未来潜在的研究方向可能包括以下几个方面。

1)交通冲突技术规范化和标准化研究

现阶段交通冲突技术版本多种多样，这些版本虽有一些基本的共同之处但也存在较多差异。例如，瑞典交通冲突技术以距离事故时间和冲突速度为冲突衡量指标，这些指标只有在存在冲突过程的前提下才存在；荷兰交通冲突技术考虑了存在冲突过程和不存在冲突过程两种情况；美国交通冲突技术在很大程度上依赖于避险行为；德国的交通冲突研究更关注驾驶行为失误。对交通冲突理解的不同导致不同国家学者的研究很难交互验证，因而相关研究成果也很难进一步推广。在交通冲突技术发展的早期，使用不同的交通冲突技术有利于人们从不同的角度去理解交通冲突。但是，随着交通技术的不断发展，其最终会走向规范化和标准化。这就需要全球范围内的学者和工程实践人员通力协作，尤其是在交通冲突定义和观测统一化方面共同努力。

交通冲突技术规范化和标准化的努力还需要考虑扩展现有交通冲突技术的研究范围。虽然前文给出的交通冲突定义表明其研究的核心是两个或两个以上的道路使用者，但大部分研究都局限于两个道路使用者之间的相互作用，仅有少量的研究提到了单个或多个道路使用者。显然，扩大交通冲突技术的研究和使用范围将有助于更加全面地分析道路交通安全状况。

2)交通冲突与交通事故关系的进一步研究

尽管已经有较多的研究开始直接使用交通冲突进行道路交通安全分析，探讨交通冲突与交通事故之间的关系仍然是一个充满挑战却意义非凡的工作。一方面，证实交通冲突与交通事故之间的关系可以增强工程实践人员使用交通冲突技术的信心；另一方面，从不同的视角探索交通冲突与交通事故的关系也有利于更加全面地了解交通事故的发生机理。基于现代统计分析技术(极值理论、因果关系、概率模型等)的建模方法为交通冲突与交通事故关系研究注入了新的动力，但这些技术方法仍需要进一步验证和完善。同时，探索新的模型和方法也是未来的研究方向之一。

3）使用交通事件安全连续体而不仅是交通冲突进行安全分析

现阶段已经有一些学者建议使用交通事件安全连续体，即考虑所有的交通事件而不仅是交通冲突或交通事故进行交通安全分析，但要实现这一目标仍有很多工作要做。首先，描述交通事件安全程度的指标必须是客观的，并且一个好的指标应不仅能够反映事故发生的风险，还能够体现出潜在交通事故的严重程度。其次，使用交通事件安全连续体并不意味着仅考虑其中各个级别所包含交通事件的数量，而是要合理利用整个安全连续体分布。为了更好地利用整个安全连续体，建立其参数化模型将十分重要。

当然，利用交通事件安全连续体的一个重要前提是证明安全连续体的真实存在。自然驾驶实验可以为这个方向的研究提供较好的数据支撑，因为其所记录的数据不仅包括正常的交通状态信息，还包括交通冲突状态以及较为罕见的交通事故状态信息。

4）探寻交通冲突与正常交通事件的分界

现阶段的大部分研究表明，分析交通冲突频数（率）能够得到可接受的安全分析结论，因此基于交通冲突频数（率）的安全分析仍然会是未来研究的主体。使用交通冲突频数（率）的关键在于确定交通冲突与正常交通事件的临界值。一种临界值确定方法是测试所有可能的临界值并选取与交通事故相关程度最高的交通冲突所对应的值。这种方法的隐含前提是不同路段上交通冲突与正常交通事件的分界是明确且一致的。另一种方法是允许临界值随道路、交通、环境条件的改变而改变，即通过回归分析方法建立冲突临界值与道路、交通、环境等因素的关系模型。

5）交通冲突严重程度的多维描述

交通冲突严重程度通常由时间或空间接近程度来描述，时空接近度越高，交通冲突越严重。学者先后提出多种交通冲突严重程度衡量指标，然而即使是同一个指标，在不同背景条件下所蕴含的意义也有可能不同。例如，假设两个交通冲突所对应的距离碰撞时间（time to collision，TTC）是一样的，但一个交通冲突发生在卡车与行人之间，另一个冲突发生在自行车与行人之间，那么这个相同的 TTC 所对应的可能事故严重程度是不同的。此外，即使所涉及的道路使用者类型一致，由于驾驶员行为的差异（如对危险感知能力的不同和反应时间的不同等），同一个 TTC 所对应的两个交通冲突也有可能产生不同的事故结果。相对于这种单一的客观指标，冲突严重程度的主观界定虽然存在可重复性差等方面的缺陷，但往往更为可靠，主要是由于主观判断考虑的因素更为全面。

为了更加全面地描述交通冲突，可以考虑构建多维的交通冲突严重程度描述指标，例如，可以将冲突可能导致的事故严重程度作为一个衡量指标，或者将避险行为发生的可能性作为一个指标等。如果能够构建多维的交通冲突严重程度衡量指标，那么传统的严重程度分级模型也将会从单维模型转变为多维模型。如何合理地构建这些指标以及如何对这些指标进行利用也是未来的研究方向之一。

1.2　极值理论的起源与发展

经典统计学理论主要用于描述大量随机过程体现出的普遍规律，如样本均值、方差等。当样本数量有限时，经典统计分析结果的可信度一般较低。作为统计学的一个重要分支，极值理论关注的重点是严重背离分布均值的小样本事件，即因发生概率极低而在较短时间内无法观测到的极值事件，如百年一遇的洪水、地震、金融危机等。这些极值事件虽然较为罕见，但一旦发生就会产生巨大影响。正因为如此，极值理论研究受到越来越多的关注。经典统计学理论与极值理论的区别如图 1-2 所示。

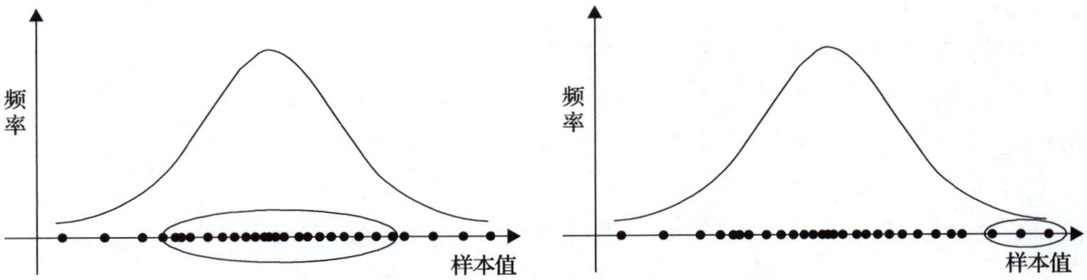

(a) 经典统计学理论　　(b) 极值理论

图 1-2　经典统计学理论与极值理论的区别示意图

极值理论起源于 20 世纪初期，主要是在理论层面分析各种随机现象，并从 20 世纪 50 年代开始得到广泛关注。其间的代表人物包括 Tippet、Fisher、Gnedenko、Gumbel 及 Pickands 等，他们相继提出和完善了渐近理论和极值有限分布理论，为极值理论的建立和发展奠定了基础[5-7]。Tippet 就职于英国棉花工业研究协会时，其研究方向是如何提高棉线的强度。他发现棉线的强度取决于强度最弱的纤维，并在 Fisher 的帮助下提出了三个描述强度极值的渐近分布。这三个分布日后成为极值理论的核心基础。1943 年，Gnedenko 给出了极值分布存在的充分必要条件，从而进一步完善了极值理论体系。1958 年，Gumbel 撰写了专著 *Statistics of Extremes*，梳理了极值理论的发展历程，并系统地介绍了极值理论的基本概念和应用方法。

极值是指极稀少或发生概率极小的值，因此对极值的估计通常是在观测值范围以外的估计。这就需要一个从可观测水平到不可观测水平的外推，极值理论为这种外推提供了一系列模型和方法。该理论最早被大范围应用于土木工程领域，因为土木工程设计人员总是被要求所设计的结构能承载超出一定程度预期的极限载荷。例如，桥梁需要能够抵御百年一遇的洪水，大楼需要能够抵御罕见的强烈地震等。现在，极值理论已经广泛应用于水利、气象、金融、保险、海洋工程等多个领域。

1.3 交通冲突与极值理论的结合

交通冲突和交通事故在影响因素和发生过程方面有诸多相似之处。在两个道路使用者相互接近并即将发生碰撞的过程中，他们其中的一方必须采取避险行为(如制动、转向等)以避免交通事故的发生。如果避险行为成功，该事件可以被认为是一次交通冲突，反之则是交通事故。从时空接近程度的角度来看，两个道路使用者在作用过程中相互接近，当接近度较小时，可以认为发生了交通冲突；如果接近度进一步变小直至为 0，就意味着两个道路使用者在时空上重合，即发生了碰撞。因此，交通事故可以看作交通冲突在时空接近维度上的极值。由较为常见的交通冲突预测较为罕见的交通事故可以看作交通冲突事件在时空接近维度上的外推，而极值理论则为这种外推提供了理论基础和分析模型。

1996 年，Campbell 等首次提出交通冲突与极值理论的结合应用，并通过建立一种简单的交通冲突极值模型评价了车辆主动安全技术的使用效果[8]。随后，Tarko 和 Songchitruksa 深入研究了交通冲突极值建模问题。在 Songchitruksa 的博士论文中，详细介绍了交通冲突极值模型的构建方法并通过交通冲突极值分布推导得到了安全分析指标[9]。这篇 2004 年完成的博士论文以及后来他导师 Tarko 发表的学术论文成为交通冲突极值模型研究的代表作，后续该方向的大部分研究都借鉴了他们的思路和方法[10, 11]。

总体来看，虽然近年来交通冲突极值理论模型方面的研究逐渐增多，但研究范围仍相对有限，且主要集中在利用极值理论模型建立交通冲突与交通事故的关系方面。从这个角度来看，极值理论模型具有独特的优势。一方面，该模型不再假定交通冲突与交通事故存在固定的关系。显然，不同严重程度的交通冲突以及不同道路、交通环境下发生的交通冲突与交通事故之间的关系并不是一成不变的。另一方面，极值理论模型构建的过程并不需要交通事故数据。考虑到前文所述的交通事故数据有诸多缺陷，这一优势对道路交通安全研究人员的吸引无疑是巨大的，同时它也使得交通冲突极值分析方法成为一种道路交通安全主动分析方法。当然，在大部分研究中仍使用了历史交通事故数据，但这些数据并不是用于构建模型，而只是用于验证极值模型预测结果的准确度和可靠性。除了使用极值理论建立交通冲突与交通事故之间的关系模型，交通冲突极值分布还可以应用于道路交通安全研究与实践的其他领域。

第 2 章　交通冲突技术

交通冲突技术是一种典型的基于非事故数据的道路交通安全分析与评价技术，现阶段虽然已经形成了相对完善的技术体系，但同时还存在可靠性、有效性等方面的问题。本章将首先介绍交通冲突的定义、常用的交通冲突指标、交通冲突观测方法以及世界范围内代表性的交通冲突技术体系，进而探讨交通冲突技术的有效性问题，并重点介绍用于验证交通冲突预测有效性的交通冲突与交通事故关系模型。

2.1　交通冲突界定及常用指标

2.1.1　交通冲突界定

现阶段交通冲突的界定方法大致可分为两类：基于避险行为的交通冲突和基于时空接近度的交通冲突。

1) 基于避险行为的交通冲突界定

基于避险行为的交通冲突界定是指以是否存在避险行为作为交通冲突的判断依据。1968 年, Perkins 和 Harris 首先提出并使用了这种交通冲突定义，即“在涉及两个或更多的道路使用者的交通事件中，如果一个道路使用者的行为导致其他道路使用者必须采取避险行为才能避免交通事故的发生，那么该交通事件即为交通冲突”[2]。该定义意味着如果在冲突过程中没有避险行为出现，交通冲突就会变成交通事故。

基于避险行为界定交通冲突的优势在于比较简单且利于实践应用。如果事先确定了所有可能与交通安全相关的避险行为，那么实践人员就可以相对容易地识别交通冲突。但是，将避险行为直接和交通事故联系在一起也存在一定的问题，因为很多事故的发生是由于道路使用者没有或未及时地采取避险行为，并且很多广义范围内的避险行为(如制动、变道等)很可能只是驾驶员所采取的预防性行为而并不意味着存在危险。

此外，避险行为的识别和急切程度的判断在早期以观察人员的主观判断为主。一方面，车辆的制动、变道等避险行为有明确的信号，如尾灯变亮、车道变换等，但这些行为的急切程度却很难通过主观判断给予准确描述；另一方面，基于避险行为的交通冲突界定方法在研究非机动车、行人交通冲突时的局限性更大，主要是这些道路使用者不存在明显的避险行为信号。近年来，研究人员在冲突参与者微观行为参数分析的基础上提出了多个量化避险行为的冲突指标，从而在一定程度上解决了上述问题。

2)基于时空接近度的交通冲突界定

基于时空接近度的交通冲突界定是以道路使用者在时间或空间上的接近程度作为判断依据的。该类型交通冲突的代表性定义是在第一届交通冲突技术研讨会上提出的，该会议后更名为交通安全理论和概念国际研究协会(ICTCT)，并成为交通冲突技术研究国际交流的重要平台。在此次会议上，学者对交通冲突定义达成了初步共识，认为交通冲突是“一种可观测的交通事件，其中两个或两个以上道路使用者在空间或时间上相互接近，以至于如果任何一方不改变其运行状态将会发生碰撞”。为了使该界定方法能够应用到实践中，学者相继提出了多种时间或空间接近度描述指标。当测量得到某一交通事件的时间或空间接近度指标后，如果其小于某一临界值，则认为该交通事件为交通冲突。

2.1.2　交通冲突指标

交通冲突指标用于衡量交通冲突的严重程度，大致可以分为时间接近度指标、空间接近度指标、减速度指标、避险行为指标和其他指标五大类，每一类指标包括多个具体的指标形式，而每一个具体的指标均有其适用条件和优缺点。

1)时间接近度指标

时间接近度指标是最为常用的一类冲突指标，主要用于描述相互作用的道路使用者之间的时间接近程度，常用的指标形式包括以下几种。

(1)距离碰撞时间。

距离碰撞时间(TTC)是指在两个道路使用者保持现状的速度和方向不变的条件下距离他们碰撞所需要的时间。以跟驰行驶的两辆车为例(图 2-1)，TTC 计算公式为[3]

$$\mathrm{TTC}=\frac{X_{\mathrm{L},t}-X_{\mathrm{F},t}-D_{\mathrm{L}}}{V_{\mathrm{F},t}-V_{\mathrm{L},t}},\quad \forall(V_{\mathrm{F},t}-V_{\mathrm{L},t})>0 \tag{2-1}$$

式中，$X_{\mathrm{L},t}$ 和 $X_{\mathrm{F},t}$ 分别为 t 时刻前车和后车的位置，m；$V_{\mathrm{L},t}$ 和 $V_{\mathrm{F},t}$ 分别为 t 时刻前车和后车的速度，m/s；D_{L} 为前车的长度，m。显然，任意后车速度大于前车速度的时刻，均存在 TTC。

TTC 是所有交通冲突指标中最为常用的指标之一，并且现阶段很多高档车辆的事故避险系统或驾驶辅助系统都是以 TTC 作为预警指标的。然而，TTC 指标也有一些缺点。首先，在计算 TTC 的过程中需假设道路使用者保持当前速度和方向不变。在实际运行中道路使用者可能处于加减速或转向状态，假设速度和方向不变可能导致一些潜在的冲突被忽视。其次，TTC 仅能衡量事故的发生风险而不能反映可能事故的严重程度。当然，几乎所有的时空接近度指标均存在这一缺点。最后，TTC 的计算以存在冲突过程为前提，即跟驰行驶时后车速度大于前车速度是 TTC 存在的先决条件。因此，该指标不能衡量不存在冲突过程但安全裕度较小情况下交通冲突的严重程度。

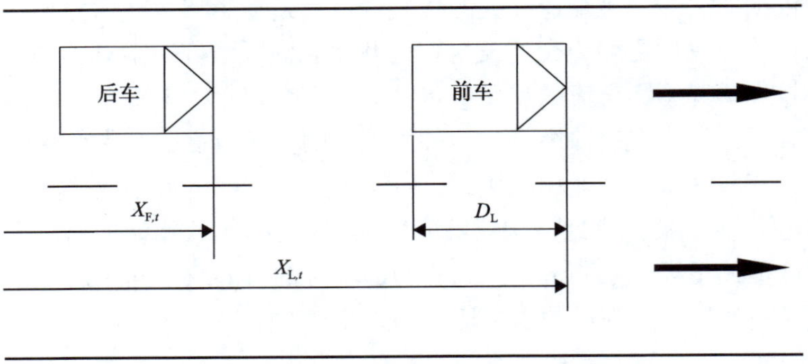

图 2-1　追尾冲突 TTC 计算示意图

(2) 距离事故时间。

距离事故时间(time to accident，TA)是在保持当前速度和方向不变的情况下，道路使用者采取避险行为那一刻的距离碰撞时间[12]。因此，TA 是 TTC 的一个具体值。

TA 是瑞典交通冲突技术中衡量交通冲突严重程度的重要指标之一。然而，TA 值的获取在很多时候主要依靠调查员对速度和距离的主观估计，同时其对避险行为的出现也有较强的依赖性。

(3) TTC 暴露时间和 TTC 积分时间。

一旦两个道路使用者处于冲突过程中就会出现 TTC，且 TTC 并不是固定值，而是随时间变化的。在避险行为开始那一刻的 TTC 又称为 TA，另一个常用的衡量冲突事件严重程度的值是冲突过程中 TTC 的最小值，即 TTC_{min}。

假设在一个时段 T 内，跟驰行驶的后车与前车经历了两次交通冲突，每次冲突 TTC 的变化情况如图 2-2 所示。那么，该时段后车的整体冲突水平可以用 Minderhoud 和 Bovy 提出的两个指标进行描述，分别为 TTC 暴露时间(time exposed time to collision, TET)和 TTC 积分时间(time integrated time to collision, TIT)[13]。TET 是指整个时段 T 内 TTC 值小于临界值的时长总和，即 $\text{TET}=(t_2-t_1)+(t_4-t_3)$；TIT 指整个时段 T 内 TTC 值小于临界值的 TTC 断面的面积，即 TTC 曲线的积分。

这两个指标的优点在于它们能够针对不同类型的道路使用者分别计算指标值，因而更适用于对比分析研究。此外，这两个指标也更适用于仿真条件下的冲突严重程度衡量，因为仿真提供的道路使用者运行轨迹数据便于 TET 和 TIT 的计算。TET 的缺点在于没有考虑 TTC 的大小，因而对于同是小于临界值的情况，无法体现冲突严重程度的差异；TIT 的缺点在于计算的复杂性导致难以解释其安全含义。

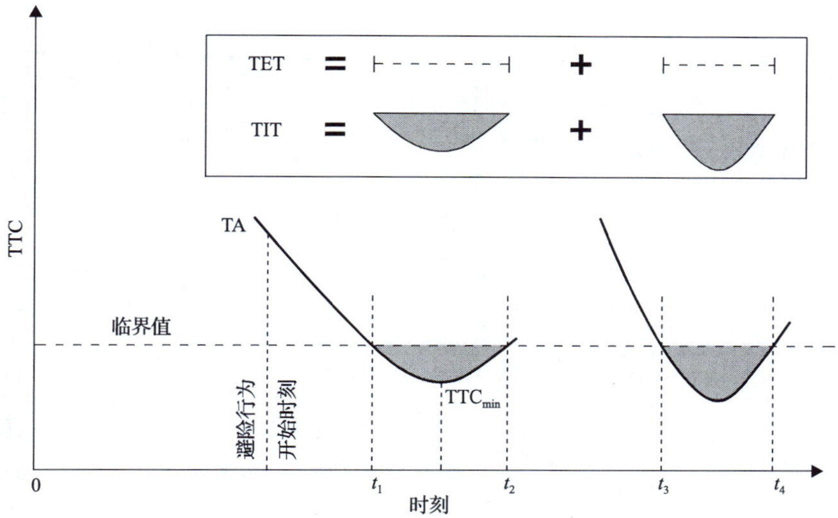

图 2-2　TTC 暴露时间和 TTC 积分时间计算示意图

(4) 改进的距离碰撞时间。

TTC 的计算是以假设道路使用者的速度和方向不变为基础的，这种假设忽视了一些由于加减速变化而导致的交通冲突。在考虑速度、加速度的情况下，跟驰行驶的两辆车的可能作用情况见表 2-1。其中，V_F 和 V_L 分别为后车和前车的速度，a_F 和 a_L 分别为后车和前车的加速度。

表 2-1　跟驰行驶车辆可能作用情况汇总

速度	$V_F>V_L$			$V_F\leqslant V_L$		
加速度	$a_L>0$	$a_L<0$	$a_L=0$	$a_L>0$	$a_L<0$	$a_L=0$
$a_F>0$	潜在冲突	冲突	冲突	潜在冲突	冲突	无冲突
$a_F<0$	潜在冲突	潜在冲突	潜在冲突	无冲突	潜在冲突	无冲突
$a_F=0$	潜在冲突	冲突	冲突	无冲突	冲突	无冲突

表 2-1 给出了跟驰行驶车辆之间可能存在的 18 种作用情况，其中共有 6 种冲突情况和 7 种潜在冲突情况。两辆车之间距离碰撞的时间主要根据式 (2-2) 判断：

$$V_F t+\frac{1}{2}a_F t^2 \geqslant D+V_L t+\frac{1}{2}a_L t^2 \tag{2-2}$$

式中，D 为两辆车之间的相对距离，$D = X_{L,t} - X_{F,t} - D_L$，m。

对式(2-2)进行变换可得

$$\frac{1}{2}\Delta a t^2 + \Delta v t - D \geqslant 0 \tag{2-3}$$

式中，$\Delta a = a_F - a_L$ 为相对加速度，m/s^2；$\Delta v = V_F - V_L$ 为相对速度，m/s。对式(2-3)进行求解，即可得到两辆车距离碰撞的时间，又称为改进的距离碰撞时间(modified time to collision，MTTC)[14]：

$$\text{MTTC} = \frac{-\Delta v \pm \sqrt{\Delta v^2 + 2\Delta a D}}{\Delta a} \tag{2-4}$$

MTTC 一般有两个值。当两个值均为正时，其中较小的值为对应冲突事件的 MTTC 值；当两个值一正一负时，其中的正值为对应冲突事件的 MTTC 值；当两个值均为负时，MTTC 取值为 0。

MTTC 不再依赖“速度和方向不变”的基础假设，因此更加符合实际情况。然而，其计算过程也更为复杂，需要额外掌握车辆的加速度变化情况。此外，该指标适用范围较为有限，主要适用于追尾冲突。

(5)后侵入时间。

后侵入时间(post encroachment time，PET)是指后一道路使用者进入潜在冲突区域的时刻与前一道路使用者离开该区域的时刻之差(图 2-3)[15]。

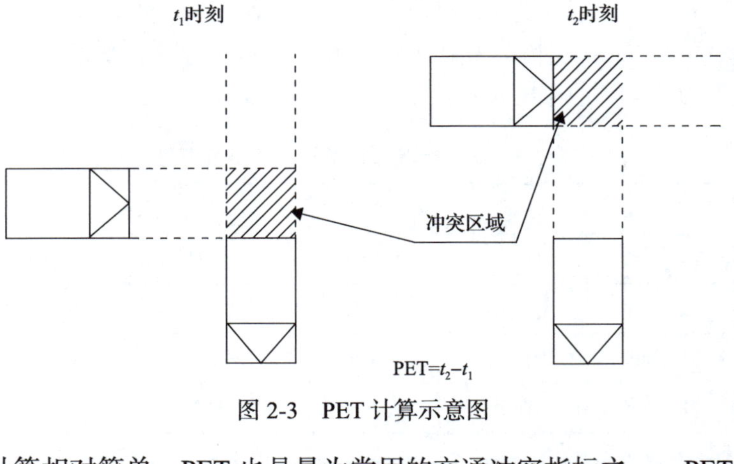

图 2-3　PET 计算示意图

由于计算相对简单，PET 也是最为常用的交通冲突指标之一。PET 的计算不需要道路使用者的位置、速度、加速度等信息，并且不要求道路使用者之间存在冲突过程。只要两个道路使用者的运行轨迹存在交叉，就会存在 PET。因此，该指标更适用于具有相交运行轨迹的冲突度量，如交叉口范围内的交通冲突。PET 的缺点在于不能反映相互作用的道路使用者之间冲突过程的变化，也不能反映可能事故的严重程度。

(6)后车侵入时间。

后车侵入时间(T_2)是指假设后车的速度和运动方向不变的情况下，其到达冲突点(区域)需要的时间，如图 2-4 所示[16]。

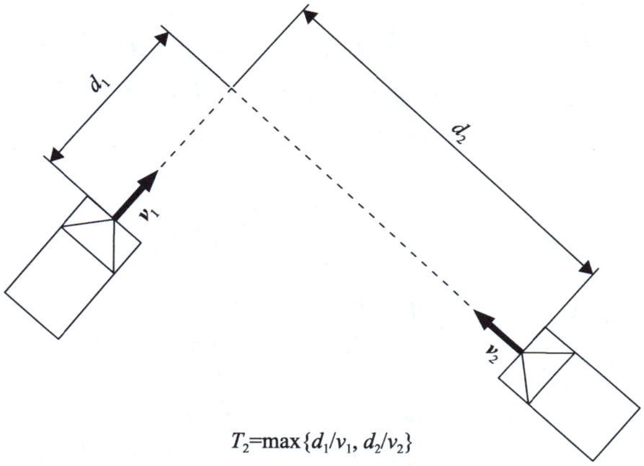

图 2-4　T_2 计算示意图

大部分时间接近度指标都是以存在冲突过程为前提的(如 TTC、MTTC)，PET 不以存在冲突过程为前提，只能反映作用后的冲突严重程度。T_2 相当于这两类指标的集成，可以包含冲突过程和非冲突过程两种状态，并且能够实现两种状态下的顺畅切换。如果两个道路使用者在冲突过程中，那么 T_2 即为 TTC；当不存在冲突过程时，两辆车经过冲突点的时间会存在时间差，此时 T_2 表示的是留给后车采取避险行为的最大时间。如果从前车离开冲突点的那一刻开始计算，T_2 即为 PET。

2)空间接近度指标

空间接近度指标主要用于衡量车辆在空间上的接近程度及距离事故发生的空间距离。相较于同时考虑空间距离和速度的时间接近度指标，空间接近度指标仅考虑了空间距离这一单一维度，因此使用相对较少。

(1)停车距离比例。

停车距离比例(proportion of stopping distance，PSD)是指车辆与碰撞点的距离和最小安全停车距离的比值，即[17]

$$\mathrm{PSD}=\frac{\mathrm{RD}}{\mathrm{MSD}} \tag{2-5}$$

式中，RD 为车辆与碰撞点的距离，m；MSD 为最小安全停车距离，m。其中，$\mathrm{MSD}=V^2/(2d)$，V 为车辆的速度，m/s；d 为可接受的最大减速度，m/s^2。该指标计算相对容易，也可用于分析碰撞固定物交通事故的发生风险。

(2) 紧急制动时的潜在碰撞指数。

紧急制动时的潜在碰撞指数(potential index for collision with urgent deceleration, PICUD) 是指在紧急制动情况下两辆车完全停止时的空间间隔[18]。该指标主要适用于评价跟驰或变道行驶时，前车突然制动时的事故风险。

3) 减速度指标

减速度指标是通过减速度/率的大小衡量交通冲突的严重程度。最常用的减速度指标是避免事故减速率(deceleration rate to avoid a crash，DRAC)，该指标考虑了潜在事故发生过程中涉及车辆的速度差和减速度，具体计算公式为[19]

$$\mathrm{DRAC}=\frac{(v_{\mathrm{F}}-v_{\mathrm{L}})^2}{2(x_{\mathrm{L}}-x_{\mathrm{F}}-D_{\mathrm{L}})} \tag{2-6}$$

DRAC 主要适用于衡量追尾冲突的严重程度，即在前车减速的情况下后车为避免与前车发生碰撞所需的最小减速度。DRAC 的优点在于同时考虑了道路使用者的速度差和减速度，缺点是不能明确界定冲突的严重程度，一般需要和车辆的制动能力一起考虑，而车辆的制动能力又与道路、车辆、环境等因素相关。

4) 避险行为指标

避险行为指标是判别交通冲突的一个重要依据。避险行为出现与否是是否存在交通冲突的标志，而避险行为的急切程度是判断交通冲突严重程度的依据。在实际使用时，交通冲突严重程度可以由经过培训的调查员主观判断确定，也可以通过避险行为指标量化确定。

不同避险行为所对应的量化指标各不相同。例如，衡量制动或加速行为的急切程度一般采用变加速度指标；衡量转向行为急切程度一般采用角速度指标；行人避险行为可以采用步长、步频等指标。

5) 其他指标

无论是时空接近度指标还是减速度指标或避险行为指标，它们都只能反映发生交通事故的风险，而不能反映可能事故的严重程度。解决这一问题最直接的方法是将反映事故风险的冲突指标和影响事故严重程度的因素相结合。

冲突严重程度(severity index, SI) 是结合 TA 和影响可能事故严重程度因素(速度、质量、碰撞角度等) 的一个组合指标，具体计算公式为[20]

$$\mathrm{SI}=-\frac{m_2 a}{m_1+m_2}\mathrm{TA}+\frac{m_2(V_1+V_2\cos\alpha)}{m_1+m_2} \tag{2-7}$$

式中，m_1 和 m_2 为道路使用者的质量，kg；V_1 和 V_2 为道路使用者的速度，m/s；a 为制动过程中道路使用者的减速度，$\mathrm{m/s^2}$；α 为道路使用者之间的角度，(°)。SI 指标能够同时反映事故发生的风险和可能事故的严重程度，但缺点在于需要搜集的信息较多，并且道路使用者的质量等信息的采集往往比较困难。

另一个将两者相结合的例子是扩展 ΔV(extended delta V)指标[16]，该指标用 T_2 反映事故发生的风险，用两个道路使用者的速度差(ΔV)反映可能事故的严重程度。与 SI 指标不同的是，该指标并不能计算得到单一的指标值，而是通过在二维坐标体系下分析两个指标值的大小综合评定交通冲突的严重程度。

2.2　交通冲突观测方法

使用交通冲突替代交通事故或作为交通事故数据的补充主要是因为交通冲突发生的频率要远高于交通事故。然而，交通冲突数据采集也并不容易。迄今，学者先后提出了现场观测法、计算机可视化方法、微观交通仿真方法和自然驾驶试验方法等四种常用的交通冲突数据采集方法，见表 2-2。

表 2-2　交通冲突数据采集方法汇总

方法	优点	缺点
现场观测法	易于实施 比客观指标更全面	观测者的组内和组间可变性 成本高
计算机可视化方法	自动检测 成本效益好 可靠且高效	对视频质量要求高 技术并不成熟
微观交通仿真方法	适用于复杂的冲突衡量指标 可用于检验潜在安全改善措施效果	无法反映现实环境中驾驶员行为的多样性 以机动车为主体，很少涉及非机动车和行人
自然驾驶试验方法	可同时获得交通冲突和交通事故数据 纵向采集数据	数据样本有限 由于隐私保护等原因相关数据不公开 事件检测较为费时

1) 现场观测法

现场观测法包括调查员现场实时记录交通冲突情况或通过观看现场录制的交通流视频来记录交通冲突情况。首先，调查员需要经过培训以更快地识别出交通冲突的发生和交通冲突的类型；在准备好相关工具和设备后，经过培训的调查员会被送至预先选定的调查地点进行调查，或者观看来自调查地点的视频进行交通冲突观测。

由于调查实施相对容易，现场观测是最早提出且现阶段应用较多的交通冲突数据获取方法，很多国家都根据本国的实际情况制定了相应的交通冲突现场调查实施手册。现场观测时，调查员观察交通运行状况得到的信息一般会比任何一种单一冲突指标都全面，因此很多研究表明，通过这种方法获得的交通冲突要比其他几种方法获取的交通冲突要更为可靠。然而，无论是现场观测还是通过视频观测，交通冲突的识别都是主观判断，因此存在同其他人工观测方法一样的组内和组间可变性问题。组内可变性是指同一调查员重复多次观测同一交通事件可能得到不一致的冲突判断结果；组间可变性是指不同的调查员观测同一交通事件可能得到不同的结果。另外，完成一个路段或路口的调查需要较多的调查员，因此这种调查方法的成本也相对较高。

2) 计算机可视化方法

利用计算机可视化技术获取交通冲突主要是依靠算法从视频中提取运动物体的轨迹进而检测交通冲突，其典型代表是加拿大英属哥伦比亚大学开发的基于计算机视觉的交通冲突自动识别技术[21-23]。

一般情况下，录制视频的摄像机应设置在相对较高的位置并且尽量减少录制过程中的视频噪声(如摄像机振动、阴影等)。基于计算机可视化技术的交通冲突检测方法通常包含两部分：一个是用于检测和追踪物体的视频处理模型；另一个是用于提取信息和识别冲突的演绎模型。除视频数据外，LiDAR 数据、热成像传感器数据等在近年来也得到越来越多的应用。

计算机可视化技术提供了一种客观且高效的交通冲突检测方法。理想的情况下，一旦获取了相关视频数据，计算机可视化技术可以实现交通冲突的自动检测。但是，现阶段该方法仍处于发展阶段，需要进一步验证和完善。首先，需要改进相关计算机算法以保证能够准确地识别目标；其次，需要开发与该技术框架相适应的交通冲突衡量指标。

3) 微观交通仿真方法

通过微观交通仿真方法获取交通冲突数据的基本思路是将交通仿真模型和冲突分析算法相结合。交通仿真模型主要用于生成车辆运行轨迹数据，包括每个仿真车辆单位时间步长上的位置、速度、加速度以及其他状态信息。冲突分析算法主要用于检测冲突的发生、识别冲突的类别和判断冲突的严重程度，基本思路是通过仿真模型产生的相关信息判断车辆的时空接近程度和接近角度。该方法的典型代表是由美国联邦公路局开发的交通安全替代评价模型(surrogate safety assessment model，SSAM)[19]。该模型结合了 VISSIM、PARAMICS、AIMSUN 和 TEXAS 等微观交通仿真模型和交通冲突自动分析算法，可以提供关于冲突数量、冲突类型、冲突严重程度和冲突位置等信息的可视化分析结果。

利用微观交通仿真技术采集交通冲突数据具有广阔的应用前景。因为各种可能的安全改善对策都可以在实施之前在虚拟环境中进行检验，许多较为复杂的交通冲突衡量指标(如 TET、TIT)也都可以相对容易地得到。然而，虽然有部分研究表明仿真条件下的交通冲突与真实环境中的交通冲突有较强的相关性，但是微观交通仿真并不能完全复制真实的交通环境这一问题仍未解决。例如，在微观交通仿真模型中，总是假设车辆能一直保持安全间距并且运行在一种无交通事故隐患的环境中，这显然与实际情况不符。同时，现阶段几乎所有仿真模型的研究对象都是机动车，很少考虑自行车和行人的仿真。这些缺陷都在一定程度上限制了微观交通仿真方法的进一步应用。

4) 自然驾驶试验方法

与上述三种基于观测点的(横向的)交通冲突数据采集方法不同，自然驾驶试验可以获得道路全线或全路网的(纵向的)交通冲突数据。在自然驾驶试验中，试验车辆通常都配备了高级的数据采集系统，如摄像头和各种传感器等。在试验车辆日常运行过程中，数据采集系统可以不间断地记录车辆运行、驾驶员行为和外部环境等信息，并且几乎对驾驶员无任何干扰。研究人员可以从这些信息中提取出交通冲突乃至交通事故数据。

这种方法可以采集到实际运行环境中人、车、路之间的相互作用信息，并且这些信息不仅来自正常运行状态，还可能来自交通冲突状态甚至交通事故状态，因此有助于研究人员了解和分析车辆相互作用的完整过程并且提高对交通冲突与交通事故关系的认识。

现阶段，美国、日本、加拿大、中国以及欧盟都先后在本地区进行了自然驾驶研究，但研究涉及的车辆规模都相对较小。在正在进行的美国战略性道路研究计划 2 (Strategic Highway Research Program 2, SHRP2) 中，自然驾驶研究车辆已增加至近 2000 辆，这相对于其他国家的研究规模有很大的提高。但是，由于隐私保护等问题，自然驾驶研究的试验数据并不完全对研究人员开放。此外，由于自然驾驶试验获取的是长达数月甚至数年的车辆运行状态数据和视频，这些数据和视频的容量巨大，从中提取出与交通冲突相关的信息也相当费时。现阶段的冲突提取主要依靠动力学方面的数据进行判断，即动力学参数(如速度、加速度等)的突变意味着发生交通冲突。很多交通事故发生时驾驶员并没有采取任何避险措施，也就没有动力学参数的突变，因此以此为条件确定的冲突在与交通事故联系时会存在理论上的缺陷。

2.3　代表性交通冲突技术简介

2.3.1　瑞典交通冲突技术

瑞典交通冲突技术(Swedish traffic conflict technique，STCT)是由隆德大学(Lund University)在 1970～1980 年提出并发展起来的，是最早提出的具有系统性的交通冲突技术体系，目前仍被广泛使用[12]。

1. 基本概念

瑞典交通冲突技术的核心是冲突参与者之间存在冲突过程(collision course)。

冲突过程是指道路使用者相互接近并作用的过程，在这个过程中，除非其中一方采取避险措施，否则将相互碰撞并导致交通事故发生。

交通冲突严重程度根据避险行为发生时的状态确定，具体指标是 TA 和冲突速度。TA 是在首先采取避险措施的道路使用者避险行为开始那一刻的距离碰撞时间，而冲突速度指的是首先采取避险措施的道路使用者在避险行为开始那一刻的速度。TA 表示的是留给道路使用者成功采取避险措施的剩余时间，时间越短该冲突越可能转化为交通事故，因此交通冲突越严重；冲突速度既影响成功避免事故发生的机会(如在高速行驶时往往需要更长的时间和停车距离，因而发生事故的机会越大)，同时也影响可能事故的严重程度(速度越高，碰撞能量越大，造成的伤害程度也就越高)。因此，冲突速度越大，交通冲突严重程度越高。

根据 TA 和冲突速度，交通冲突的严重程度可分为 0～30 级，具体如图 2-5 所示。冲突严重程度等级随着 TA 的减小和速度的增大而增大，这里的 TA 和冲突速度均来自首先采取避险行为的道路使用者。如果两个道路使用者同时采取避险行为，那么需要分别计算两者的 TA 和冲突速度并确定各自的严重程度等级，然后选择较小值作为冲突严重程度等级的评判依据。一般情况下，当严重程度等级大于 26 时，认为交通冲突是严重交通冲突。已有研究表明，严重交通冲突与交通事故之间存在较强的相关性。

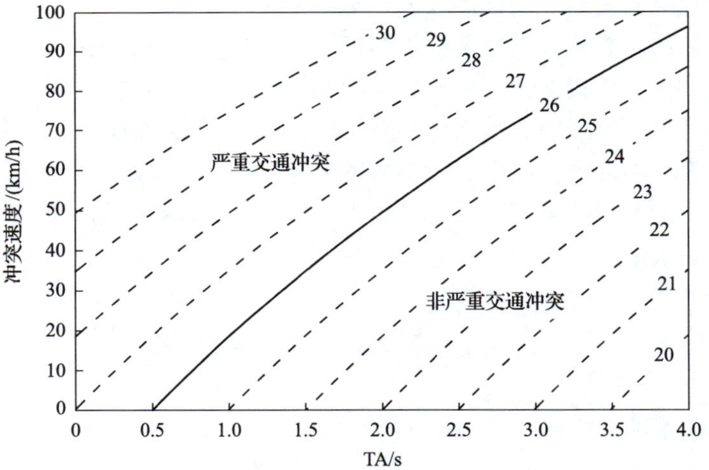

图 2-5　交通冲突严重程度分级图解

2. 基本用途

交通冲突技术主要应用如下。

(1)对某一地点进行道路交通安全诊断。

(2)分析某一地点交通事故风险的诱导因素。

(3) 对比分析不同道路条件、交通规则、管理措施等条件下的安全特性。

(4) 在前后对比分析研究中快速评价道路安全改造措施的实施效果。

(5) 监控某一地点的道路交通安全水平变化情况。

总体来看，分析交通冲突的空间分布特征可以推断出交通事故的发生位置；分析交通冲突涉及的道路使用者及其运动形式可以推断出交通事故的类型；观察交通冲突视频有助于理解交通事故的形成过程和主要诱因，从而有助于制定改善对策。

3. 实施方法

瑞典交通冲突技术以人工现场观测为主，以视频记录分析为辅，具体的实施步骤和内容包括以下几个方面。

1) 人工现场观测

人工现场观测的优势是对设备的要求较低，一般只需要调查表、手表和一支铅笔，所以在实施时间和地点方面均具有较高的灵活性。然而，人工观测对调查员的要求较高，需要调查员实时地识别、判断和记录交通冲突。

(1) 调查时间。

交通冲突调查的天数和每天调查的时段数由调查地点的期望冲突频数决定，而期望冲突频数的确定主要根据以往的实践经验。例如，有研究认为在某一地点开展 30h 的交通冲突观测就能得到满足安全分析要求的严重交通冲突样本；也有研究认为在发达国家即使 75～80h 的观测时长也无法满足要求，因为相对较高的安全水平意味着交通冲突的发生频率较低，因此无法在相应时段内收集到足够数量的冲突样本。在交通安全问题相对突出的国家，调查时间可以相对较短。

在调查实施时，一次观测需持续 1～2h。为了保证观测的连续性，调查员可采用轮换工作的方式。调查的时长和开始时间需严格按照预先制定的调查方案执行。在调查开始之前，调查员需将一切工作准备就绪，包括安置摄像机、校准手表、准备调查表等。因此，建议调查员在正式调查开始前 10min 到达调查地点，从而有时间完成准备工作。

在进行前后对比研究时，改造前后的调查时段应保持一致，且应保证调查时段内交通条件的相似性。此外，改造后的交通冲突调查不能在改造措施完成后立即进行，应有一定的间隔期，一般至少是 6 个月。

一般情况下，交通冲突调查应选择在白天和干燥气候条件下进行。如果被调查地点的事故形态与时间相关，那么交通冲突调查应选择在交通安全问题最突出的时段进行。此外，交通冲突调查不能在周边有临时大型活动的时段进行，因为这些活动会影响被调查点的交通运行状况。

(2) 调查员培训。

在人工现场观测中，调查员是最为重要的一环，其主要任务包括：识别交通冲突，记录采取避险行为的道路使用者及避险行为开始的时间，估计道路使用者的速度及与冲突点的距离，绘制冲突简图，填写其他相关信息，简要记录冲突过程等。

鉴于调查员的重要性，在调查实施前需要对其进行认真、细致的培训。调查员的培训一般需要一个星期，培训工作主要包括理论课程讲解、实践指导、基于冲突视频的培训、实地调查培训和调查员校正。可靠的调查员是保证调查结果有效性的关键。在不同时段调查员观测的交通冲突应具有一致性，不同调查员对同一交通冲突的记录结果应具有相似性。培训后的调查员应在实践中不断练习且参照其他调查员进行不断的自我校正。

一个调查地点所需要调查员的数量主要由调查地点的复杂程度确定。经验表明，一名调查员能够处理年平均日交通量不大于 22000 辆/日的一个普通四路交叉口，更大的交叉口则需要更多的调查员。如果只是关注某一特定类型的交通冲突，一名调查员也可能能够处理交通条件较为复杂的大型交叉口。

在进行交通安全评价研究时，调查员不应与被评价的安全改造项目有任何关联；在前后对比研究中，需保证改造前后调查员的一致性。

(3) 调查设备。

人工现场观测所需的调查材料及设备包括调查表，速度、距离与 TA 的对照转换表，手表，铅笔，调查员身份证明，摄像机及其附属设备。

调查表应包括调查地点和调查员的基本信息，如地点名称、调查员名字、调查日期和时间、天气条件、路面状况。对于每一个记录的交通冲突，应记录冲突时间、涉及的道路使用者、可能涉及的二次事故道路使用者、道路使用者速度、距离碰撞点的距离、TA 值(根据速度和距离由表 2-3 查得)、避险行为类型、冲突简图、冲突过程描述、是否存在交通违规行为及其他问题。调查表样式见表 2-4。

表 2-3　TA 与距离碰撞点距离、速度对照关系表

速度		距离/m																			
km/h	m/s	0.5	1	2	3	4	5	6	7	8	9	10	15	20	25	30	35	40	45	50	55
5	1.4	0.4	0.7	1.4	2.2	2.9	3.6	4.3	5.0	5.8	6.5	7.2	—	—	—	—	—	—	—	—	—
10	2.8	0.2	0.4	0.7	1.1	1.4	1.8	2.2	2.5	2.9	3.2	3.6	5.4	7.2	9.0	—	—	—	—	—	—
15	4.2	0.1	0.2	0.5	0.7	1.00	1.2	1.4	1.7	1.9	2.2	2.4	3.6	4.8	6.0	7.2	8.4	9.6	—	—	—
20	5.6	0.1	0.2	0.4	0.5	0.7	0.9	1.1	1.3	1.4	1.6	1.8	2.7	3.6	4.0	5.4	6.3	7.2	8.1	9.0	9.9
25	6.9	0.1	0.1	0.3	0.4	0.6	0.7	0.9	1.0	1.2	1.3	1.4	2.2	2.9	3.6	4.3	5.0	5.8	6.5	7.2	7.9

续表

速度		距离/m																			
km/h	m/s	0.5	1	2	3	4	5	6	7	8	9	10	15	20	25	30	35	40	45	50	55
30	8.3	0.1	0.1	0.2	0.4	0.5	0.6	0.7	0.8	1.0	1.1	1.2	1.8	2.4	3.0	3.6	4.2	4.8	5.4	6.0	6.6
35	9.7	0.1	0.1	0.2	0.3	0.4	0.5	0.6	0.7	0.8	0.9	1.0	1.5	2.1	2.6	3.1	3.6	4.1	4.6	5.1	5.7
40	11.1	0.0	0.1	0.2	0.3	0.4	0.5	0.5	0.6	0.7	0.8	0.9	1.4	1.8	2.3	2.7	3.2	3.6	4.1	4.5	5.0
45	12.5	—	0.1	0.2	0.2	0.3	0.4	0.5	0.6	0.6	0.7	0.8	1.2	1.6	2.0	2.4	2.8	3.2	3.6	4.0	4.4
50	13.9	—	0.1	0.1	0.2	0.3	0.4	0.4	0.5	0.6	0.6	0.7	1.1	1.4	1.8	2.2	2.5	2.9	3.2	3.6	4.0
55	15.3	—	0.1	0.1	0.2	0.2	0.3	0.4	0.5	0.5	0.6	0.7	1.0	1.3	1.6	2.0	2.3	2.6	2.9	3.3	3.6
60	16.7	—	0.1	0.1	0.2	0.2	0.3	0.4	0.4	0.5	0.5	0.6	0.9	1.2	1.5	1.8	2.1	2.4	2.7	3.0	3.3
65	18.1	—	0.1	0.1	0.2	0.2	0.3	0.3	0.4	0.4	0.5	0.6	0.8	1.1	1.4	1.7	1.9	2.2	2.5	2.8	3.0
70	19.4	—	0.1	0.1	0.2	0.2	0.3	0.3	0.4	0.4	0.5	0.5	0.8	1.0	1.3	1.5	1.8	2.1	2.3	2.6	2.8
75	20.8	—	0.0	0.1	0.1	0.2	0.2	0.3	0.3	0.4	0.4	0.5	0.7	1.0	1.2	1.4	1.7	1.9	2.2	2.4	2.6
80	22.2	—	0.0	0.1	0.1	0.2	0.2	0.3	0.3	0.4	0.4	0.5	0.7	0.9	1.1	1.4	1.6	1.8	2.0	2.3	2.5
85	23.6	—	0.0	0.1	0.1	0.2	0.2	0.3	0.3	0.3	0.4	0.4	0.6	0.8	1.1	1.3	1.5	1.7	1.9	2.1	2.3
90	25.0	—	0.0	0.1	0.1	0.2	0.2	0.2	0.3	0.3	0.4	0.4	0.6	0.8	1.0	1.2	1.4	1.6	1.8	2.0	2.2
95	26.4	—	0.0	0.1	0.1	0.2	0.2	0.2	0.3	0.3	0.3	0.4	0.6	0.8	0.9	1.1	1.3	1.5	1.7	1.9	2.1
100	27.8	—	0.0	0.1	0.1	0.1	0.2	0.2	0.3	0.3	0.3	0.4	0.5	0.7	0.9	1.1	1.3	1.4	1.6	1.8	2.0

（4）调查准备。

在实施现场调查前，需要完成以下几项准备工作。首先，收集被调查地点的基本信息，如布局图、历史事故记录、信号配时方案、交通量等。其次，确定摄像机的设置位置和安装方式，如安装在周边建筑物、灯杆或其他设施上。再次，打印足够数量的冲突记录表，最好有一个写字板以便将转换表放置在左侧、冲突记录表放置在右侧。此外，查看天气预报，以确保调查员穿着合适的衣服。最后，每名调查员应留存调查项目负责人的电话，以便遇到问题时询问。

（5）调查实施。

调查员到达调查地点后，首先需要选择视野开阔的调查位置，并在调查表上标注。同时，用箭头标注方向（指北）。此外，周边标志性建筑的位置也应在记录表上予以标注，这有利于确定道路使用者的运动方向和冲突位置。

在前后对比研究中，调查地点的位置在改造前后应保持一致。

调查员在实施调查时应尽可能减少对道路使用者的干扰。例如，不建议调查员穿着黄色具有反光功能的安全背心；调查员最好不要坐于车内或位于建筑设施内，这样才能更好地感受调查设施的环境。

表 2-4　瑞典交通冲突调查表

调查员：________　日期：________　时间：________　编号：________

城市：________

交叉口：________

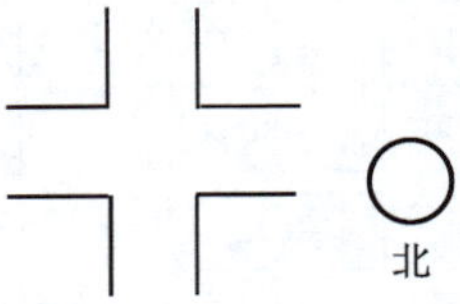

天气：　□ 晴　□ 阴　□ 雨

路面：　□ 干燥　□ 潮湿

时段：　□ □　□ □　□ □

	道路使用者Ⅰ	道路使用者Ⅱ	二次事故涉及者Ⅲ
小汽车	□	□	□
自行车	□	□	□
行人	□	□	□
其他	______	______	______
性别（行人）	□男　□女	□男　□女	□男　□女
年龄（行人）	______	______	______
速度	______ km/h	______ km/h	______ km/h
碰撞点距离	______ m	______ m	
TA值	______ s	______ s	
避险行为			
制动	□	□	
转向	□	□	
加速	□	□	
转向可能性	是 □ 否 □	是 □ 否 □	

冲突过程描述：

包含道路使用者位置的冲突简图

调查员位置标记请使用

摄像机位置标记请使用

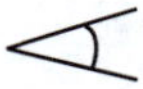

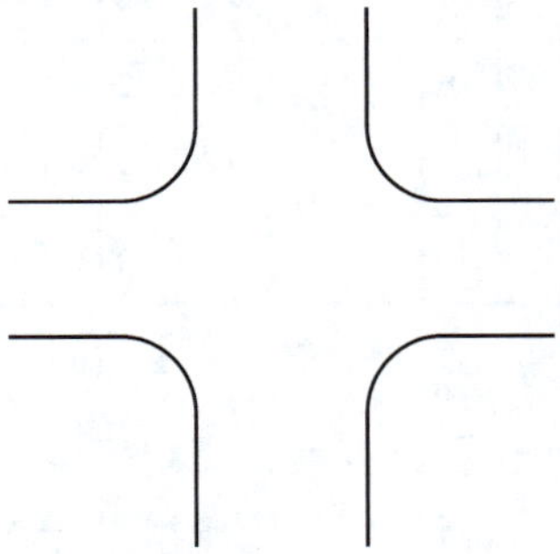

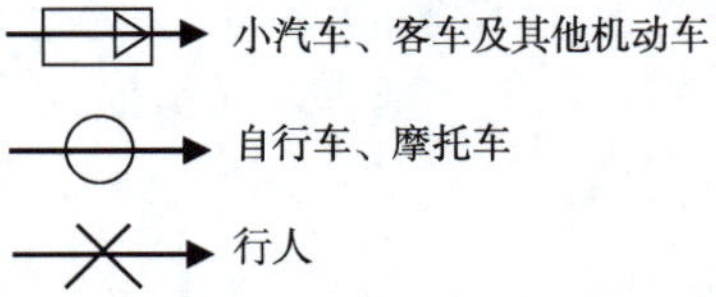

为了更好地估计道路使用者的速度和距离，调查员应在调查开始前对调查地点的距离进行测量，包括静态参照物或路面标记的距离。在正式开始前可以用雷达枪实测道路使用者的速度，以校正调查员的速度估计，从而保证在调查时能够更为准确地估计速度。

如果一个调查地点有多名调查员，调查员应明确各自负责的调查区域或调查的冲突类型。如果存在一个冲突可能被两名或两名以上调查员同时记录的情况，应在记录时做好注释工作，以避免后期重复计数。

每一张冲突记录表应只记录一起交通冲突，并且应在冲突记录当时尽可能地完善记录信息。为了节省记录时间，调查地点、调查员名字、调查位置、调查时间等相关信息可提前填好。记录表应编号，以防止遗漏。

不管交通冲突是否严重，在调查阶段都应记录。因为在 TA 值等冲突严重程度指标估计出来以前，很难立即确定交通冲突的严重程度。

2) 视频记录分析

视频记录分析是瑞典交通冲突技术中一个重要的辅助工具。实际上，人工现场观测交通冲突是一项非常困难的工作，需要调查员保持精神高度集中。一旦交通冲突发生，调查员只有一次机会进行观察并做出所有必要的判断。在有视频记录的情况下，调查员可以通过反复观看视频对交通冲突进行细致判断，也可以通过多名调查员的观察对交通冲突严重程度给予更为准确的界定。在进行调查结果汇报时，可以为每一张记录表所记录的交通冲突配置一段短视频，从而使调查结果更为可信和公开。此外，视频也有助于决策制定者和公众更好地了解调查地点的安全问题。

现阶段，越来越多的研究直接通过视频记录进行交通冲突的观测，而不再依赖人工现场调查。视频记录为冲突观测带来了很多便利，例如，可以通过加速来加快观测进程、通过暂停来给调查员提供休息时间，还可以通过视频处理技术检测交通冲突、估计道路使用者的速度、距离等，这些在一定程度上比人工现场观测更为准确。然而，由于视野范围的限制，视频所记录的交通运行状态并不能完全反映真实或全部的交通环境，也可能存在视角奇特、画面失真等问题。因此，调查员进行实地踏勘，现场了解调查地点的交通运行状况和摄像机视野范围外的交通状态就显得格外重要。

(1) 调查设备。

如果调查时间较短，一个便携式摄像机就能够满足要求。当调查时段较长时，则需要注意以下几个问题：摄像机需要有足够的存储空间；需要保证足够的电源供应；需要合理安排录制时段；需要做好设备的防雨、防低温、防盗、防破坏保护；如果多个摄像机同时使用，则需做好时间同步。

摄像设备的选取也是需要考虑的一个问题。最为常用的是常规的 RGB 图形摄像机，但热成像摄像机的使用也得到越来越多的关注。两种不同类型摄像机的优缺点见表 2-5。

(2) 摄像机安装位置。

如果录制的视频只是作为现场调查的一个备份或补充，那么对摄像机安装位置的要求不太高。此时，摄像机可以用三脚架支撑并放置在调查员附近，也可以

表 2-5 常规摄像机和热成像摄像机对比

类型	优点	缺点
常规摄像机	常规图像 价格相对较低 分辨率高	黑暗环境下表现较差 移动的阴影给视频自动处理带来困难 对光线直射或路面、玻璃反射的光线敏感 存在隐私保护问题
热成像摄像机	明亮或黑暗环境下均有较好的性能 不存在阴影问题 无法识别人脸、车牌等，因此无隐私问题	非常规图像 价格相对较高 分辨率相对较低 沥青路面温度升高会产生影响

以 2～3m 的高度安置在附近的沿街设施上。如果需要用计算机工具处理视频以提取相关信息，那么对摄像机的安装就有较高的要求，具体包括以下内容。

首先，摄像机安装的高度应尽可能地高、拍摄的角度应尽可能地垂直，以保证一个鸟瞰的视野，如此安装才可能消除道路使用者相互遮挡的问题。然而，在实际中很难找到满足要求的摄像机安装位置，通常只能安装在调查点周边的高楼或灯杆上。此时，安装高度一般应在 7～8m。

其次，摄像机视野范围内不能出现天空。一方面，如果拍摄的时间较长，在拍摄的过程中太阳的移动可能会导致光线直接射进摄像机镜头，从而导致图像曝光而无法看清物体；另一方面，视野范围内出现天空也就意味着所调查的对象在摄像机视野范围内所占比例往往更小。

最后，拍摄时应将感兴趣区域与拍摄图像的对角对准，以便能最大化利用摄像机的分辨率。

2.3.2 荷兰交通冲突技术

荷兰交通冲突技术，全称为用于实践和研究的荷兰客观冲突技术（Dutch objective conflict technique for operation and research，DOCTOR），是以道路使用者行为观察为核心，利用经过良好培训的调查员进行交通冲突观测的一种标准化技术体系[24]。

1. 基本概念

荷兰交通冲突技术涉及的概念包括遭遇（encounter）、紧急情况（critical situation）、交通冲突（traffic conflict）、冲突过程（collision course）、避险行为（evasive action）等。

道路使用者之间的遭遇是指必须有一方采取避险行为才能避免交通事故发生的情况，也就是道路使用者之间存在冲突过程。还有一种遭遇是指道路使用者之间虽然没有冲突过程，但他们之间的时空间隔非常小。在这种遭遇情况下，一个小的扰动也会导致交通事故发生。

当道路使用者相互接近并作用时，除非其中一方采取避险措施，否则将相互碰撞而导致交通事故，这一过程称作冲突过程。在道路使用者速度和反应时间一定的情况下，反应开始时间与距离碰撞时间越接近，对应的交通状态越危险。如果所剩余的反应时间小于正常反应所需要的时间，那么所对应的交通状态即为紧急情况。

交通冲突是两个或多个道路使用者在相互接近过程中的一种紧急情况，在这种情况下如果道路使用者的运动轨迹和速度均保持不变，将会发生交通事故。

交通冲突的严重程度由交通事故发生的风险和可能事故的严重程度共同决定。其中，交通事故发生的风险由 TTC 和 PET 确定，其值越小事故发生的风险越高；可能事故的严重程度由潜在的碰撞能量和道路使用者的脆弱性决定，具体划分标准见表 2-6。

表 2-6　交通冲突严重程度分级表

可能事故严重程度	事故发生风险								
	TTC/s						PET/s		
	无 TTC	>2.0	2.0～1.5	1.5～1.0	1.0～0.5	0.5～0	>1.0	1.0～0.5	0.5～0
非常小	×	×	×	1	1	2	×	×	1
小	×	×	1	2	2/3	3	×	1	2
较大	×	1	2	2/3	3	4	1	2	3
大	1	2	2/3	3	4	5	2	3	4/5

注：“×”表示无等级。

2. 冲突分类

荷兰交通冲突技术涉及的道路使用者包括机动车、自行车和行人，对应的冲突类型包括机动车交通冲突、机动车-自行车交通冲突、机动车-行人交通冲突、自行车交通冲突、自行车-行人交通冲突。其中，机动车交通冲突按碰撞形式又包括直角冲突、追尾冲突和左转冲突，而其他类型道路使用者的交通冲突均以直角冲突形式为主。

3. 调查员培训

调查员培训主要依靠培训视频进行，目标是系统地培训调查员识别和判断道路使用者行为的能力。考虑到从视频上得到的距离、速度、时间估计可能和现场的估计有较大不同，同时视频记录可能会遗失一些额外的行为信息和环境特征，培训也包含了现场调查训练。在现场调查训练过程中，相应的交通运行也会用视频记录。现场调查训练结束后，每名调查员的记录需结合视频数据进行对比判断。

使用培训视频训练的目的是在对若干个独立的训练内容进行详细学习后，调查员应能够完成调查表的填写。培训视频包括介绍部分和与调查表对应的培训内容部分。在介绍部分，主要讨论速度估计、简单和复杂交通环境下的紧急情况识别、冲突过程判断等内容，这部分内容主要针对车车遭遇和机动车-自行车遭遇的情况。第二部分内容包含 21 种冲突情况视频的四次重复使用，前三次用于训练冲突严重程度分级、事故发生风险估计和可能事故严重程度估计，第四次用于训练培训人员一次完成调查表格填写的能力。这 21 种情况包含不同的道路使用者类型、遭遇的先后次序和行为类型。

荷兰交通冲突调查表见表 2-7。调查表的上半部分用于填写基本信息，包括调查员姓名、天气、路面状况、调查日期和时间等。这些信息一般可在调查开始前进行填写。调查表下半部分包括以下内容。

冲突严重程度等级。交通冲突严重程度按 1～5 分为五级（表 2-6），分别对应轻微交通冲突到严重交通冲突。

TTC_{min} 和 PET。这两个值表示的是交通事故发生的风险。某些交通冲突可能会同时存在 TTC_{min} 值和 PET 值，而一些交通冲突可能只存在两者中的一个。

可能事故严重程度。对于每一起交通冲突，均需要估计可能发生的交通事故的严重程度，分为非常小、小、较大和大四级。在 TTC_{min} 或 PET 值相同的前提下，货车与自行车之间的交通冲突和两个小汽车之间的追尾冲突所导致交通事故的严重程度是不同的。此外，道路使用者的速度、行为类型、是否涉及第三方等都会影响可能事故的严重程度。

冲突类型。用箭头表示冲突过程中道路使用者的先后次序。

速度。冲突过程中道路使用者的速度是指避险行为开始一瞬间的速度。如果没有避险行为发生或避险不及时，该速度将直接决定交通事故的严重程度。

避险行为。包括行为的可控程度（无行为、可控行为、非可控行为）和行为类型（制动、加速、转向）。

冲突简图。该图简要描述道路使用者的位置、编号（道路使用者 1 和道路使用者 2）、运动轨迹以及调查员位置等信息。

备注。调查员需在该部分简要描述所记录的冲突事件。其他人应能通过冲突简图和备注了解冲突产生的原因和当时避免事故发生的可能性。此外，冲突过程中可能涉及的第三方需要在简图和备注中予以描述。

4. 调查员测试

交通冲突调查员必须经过筛选和测试。因为交通冲突现场观测较为复杂，所选择的调查员应有一定的道路交通调查经验以及专业素养。

表 2-7 荷兰交通冲突调查表

<table>
<tr><td colspan="4">荷 兰 交 通 冲 突 调 查 表</td><td>编号：</td></tr>
<tr><td colspan="4">调查员：
天气：晴 □ 阴 □ 雨 □
路面：干燥 □ 潮湿 □
日期：</td><td>位置：
城市：
观测时段：</td></tr>
<tr><td colspan="4">冲突严重程度等级
1 2 3 4 5
轻微 严重
TTC_{min}
□ □ □ □ □
0 0.5s 1.0s 1.5s 2.0s >2.5s
可能事故严重程度
□ □ □ □
非常小 小 较大 大</td><td>冲突发生时间
□ □ □
PET
□ □ □
0 0.5s 1.0s >1.5s</td></tr>
<tr><td colspan="4">冲突类型 → 或 ←</td><td rowspan="20">冲突简图
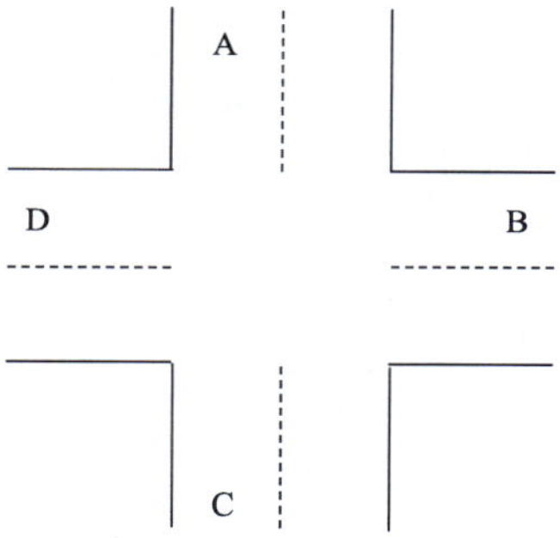
*调查员位置

备注：</td></tr>
<tr><td>道路使用者</td><td>1</td><td>2</td><td>3</td></tr>
<tr><td>小汽车</td><td>□</td><td>□</td><td></td></tr>
<tr><td>货车、客车</td><td>□</td><td>□</td><td></td></tr>
<tr><td>摩托车</td><td>□</td><td>□</td><td></td></tr>
<tr><td>自行车</td><td>□</td><td>□</td><td></td></tr>
<tr><td>行人</td><td>□</td><td>□</td><td></td></tr>
<tr><td>其他</td><td>□</td><td>□</td><td></td></tr>
<tr><td colspan="4">速度</td></tr>
<tr><td>0～15km/h
15～30km/h
30～50km/h
50～70km/h
70～100km/h
>100km/h</td><td>□
□
□
□
□
□</td><td>□
□
□
□
□
□</td><td></td></tr>
<tr><td colspan="4">避险行为</td></tr>
<tr><td>无行为</td><td>□</td><td>□</td><td></td></tr>
<tr><td>可控行为</td><td>□</td><td>□</td><td></td></tr>
<tr><td>非可控行为</td><td>□</td><td>□</td><td></td></tr>
<tr><td>制动</td><td>□</td><td>□</td><td></td></tr>
<tr><td>加速</td><td>□</td><td>□</td><td></td></tr>
<tr><td>转向</td><td>□</td><td>□</td><td></td></tr>
</table>

在对调查员完成理论课程培训后还需要最后进行一次测试。该测试的目的并不是在绝对意义上评估课程成员的水平，而是检查课程成员是否能够理解和应用交通冲突技术的基本概念和要素。测试也是通过评估视频中的交通冲突来进行的。需要明确的是，使用视频能够在受控环境下提供足够多的遭遇类型，但是其仍然只是一种辅助工具。实地培训对于调查员在实践中获得系统的观测经验至关重要，因此实地测试也是检验调查员是否具备足够资格的关键。

5. 调查实施

在调查实施之前，调查小组需制定细致的调查方案，以明确调查时间、地点、调查对象类型等。调查方案可以基于调查点的历史事故记录、周边居民描述和交警的建议，针对某一种具体的交通冲突，也可以是调查地点上所有的交通冲突。此外，调查方案还应包括额外交通信息的收集。

1) 交通量调查

在交通冲突分析时通常需要调查对象的交通量信息。一般情况下，交通量调查需和交通冲突观测在同一天同一时段进行。如果由于实际困难而无法在同一天同一时段进行交通量调查，也应尽可能选择具有相似交通条件的调查日期和时间。此外，交通冲突观测任务比较复杂，很难要求调查员在观测交通冲突的同时记录交通量，因此交通量调查需配备单独的调查员。交通量调查表见表 2-8。

表 2-8　交通量调查表

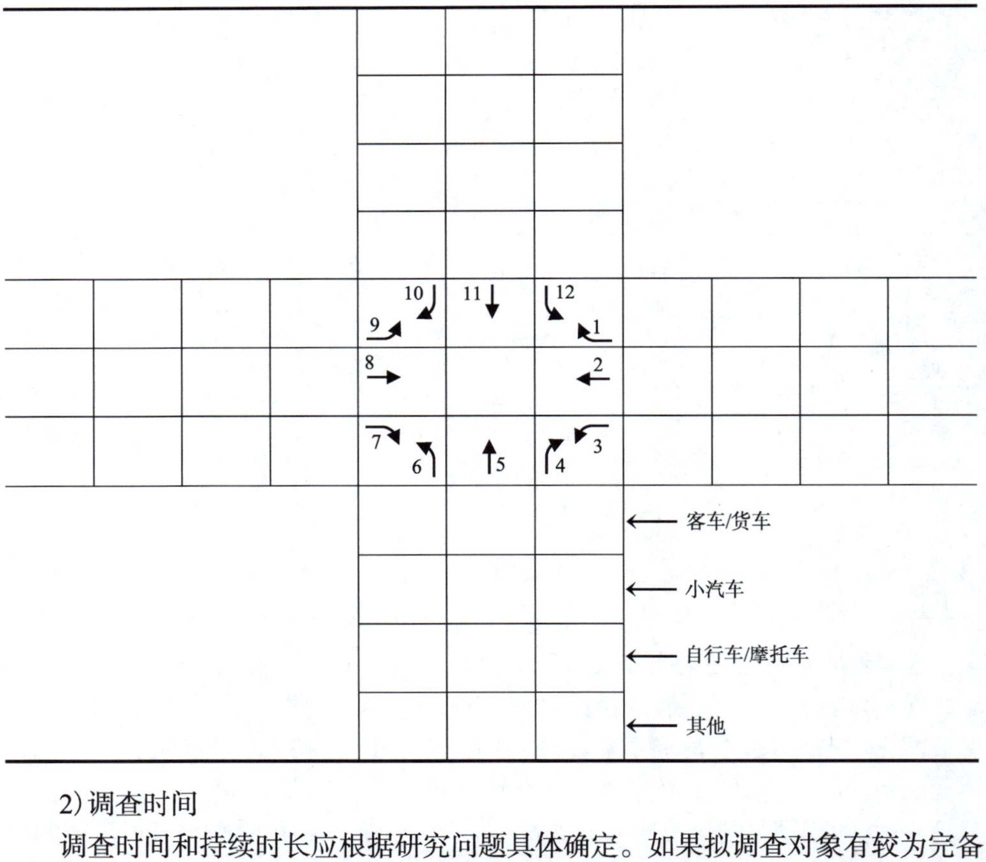

2) 调查时间

调查时间和持续时长应根据研究问题具体确定。如果拟调查对象有较为完备的事故记录而交通冲突调查仅作为事故分析的一个补充，则需要注意以下几点：

如果历史事故数据分析能够揭示事故分布的日、星期、月、季节特性，那么交通冲突调查时间也应与事故多发的时间相匹配；尽管早晚高峰时的交通量可能相似，但交通流向和一些关键环境可能存在差别；尽管某一个地点早晚高峰的交通事故特征相同，但这并不代表其事故诱导因素也相同；在前后对比研究中，改造前后交通冲突观测时段应一致。

3）天气因素

天气因素对是否开展调查有非常重要的影响。通常情况下，应避免在恶劣天气条件下开展交通冲突调查，除非所研究的安全问题与天气因素密切相关。当然，雨天或路面潮湿一般均被视为正常条件，而且交通事故也会在这些条件下发生。在交通安全评价研究中，交通冲突调查时的天气条件应尽可能与收集到的交通事故的天气条件一致。

4）调查员数量

在制定调查方案时，调查员所在位置的选择应考虑调查员的安全、视野和所需调查员的数量。同时，也应尽可能减少调查员对交通的干扰。根据调查对象的规模和调查内容的复杂程度，一个调查点可能需要 1～4 名调查员。如果仅调查一个交通流向或交叉口的一个分支，一名调查员即能完成调查任务。因为相邻交通冲突之间的间隔一般较长，能够给调查员留下足够的时间完成记录。居民区比较安静的交叉口一般只需配备一名调查员。连接交通干道的交叉口，视交通量和交通运行的复杂程度需配备 2～4 名调查员。如果调查对象是一个复杂的四路交叉口，建议不同调查位置的调查员阶段性互换位置，这样可以避免工作量的不均衡问题，也可以用来分析不同调查员调查结果的一致性。如果一个调查地点有 2 名或 2 名以上调查员，需要合理划分观测任务和观测范围，以避免重复观测。此时，调查员任务可以按调查区域划分（图 2-6（a）），也可以按交通流向划分（图 2-6（b））。

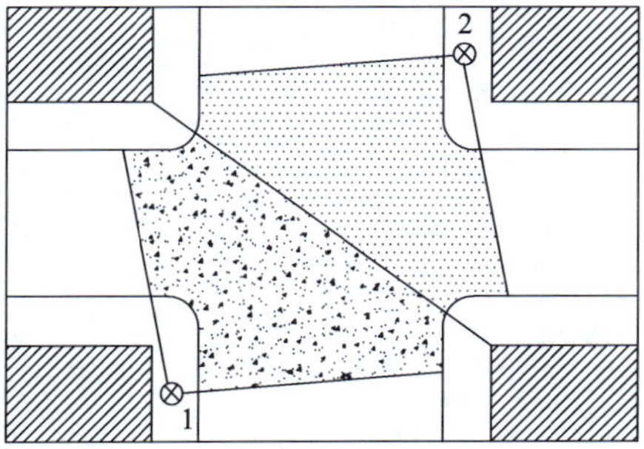

(a) 按调查区域划分

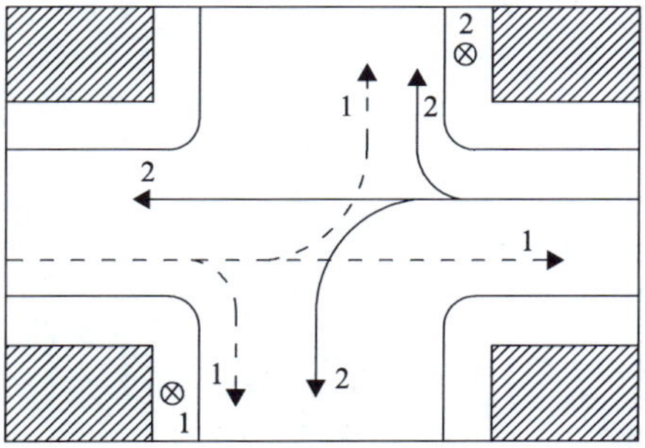

(b) 按交通流向划分

图 2-6　调查员任务划分示意图

5）调查区域

交通冲突调查区域需要根据研究问题予以明确界定，并在调查表中标明。例如，如果研究的是交叉口范围内来自次要道路的右转自行车与过街行人的交通冲突，那么调查区域和调查员配置如图 2-7 所示。为了更好地掌握冲突发生的过程，交通冲突调查区域不应太窄。如果交通冲突调查的目的是为事故数据提供补充，那么交通冲突观测区域应与交通事故发生的区域一致。

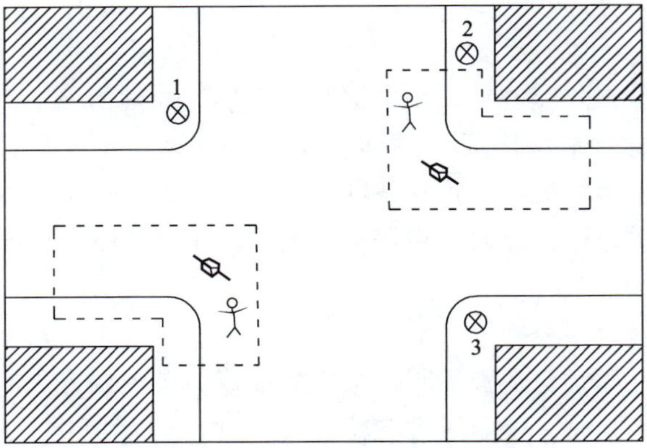

图 2-7　调查区域示意图

6）调查员位置

一般来讲，调查员站立的位置应便于调查员从冲突涉及的道路使用者的角度进行观测。图 2-8 所示的车辆追尾冲突，调查员所处的位置应与后车的位置基本平行且位于观测区域以外，同时所选择的位置应尽可能地减少冲突观测对交通运行的干扰。此外，不建议调查员选择高楼的阳台等较高的观测位置，这可能导致噪声、视线移动等问题带来的冲突对象信息丢失。

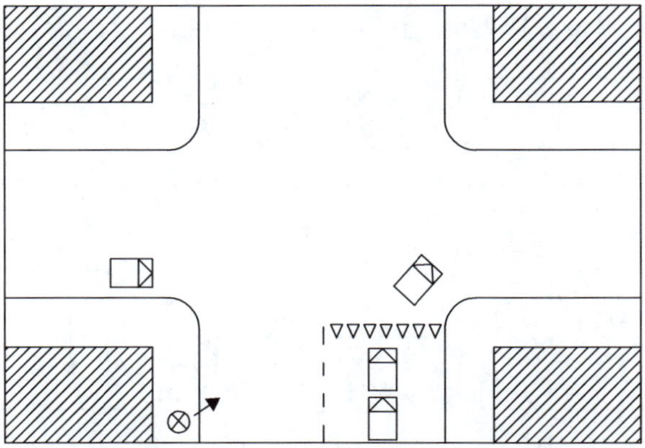

图 2-8　调查员位置示意图

7）调查时长

为了对调查问题有可靠和深入的分析，需保证足够长的调查时段，而具体调查时长需根据研究问题而定，一般需考虑以下两个方面的因素。

(1)调查时段需具有代表性，保证调查得到的冲突数据能够以一定的方式反映出调查地点交通事故的波动情况。

(2)调查时段应足够长，保证调查得到的数据能够解析调查点的交通安全状况并满足安全评价或前后对比研究的需要。

此外，研究的具体问题对调查时长的选择也有影响，分析整个交叉口或仅分析左转交通所需的调查时长往往不同。美国的研究表明，为了得到可靠的小时冲突率数据，如果研究对象是一个方向所有的交通冲突，一般至少需要 3.4h；如果研究对象仅是左转交通与直行交通之间的冲突，一般需要 30h。其他各个方向交通冲突的建议调查时长见表 2-9。

表 2-9　交通冲突建议调查时长

冲突类型	平均小时冲突数/(次/h)	观测时长/h
左转-同向交通冲突	7.14	4.6
右转-同向交通冲突	4.89	5.1
直行-同向交通冲突	3.21	5.9
反向左转交通冲突	0.77	21.6
左转-右侧交叉冲突	0.59	24.5
左转-左侧交叉冲突	0.78	18.1
右转-右侧交叉冲突	0.71	23.9
直行-右侧交叉冲突	0.31	39.3
直行-左侧交叉冲突	0.39	30.0
所有同向冲突	15.48	3.4
所有左侧交叉冲突	0.82	20.0
所有右侧交叉冲突	1.45	14.8

荷兰交通冲突技术建议的观测时长为 18h，平均每天 6h。每天的调查时段安排见表 2-10。按照这种安排，交通事故多发的时段均在调查范围内。此外，由于交通冲突观测是一个相对高强度的调查工作，一般建议每名调查员的平均工作时间不应超过 4h，最长不能超过 6h。因此，如果最终确定的调查时间为每天 8h，则每个调查点应配置两名调查员。

8)速度估计

在观测交通冲突时，调查员应能较好地判断与记录调查车辆的速度。为了达到这一目的，需要在现场开展调查员速度估计的培训工作，其间调查员估计的速度可与雷达枪等设备测量的速度进行对比。一般情况下，如果估计值与测量值的差不超过 20%，则认为调查员估计准确。

表 2-10　荷兰交通冲突调查时段安排

第一阶段	第二阶段	第三阶段
07:30～07:55 08:00～08:55	12:00～12:55 13:00～13:55	15:30～16:25 16:30～17:25 17:30～18:30

为了使调查员对车辆行驶速度有较好的感受，应分别在限速 50km/h、80km/h 和 100km/h 的地点开展培训。同时，也需要培训调查员对运行速度极低或极高的车辆进行速度估计，例如，研究对象涉及转弯车辆的速度估计。对行人而言，由于步行速度相对稳定，一般不需要进行速度估计。

在可能的情况下，需要对车辆驶向、驶离和垂直于调查员时的速度估计开展培训工作。此外，最好能在拟调查地点或与拟调查地点具有相似环境的地点开展速度估计培训工作。

2.3.3　美国交通冲突技术

美国交通冲突技术是以人工现场观测为手段，以避险行为为核心判定依据的交通冲突技术体系。1989 年，美国联邦公路局发布了“Traffic Conflict Techniques for Safety and Operations”[25]，标志着美国交通冲突技术的正式形成。该文件包含工程师手册和观测者手册两部分，突出强调了调查员培训和交通冲突记录标准化的重要性，同时也介绍了交通冲突的基本概念和现场观测的操作步骤。

1) 交通冲突界定

在美国交通冲突技术体系中，交通冲突是指“一种可观测的交通事件，其中涉及的一个道路使用者的行为导致另一个道路使用者需采取避险行为才能避免交通事故的发生”。道路使用者主要是指机动车，但也可以是自行车和行人。

以交叉口交通冲突为例，交通冲突过程一般包括以下四个阶段：首先，第一辆车的驾驶员执行了一个操作，如从相交道路驶出；其次，第一辆车的出现给第二辆车带来了碰撞风险；进而，第二辆车的驾驶员采取避险措施，如减速或转向；最后，第二辆车继续前进并通过冲突区域。在这四个阶段中，最后一个阶段是明确驾驶员是对第一辆车的行为做出反应而非对交通控制设施做出反应的重要依据。

在上述一般性定义体系下，针对交叉口不同的交通流向和事故形态，美国交通冲突技术进一步明确了一系列便于实际操作的交通冲突定义。与交叉口交通事故形态划分一样，交叉口交通冲突也分为同向交通冲突、反向左转交通冲突、交叉冲突、红灯时的右转交通冲突、行人交通冲突和二次交通冲突。此外，这几类冲突又可以细分为 16 种具体的冲突形式。

(1)同向交通冲突。

同向交通冲突是指第一辆车在减速或转向时导致其后的第二辆车出现追尾风险的交通冲突。此时，第二辆车需要采取刹车或转向等避险行为以避免交通事故的发生，进而才能安全通过冲突区域。同向交通冲突又包括四种形式。

左转-同向交通冲突，是指第一辆车在减速左转时导致尾行车辆出现追尾风险的交通冲突(图 2-9(a))。

右转-同向交通冲突，是指第一辆车在减速右转时导致尾行车辆出现追尾风险的交通冲突(图 2-9(b))。

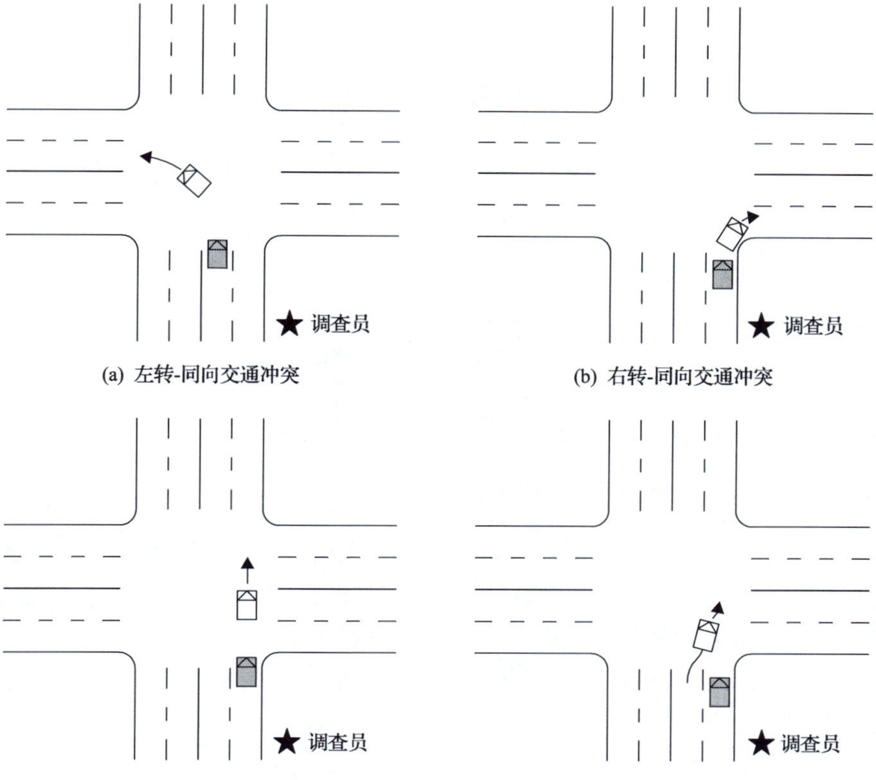

(a) 左转-同向交通冲突　(b) 右转-同向交通冲突

(c) 直行-同向交通冲突　(d) 变道冲突

图 2-9　同向交通冲突示意图

直行-同向交通冲突，是指第一辆车在减速接近或直行通过交叉口时导致尾行车辆出现追尾风险的交通冲突(图 2-9(c))。对于这种冲突形式，第一辆车减速的原因往往并不明晰，可能只是预防性行动或是拥堵及交叉口以外的其他原因。如果调查员能够明确第一辆车减速的原因，应予以记录。

变道冲突，是指第一辆车从一个车道变至另一车道时导致新车道上尾行车辆出现追尾或侧向刮擦风险的交通冲突(图 2-9(d))。然而，当变道车辆是因为当前车道上出现碰撞风险而采取变道这一避险措施时，新车道上的第二辆车所面临的交通冲突应被视为二次交通冲突而非变道冲突。

(2) 反向左转交通冲突。

反向左转交通冲突是指第一辆车进行左转时，导致对向直行车辆出现正面碰撞或侧面碰撞风险的交通冲突（图 2-10）。这种情况下以及后文所介绍的情况均是第二辆车拥有路权而第一辆车不拥有路权。如果是因为第二辆车闯红灯而侵犯第一辆车的路权，则不是交通冲突而是其他交通事件。

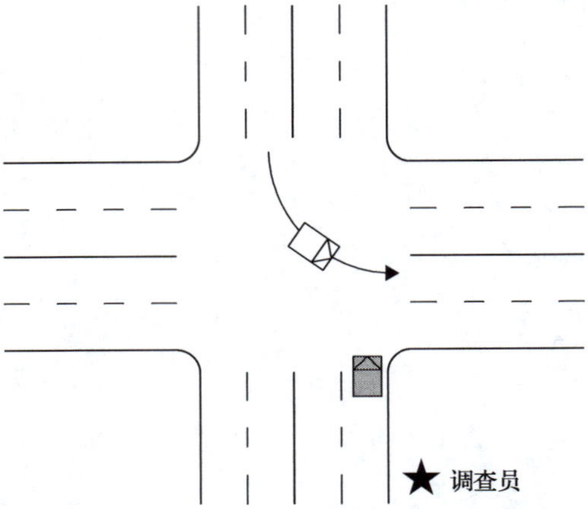

图 2-10　反向左转交通冲突示意图

(3) 交叉冲突。

交叉冲突是指来自被交道路的第一辆车在转弯或直行通过主要道路上拥有路权的第二辆车的运行路径时，导致第二辆车出现追尾、侧向刮擦或侧面碰撞风险的交通冲突。在这种情况下，第二辆车必须通过刹车或转向来避免事故发生并安全通过冲突区域。交叉冲突根据被交道路相对于调查员的位置又可分为右侧交叉冲突和左侧交叉冲突。右侧交叉冲突又分为右转-右侧交叉冲突、左转-右侧交叉冲突、直行-右侧交叉冲突，如图 2-11 所示。

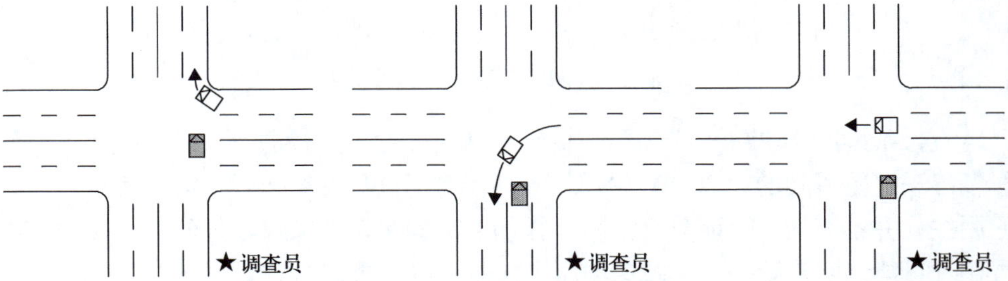

(a) 右转-右侧交叉冲突　(b) 左转-右侧交叉冲突　(c) 直行-右侧交叉冲突

图 2-11　右侧交叉冲突示意图

右转-右侧交叉冲突是指来自右侧道路的第一辆车在进行右转时，导致主路行驶的第二辆车出现侧面碰撞或追尾风险的交通冲突(图 2-11(a))。对于信号控制交叉口，如果红灯时允许右转，主路行驶车辆与红灯期间右转车辆的交通冲突属于红灯时的右转交通冲突。

左转-右侧交叉冲突是指来自右侧道路的第一辆车在进行左转时，导致主路行驶的第二辆车出现侧面碰撞风险的交通冲突(图 2-11(b))。

直行-右侧交叉冲突是指来自右侧道路的第一辆车在直行通过交叉口时，导致主路行驶的第二辆车出现侧面碰撞风险的交通冲突(图 2-11(c))。

左侧交叉冲突又分为右转-左侧交叉冲突、左转-左侧交叉冲突、直行-左侧交叉冲突，如图 2-12 所示。

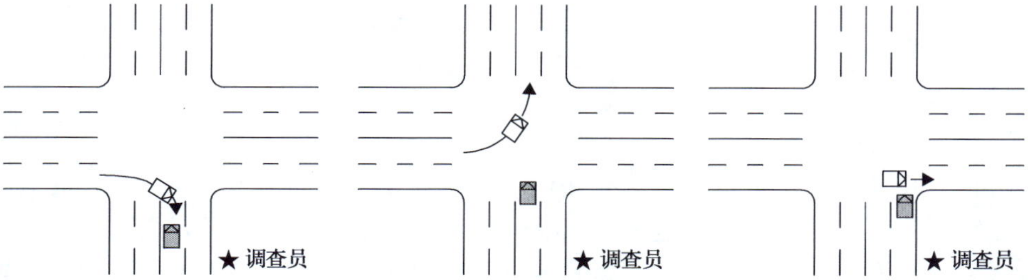

(a) 右转-左侧交叉冲突　(b) 左转-左侧交叉冲突　(c) 直行-左侧交叉冲突

图 2-12　左侧交叉冲突示意图

右转-左侧交叉冲突是指来自左侧道路的第一辆车右转时穿过主路中心线并误入对向车道，导致主路行驶的第二辆车出现正面碰撞风险的交通冲突(图 2-12(a))。这种冲突经常在道路较窄或大型车转弯半径过大的情况下出现。

左转-左侧交叉冲突是指来自左侧道路的第一辆车在进行左转时，导致主路行驶的第二辆车出现侧面碰撞或追尾风险的交通冲突(图 2-12(b))。

直行-左侧交叉冲突是指来自左侧道路的第一辆车在直行通过交叉口时，导致主路行驶的第二辆车出现侧面碰撞风险的交通冲突(图 2-12(c))。

(4)红灯时的右转交通冲突。

红灯时的右转交通冲突是指第一辆车在红灯时进行右转并侵入第二辆车的行驶路径，导致拥有路权的第二辆车必须通过刹车或转向等避险操作才能避免侧面碰撞、侧向刮擦或追尾风险的交通冲突。

红灯时的右转交通冲突包括两种形式。第一种是反向-红灯时的右转交通冲突，是指第一辆车在对向交通保护性左转相位(其所在方向为红灯)时进行右转，导致对向左转车辆出现侧面碰撞或追尾风险的交通冲突(图 2-13)。反向-红灯时的右转交通冲突只会发生在有保护性左转相位的信号交叉口。第二种是右转-右侧交叉冲突(图 2-11(a))的一种特殊形式，仅出现在信号控制交叉口第一辆车在红灯右转时，这类冲突会导致主路上的第二辆车出现侧向刮擦、侧面碰撞或追尾风险。

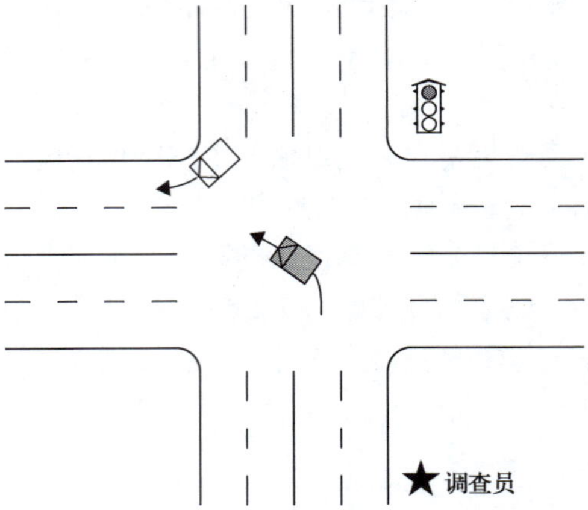

图 2-13　反向-红灯时的右转交通冲突示意图

(5)行人交通冲突。

行人交通冲突是指行人在拥有路权的车辆前穿过时引发的交通冲突，此时车辆必须通过刹车或转向才能避免发生碰撞进而安全通过交叉口。行人交通冲突通常有两种情况，分别是行人在车辆的远端和近端穿过(图 2-14)。然而，当行人拥有路权时(如绿灯)，这两种情况均不是交通冲突。

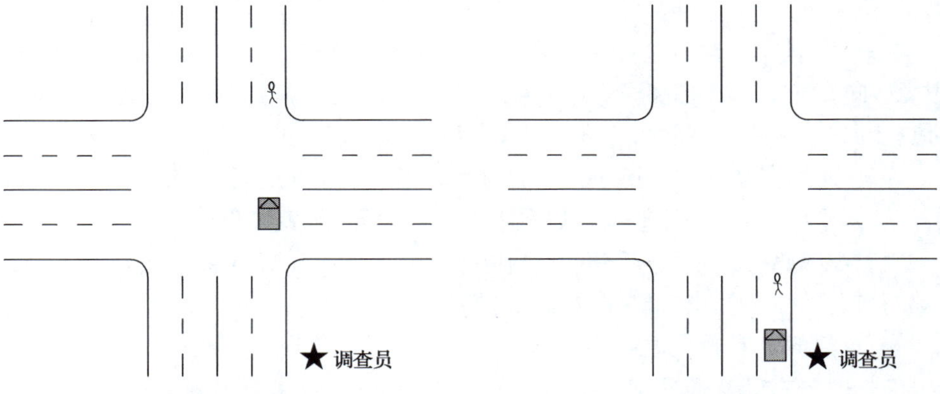

(a) 远端行人交通冲突　(b) 近端行人交通冲突

图 2-14　行人交通冲突示意图

自行车交通冲突的冲突形式与图 2-14 所描述的情况基本相同。

(6)二次交通冲突。

在所有冲突过程中第二辆车采取避险措施时，可能导致第三辆车发生碰撞风险的交通冲突统称为二次交通冲突。大多数情况下，二次交通冲突都是由直行-同向交通冲突和变道冲突引起的(图 2-15)。

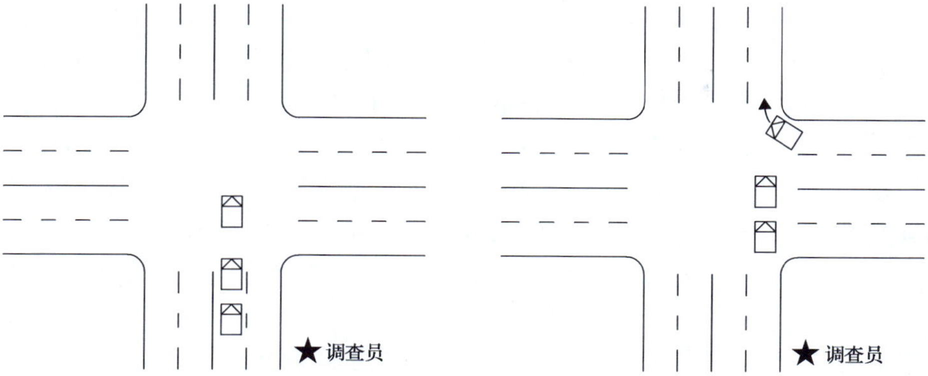

(a) 直行-同向二次交通冲突　(b) 右转-右侧交叉二次交通冲突

图 2-15　二次交通冲突示意图

根据交通冲突定义，由一个初始交通冲突引发的一系列交通冲突均计为一次二次交通冲突。例如，第一辆车减速左转，导致其后所有的车辆均相继采取了刹车措施，此时需记录一次左转-同向交通冲突和一次二次交通冲突。

(7) 其他类型交通事件。

在有些情况下，调查员需要记录上述 16 种交通冲突之外的其他交通事件。例如，为了分析一种新的交叉口信号控制方案，调查员往往需要记录闯红灯事件的次数和由闯红灯事件引发的交通冲突次数。根据交通冲突的一般定义，这两种情况均不属于交通冲突，但也可以根据研究需要进行调查与记录。此外，在交通冲突调查过程中，调查员应尽可能记录各种不寻常的交通事件，虽然这些事件在这里没有进行界定或描述，但它们也可能与交叉口的交通安全运行有关。

2) 交通冲突调查准备

前往调查地点开展调查工作之前，调查员需准备以下工具和材料。

调查方案，内容包括调查员数量、调查地点、特殊交通冲突形式、需要采集的交通冲突以外的数据以及调查时长等。调查方案中还需明确调查地点的安排，一般除此次拟调查的地点外，还应列出将来需要调查的地点，作为本次调查的备选。如果调查员对调查地点不熟悉，应将调查地点在图中标出。除调查方案外，还需要准备调查指导人员的电话、调查员身份证明、计数器、写字板、笔、手表、秒表、摄像机、折叠椅、水、调查表、安全背心等。

调查员到达现场后，首先需要熟悉现场环境，如拟观测道路的分支及车道分布情况等。其次，需要进行具体调查位置的选择。所选择的位置应具有良好的视野，能够看清交叉口内的交通运行情况。通常情况下，该位置距交叉口中心 30～100m 且位于所调查道路分支的右侧。调查员位置的选择也需考虑相交道路的车辆速度和线形情况。当车辆速度较高时，调查员位置应距交叉口中心更远，从而保证能观察到所有相关的交通运行状况。城市中心区交叉口车辆的运行速度一般低于 40km/h，此时调查员距交叉口中心的距离可低于 30m。调查员的位置应在调查表中予以标注，在进行前后对比研究中应保证调查员位置的一致性。调查员可以位于路侧空地或停于路侧的车内，同时保证尽可能减少调查对交通运行的干扰。

为了保证现场调查的规范性和一致性，所有调查均需在指定的时间开始，并且调查起止时段严格按指定时间。这就要求调查员在调查开始前 30min 到达指定调查地点，以熟悉现场环境并为调查做好准备。调查正式开始之前的一项重要工作是预观察，即调查员用 5min 左右的时间观察所调查交叉口的交通运行情况，熟悉该交叉口的交通流向、信号控制或其他控制设施运行情况，留意交叉口范围内的连接道路、停车以及其他可能引发安全问题的设施情况。

3) 交通冲突调查实施

实施交通冲突调查时，应严格按照预先制定的调查时间方案执行。通常情况下，无论调查总时间是几小时还是几天，调查实施均以 1h 为单位。以 8:00～9:00 为例，其时段划分见表 2-11。该表对应的是一个交叉口安排两名调查员的情况，每名调查员负责一条相交道路的两个方向，并每隔 20min 调换一次调查位置，依次往复。一般每隔 2～3h 需安排调查员休息一次。

表 2-11　每小时交通冲突调查时间安排

时间	任务安排
08:00	开始调查
08:20	结束调查，在表中记录冲突数，清零计数器，并移至对向道路的调查点处
08:30	开始调查
08:50	结束调查，在表中记录冲突数，清零计数器，并移至对向道路的调查点处
09:00	开始调查

为了保证调查的一致性，最好能严格按照表 2-11 规定的调查时段执行。但对于信号控制交叉口，其信号周期往往不能与表 2-11 的时间同步。此时，调查员需在开始之前标注其所在方向出现的第一个信号变红的时间，进而用秒表计时以保证 20min 的观测时长，然后按表 2-11 的时间安排类推。这一时间周期需和另一名调查员协调，以保证一致。

调查实施时所使用的记录表格见表 2-12。该表的表头部分是调查的基本信息，一般应在调查正式开始前填完。表格右上方的图形是交叉口相交道路分支的编号说明。北向的道路分支编号为 1，并按顺时针方向类推。每一个道路分支均使用一个单独的表格。表格中需填的具体信息包括调查时段（一般每 20min 为一个时段）、交通量、交通冲突和二次交通冲突数量、其他交通事件说明、数量求和及备注。

表2-12 交通冲突调查记录表

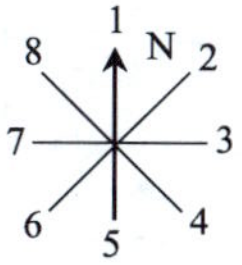

地点：__________ 分支编号：__________ 日期：________ 调查员：________ 调查时长：__________

开始时间	持续时长	交通量	左转-同向		右转-同向		直行-同向		变道		反向左转		右转-右侧交叉		左转-右侧交叉		直行-右侧交叉		右转-左侧交叉		左转-左侧交叉		直行-左侧交叉		红灯时右转		行人		其他
			C	SC	C	SC	C	SC	C	SC	C	SC	C	SC	C	SC	C	SC	C	SC	C	SC	C	SC	C	SC	C	SC	
合计																													
总和(C+SC)																													

备注:

注：C为一般交通冲突；SC为二次交通冲突。

2.3.4　加拿大交通冲突技术

比较有代表性的加拿大交通冲突技术是由不列颠哥伦比亚大学开发的一套基于计算机视觉的交通冲突判别技术体系，该技术具有自动性和客观性两大特点[21-23]。首先，该冲突技术以视频数据为基础，利用计算机视觉技术识别视频中运动的道路使用者并计算冲突指标(如 TTC、PET 等)。整个过程主要由计算机自主完成，基本实现了交通冲突的自动判别；其次，不同于前三种以调查员判断为核心的冲突判别，加拿大交通冲突技术在冲突判别过程中基本没有主观因素干扰，因而更加客观和可靠。

加拿大交通冲突技术在“冲突过程”的界定上也进行了一定的扩展。在瑞典交通冲突技术和荷兰交通冲突技术中，冲突过程均假设道路使用者保持当前的速度和方向不变；加拿大交通冲突技术引入了可能路径的概念，其冲突过程是在考虑所有可能路径条件下形成的。一旦确定了道路使用者所有可能的路径，便可以计算潜在冲突点或冲突区域的出现概率，进而可以获得对应的冲突指标值。

加拿大交通冲突技术主要通过摄像机标定、角点跟踪、角点分组、原型生成、事件生成和冲突检测等 6 个模块实现交通冲突判别，具体如图 2-16 所示。

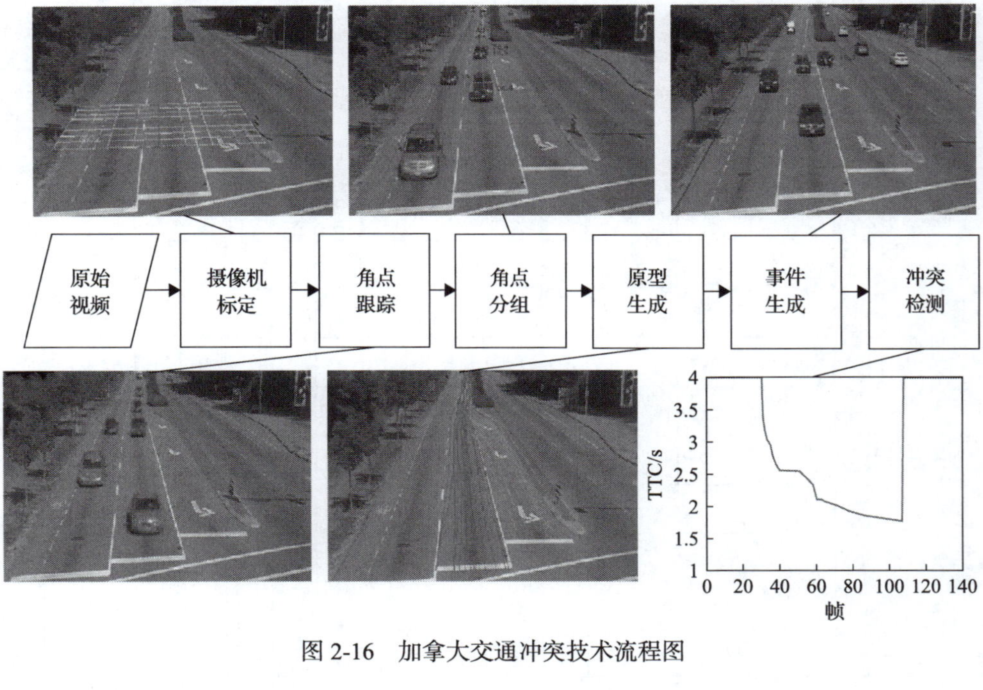

图 2-16　加拿大交通冲突技术流程图

1) 摄像机标定

视频拍摄是将三维现实空间转换为二维图像空间。因此，为了获得视频中道路使用者的位置信息，需要对拍摄视频的摄像机进行标定。三维现实空间至二维图像空间的转换是一个与摄像机特性相关的线性映射，该转换可以由单应矩阵实现，具体为

$$\begin{bmatrix} u \\ v \\ 1 \end{bmatrix} = \boldsymbol{H} \begin{bmatrix} x_{\mathrm{w}} \\ y_{\mathrm{w}} \\ z_{\mathrm{w}} \end{bmatrix} \tag{2-8}$$

$$\boldsymbol{H} = s \begin{bmatrix} f_x & \gamma & u_0 \\ 0 & f_y & v_0 \\ 0 & 0 & 1 \end{bmatrix} \begin{bmatrix} r_1 & r_2 & t \end{bmatrix} \tag{2-9}$$

式中，(u,v) 为图像空间的坐标；$(x_{\mathrm{w}}, y_{\mathrm{w}}, z_{\mathrm{w}})$ 为现实空间的坐标；$\boldsymbol{H}$ 为单应矩阵，同时包含摄像机的内部参数 $(f_x, f_y, u_0, v_0, \gamma)$ 和外部参数 (r_1, r_2, t)；s 为尺度比例。

摄像机标定即标定拍摄视频的单应矩阵。在标定之前，首先需要收集调查点的视频图像和现实世界图像。视频图像可以直接从视频中截取，而现实世界图像一般采用航拍图像、谷歌地图图像等。在获得两个图像后，需要标记出图像中一一对应的参考特征，主要使用参考特征点、距离和角度三个特征进行标记，选择的特征必须在道路平面上或距道路平面特定高度的平面上(图 2-17)。在完成标记后，即可通过优化算法进行单应矩阵的求解。

图 2-17　参考特征标记示意图

标定误差一般通过标记的距离和计算得到的距离的差来进行判断。为了更好地验证标定结果，采用图 2-18 所示的可视化验证方法。如果图像空间的网格和现实空间的网格均能与各自的图像良好匹配，则说明标定结果可靠。

2) 角点跟踪

角点跟踪是利用 Kanade-Lucas-Tomasi 算法区分视频中移动的道路使用者和周边的静态环境。首先，图像中保持不动的角点被认为属于静态环境而不被跟踪。因此，图像中的角点必须连续生成，才能检测出处于移动状态的角点以用于跟踪。

其次，通过运动参数检验剔除具有非正常加速度、方向突变等非常态特征的角点，从而减少角点跟踪的误差。视频中角点跟踪的结果如图 2-19 所示，图中通过大量的角点实现了对移动车辆的跟踪。

图 2-18　图像空间与现实空间标记网格对比

图 2-19　移动车辆的角点跟踪

3) 角点分组

在角点跟踪的过程中，每一个移动的车辆都有很多明显的物理特征，因而会产生大量的跟踪角点。角点分组是将这些角点进行聚类分组，从而生成独立的移动车辆。角点分组需要根据一系列划分标准，其中最为重要的两个标准是角点之间的距离和角点运动向量的相似性。如果要将一个角点加入一个分组，那么该角点与分组的距离必须小于一个预先设定的角点最大距离；在现实世界中，一个车辆的所有组成部分都具有相同的运动向量，因此图像中角点也必须具有相似的运动向量才能被划分至一个分组。如果跟踪角点的运动向量不同，不管其距离多么接近，均不会划分至同一个分组。图 2-20 展示了角点分组的结果。

4) 原型生成

原型是指定义道路使用者运动路径的轨迹集合。原型生成是在车辆跟踪之后进行的一个半自动的工作步骤。首先，从收集到的视频中截取具有代表性的视频片段。代表性是指视频片段中道路使用者的运行轨迹基本能够涵盖所有道路使用者的运行轨迹，因此所截取的视频片段通常来自交通量较大的时段。其次，利用前面介绍的角点跟踪和分组技术对视频中的车辆进行跟踪并生成车辆运行轨迹集合，该轨迹集合通常包含大量重复的运行轨迹。最后，根据运行轨迹的特征绘制具有代表性的原型轨迹，在视频中提取的起止点不同但具有相同轨迹的运动路径用一个原型轨迹描述。图 2-21 给出了图像空间及其映射到现实世界空间里直行车辆和左转车辆的原型轨迹。

图 2-20　角点分组产生的车辆个体示意图

图 2-21　直行车辆和左转车辆原型轨迹示意图

5) 事件生成

事件生成是在道路使用者跟踪和原型生成之后进行的道路使用者之间相互作用可能性的计算。首先，将跟踪得到的移动道路使用者的轨迹匹配至与其最接近的原型轨迹中。轨迹的匹配采用的是最短公共子序列算法，该算法将含有足够长度的相同子序列的轨迹进行匹配。通常情况下，一个移动的道路使用者会以不同的概率匹配至多个原型轨迹中。其次，道路使用者的中心将被假定位于原型轨迹上，并根据实际运行速度得到一系列道路使用者未来的可能位置。

6) 冲突检测

根据事件生成阶段确定的道路使用者的可能位置，判断相互接近的道路使用者是否存在碰撞的可能并计算对应的冲突指标值，包括 TTC、PET、DRAC 等。以 TTC 为例，图 2-22 在冲突过程中逐帧计算 TTC，并以 TTC 最小值表示整个冲突事件的严重程度。为了减小测量误差，TTC 最小值一般取最小值附近连续 10 帧的平均值。

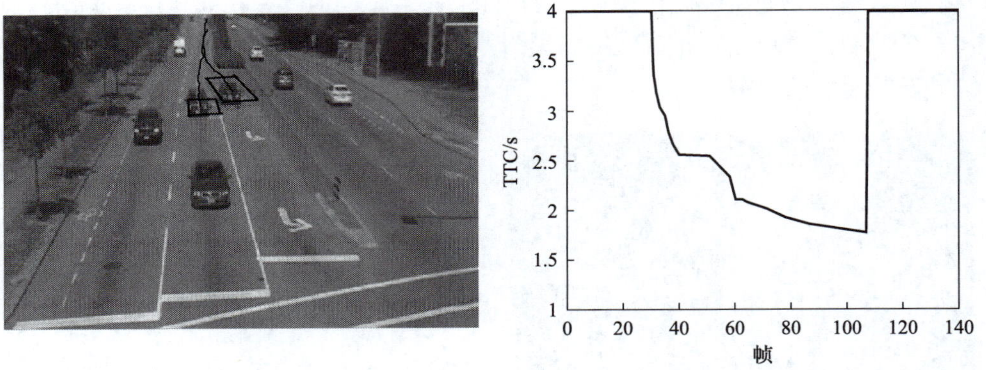

(a) 冲突车辆　　(b) TTC

图 2-22　冲突车辆 TTC 值变化示意图

在计算得到所有可能事件的冲突指标值以后，通常需要选择一个临界值以判定某一交通事件是否为交通冲突。以 TTC 为例，一般以 TTC=1.5s 作为临界值，如果某一交通事件对应的 TTC 值小于 1.5s，那么该交通事件为交通冲突，反之则不是交通冲突。

2.4　交通冲突有效性分析

2.4.1　交通冲突过程有效性

交通冲突过程有效性问题源自交通冲突在交通参与者相互作用过程中的具体位置。部分学者认为交通冲突和交通事故都产生于避险行为之后，是避险行为作用效果不同所导致的不同结果，因此两者是相互平行的，如图 2-23(a)所示；然而，也

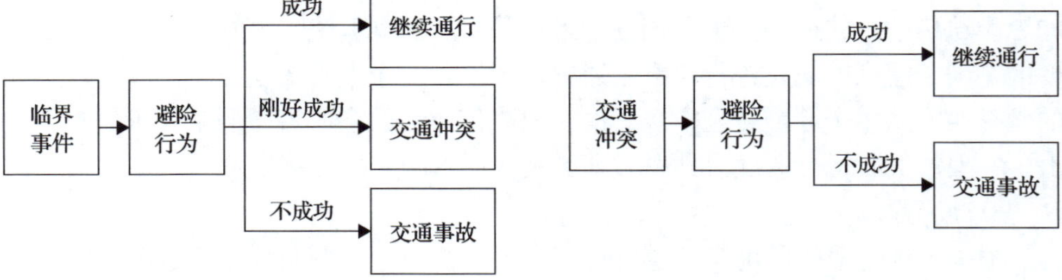

(a) 交通冲突与交通事故是平行事件　　(b) 交通冲突先于交通事故

图 2-23　交通冲突在交通过程中的位置

有学者认为交通冲突是先于避险行为存在的，由于避险行为的作用效果不同，交通冲突可能导致交通事故(避险行为失败)或继续通行(避险行为成功)，如图 2-23(b)所示。

2.4.2　交通冲突预测有效性

交通冲突预测有效性一般通过交通冲突与交通事故之间的关系来判断。这种判断依据主要源于交通事故是最为直接且公认的交通安全评价指标。尽管证明交通冲突与交通事故之间存在较强的相关关系并不是交通冲突预测有效性的充要条件，但这是交通冲突预测有效性的必要条件，因而可以作为说明交通冲突预测有效性的一个经验型证据。自交通冲突技术提出，有关其预测有效性的争论就一直存在，学者也先后提出了多种预测模型来探寻交通冲突与交通事故之间的关系。

1. 预测有效性研究的必要性分析

有关交通冲突预测有效性研究的争论主要集中在两个方面：一是交通冲突与交通事故之间是否存在很强的相关关系；二是是否有必要利用交通冲突频数来预测交通事故频数。

有关交通冲突与交通事故关系的研究，不同学者得到的研究结果也不相同。在早期的研究中，有些学者证明了交通冲突与交通事故之间有很强的相关关系，而有些学者则发现交通冲突与交通事故之间的相关程度很低。有些学者也分析了关联度低的原因，认为一方面是因为交通事故记录本身的不完整和不精确，另一方面交通冲突的界定和冲突数据的采集技术也不完善。因此，有些学者认为做到以下两点可以显著提高交通冲突与交通事故之间的相关关系：一是保证交通冲突的定量描述、客观测量以及合理应用；二是将交通冲突和交通事故按发生位置、类型以及严重程度进行详细分类，进而将不同类型的冲突和事故进行分别关联。此外，部分学者从理论分析的角度出发，认为有效性判断应以交通冲突预测产生的交通事故是否为无偏估计且方差较小为准则[26]。

有关交通冲突预测有效性的质疑并没有限制交通冲突技术的研究及广泛应用。有些学者认为验证交通冲突技术的预测有效性是不必要的，因为交通安全不仅仅是没有交通事故发生，交通冲突技术可以作为分析道路使用者行为安全性的一个重要工具，而不仅仅是用于预测交通事故。近年来，交通冲突技术已经被直接用于道路交通安全分析，尤其是前后对比研究(before-and-after study)。

2. 现有预测模型总结与分析

为了分析交通冲突与交通事故之间的关系，从而验证交通冲突技术的预测有效性，学者做了大量的努力。部分研究侧重于建立以历史事故数据为基础的关系模型，也有部分研究侧重于构建基于非事故数据的模型。

1) 基于事故数据的预测模型

假设已经获得了交通冲突数据和交通事故数据，那么两者之间的关系模型可以直接利用回归分析技术建立。交通冲突可以视为事故发生的潜在风险，并且有一部分最终会导致交通事故。按照此思路，Hauer 在 1982 年最早提出了两者之间的关系模型[27]：

$$\lambda = \pi c \tag{2-10}$$

式中，λ 为期望事故数，次；c 为观测的交通冲突数，次；π 为交通冲突与交通事故之间的转换系数。

上述关系模型成立的关键是要保证交通冲突与交通事故之间的转化系数不随观测地点和时间的变化而变化。起初，学者主要尝试建立交通事故与严重交通冲突之间的回归关系模型，因为建立严重程度等级相邻的交通事件之间的稳定关系要比建立跨等级的交通事件之间的关系容易很多。但是，随着安全连续体和严重程度分级模型的提出，上述关系模型得到进一步扩展。为了适用于交通事故与不同等级交通冲突之间的关系研究，1986 年 Hauer 和 Garder 提出了如下模型[26]：

$$\lambda = \sum_i \pi_i c_i \tag{2-11}$$

式中，c_i 为严重程度等级为 i 的观测交通冲突数，次；π_i 为严重程度等级为 i 的交通冲突与交通事故之间的转换系数。

式 (2-10) 和式 (2-11) 所示的关系模型可以采用多种回归分析技术来估计转换系数。这类模型的优点是结构简单且学者对各种回归分析方法较为熟悉。但是，所强调的转换系数的稳定性很难满足，尤其是在考虑不同严重程度级别的冲突时，因为不同级别交通冲突的分界标准并不确定。

在上述传统回归分析模型的基础上，El-Basyouny 和 Sayed 进一步提出了两阶段模型[28]。该模型首先利用交通量、线形条件等因素预测交通冲突，进而以交通冲突为基础建立交通事故预测的负二项回归模型。

2) 基于非事故数据的预测模型

(1) 因果关系模型。

因果关系模型以交通冲突定义中的反事实假设为基础，即如果车辆保持现状的运行速度和运行方向不变则会导致交通事故的发生。该假设说明交通事故的发生需要两个前提条件：一是初始条件，即相互作用的两辆车是否达到足够接近的状态；二是避险行为，即当出现初始条件时，是否有避险行为的发生。因果关系模型的结构如下[29]：

$$P(x,y,u) = P(y \mid x,u) \cdot P(x \mid u) \cdot P(u) \tag{2-12}$$

式中，$P(u)$为初始条件值的概率分布函数；$P(x|u)$为给定初始条件 u 值时避险行为发生的条件概率；$P(y|x, u)$为在某一初始条件 u 和相应避险行为 x 条件下，交通事故发生的概率。

该模型的一个重要假设是交通事故发生概率 $y(x, u)$与避险行为 x 之间的关系是单调的。对于某一路段上观测得到的交通冲突，如果每个事件对应的概率是已知的，那么该路段发生交通事故的概率就可以通过所有事件导致交通事故的概率和求得。

(2)基于所有可能路径的冲突概率模型。

该模型是加拿大交通冲突技术中交通冲突判别所采用的基础理论模型，其显著特点是不受车辆保持速度和方向不变的限制，而是考虑车辆所有可能的运动轨迹，并计算每一对可能运行轨迹间的冲突概率，进而通过求和得到总体冲突概率。该模型的关键在于预测车辆在下一时刻到达某一位置的概率。模型具体结构如下[30]：

$$P(c(A_1,A_2)\,|\,Q_{1,t\leqslant t_0},Q_{2,t\leqslant t_0})=\sum_{i,j}P(H_i\,|\,Q_{1,t\leqslant t_0})P(H_j\,|\,Q_{2,t\leqslant t_0})\mathrm{e}^{-\frac{\Delta_{i,j}^2}{2\sigma^2}} \tag{2-13}$$

式中，$P(c(A_1,A_2)\,|\,Q_{1,t\leqslant t_0},Q_{2,t\leqslant t_0})$为车辆 A_1 和车辆 A_2 碰撞的概率；$P(H_i\,|\,Q_{1,t\leqslant t_0})$为车辆 A_1 按照假设轨迹 H_i 运动的概率；$P(H_j\,|\,Q_{2,t\leqslant t_0})$为车辆 A_2 按照假设轨迹 H_j 运动的概率；$Q_{1,t\leqslant t_0}$ 为所观测的车辆 A_1 在时刻 t_0 之前的运行轨迹；$Q_{2,t\leqslant t_0}$ 为所观测的车辆 A_2 在时刻 t_0 之前的运行轨迹；σ 为常数，建议取值为道路使用者的平均反应时间；$\Delta_{i,j}=t_{i,j}-t_0$，其中 $t_{i,j}$ 为在道路使用者反应的瞬间预测得到的碰撞时刻，t_0 为道路使用者的反应时间，s。

(3)极值理论模型。

交通安全分析的极值理论模型以道路使用者之间的相互作用为基础，通过作用严重程度指标值(即冲突指标值)的极值分布估计交通事故发生的概率，进而预测交通事故数。模型的基本结构如下[31]：

$$F(C)=F(H)\cdot R(C\,|\,H) \tag{2-14}$$

式中，$F(C)$为模型估计交通事故数，次；$F(H)$为观测交通冲突数，次；$R(C|H)$为依据极值分布得出的交通冲突与交通事故转换系数。

极值理论模型最显著的优势在于模型对交通事故数的估计不再依赖历史事故数据并且不再要求稳定的交通冲突与交通事故转换系数。此外，极值理论模型将所有的交通事件置于同一个严重程度维度内，这与安全连续体所表达的信息完全吻合，因此该模型在建立交通冲突和交通事故关系方面也具有独特的优势。本书后续的理论分析和实践应用均以极值理论模型为基础。

第3章 极值理论

极值理论是用于分析极值事件发生概率的统计学理论。极值事件是指极少出现或极为罕见的事件。根据极值选取方法的不同，极值理论可以分为区组极值理论和超阈值理论，前者将所观测得到的数据按照时间划分为若干个区组并选取每个区组的最大值(或最小值)作为极值样本进行统计分析，后者则选取一个合适的阈值并将大于该阈值的样本作为极值样本进行统计分析；根据描述随机过程变量数量的不同，极值理论又可以分为一元极值理论和多元极值理论。本章将详细介绍各种理论体系下极值模型的构建方法。

3.1 区组极值模型

3.1.1 模型原理

区组极值是指先将样本数据按时间间隔划分成不同区组，然后将每一个区组的最大值视为极值。假设 $X_1, X_2, \cdots, X_n$ 是来自同一分布 F 的一系列独立样本，且 $M_n = \max\{X_1, X_2, \cdots, X_n\}$。在实际应用中，$X_i$ 代表的是单位时间间隔(如 15min、1h、1d 等)，因此 M_n 表示的是 n 个单位时间间隔观测值中的最大值。假如表示的是 X_i 日降水量而 n=365，那么 M_n 代表的是一年中日降水量的最大值。

理论上来讲，M_n 的分布可以根据 n 个观测样本准确地推导出来，即

$$\begin{aligned}\Pr\{M_n \leqslant z\} &= \Pr\{X_1 \leqslant z, X_2 \leqslant z, \cdots, X_n \leqslant z\} \\ &= \Pr\{X_1 \leqslant z\} \times \Pr\{X_2 \leqslant z\} \times \cdots \times \Pr\{X_n \leqslant z\} \\ &= \{F(z)\}^n\end{aligned} \tag{3-1}$$

然而，F 通常是未知的。一种解决方法是应用经典的统计技术从观测数据中估计得到 F，再将得到的分布代入式(3-1)。这种方法的缺陷在于即使 F 的估计存在极小的误差，也将会在 $n\to\infty$ 时严重降低 F^n 的可靠性。

另一种解决方法是依靠极值数据去寻找一种能够逼近 F^n 的分布，就如同经典的统计学理论可以根据中心极限定理用正态分布去近似样本均值的分布一样。极值理论关注的是 $n\to\infty$ 时的 F^n。假设 z_+ 是 F 分布的上限点，对于任何的 $z<z_+$，可以得出当 $n\to\infty$ 时 $F^n(z)\to 0$，因此 M_n 的分布是一个退化分布。为了解决这个问题，引入规范化处理方法，即

$$M_n^* = \frac{M_n - b_n}{a_n} \tag{3-2}$$

式中，$\{a_n>0\}$和$\{b_n\}$为一系列常数。通过选择合适的$\{a_n>0\}$和$\{b_n\}$，可以保证随着n的增加M_n^*的位置和尺度均保持稳定，从而避免出现M_n趋向于0的问题。事实上，M_n^*的所有可能分布形式都可以归纳为三种，即服从极值类型定理。

假设$X_1, X_2, \cdots, X_n$为独立同分布的变量，若存在常数数列$\{a_n>0\}$和$\{b_n\}$，使得当$n\to\infty$时，$\Pr\left(\frac{M_n - b_n}{a_n}\right) \to G(z)$，其中$G(\cdot)$是非退化分布函数，那么$G(\cdot)$必将属于以下三种分布类型之一。

$$\text{I}:\ G(z) = \exp\left\{-\exp\left[-\left(\frac{z-b}{a}\right)\right]\right\},\quad -\infty < z < \infty$$

$$\text{II}:\ G(z) = \begin{cases} 0, & z \leqslant b \\ \exp\left\{-\left(\frac{z-b}{a}\right)^{-\alpha}\right\}, & z > b \end{cases}$$

$$\text{III}:\ G(z) = \begin{cases} \exp\left\{-\left[-\left(\frac{z-b}{a}\right)^{\alpha}\right]\right\}, & z < b \\ 1, & z \geqslant b \end{cases}$$

式中，a、b和α为模型参数。极值类型定理表明，规范化后的M_n随着n的增大将会收敛至有限的三种分布类型I、II和III，这三种分布又分别称为Gumbel分布、Fréchet分布和Weibull分布。在这些分布中，参数a为尺度参数，参数b为位置参数，参数α为形状参数。极值类型定理最为卓越之处在于，无论样本总体分布F为何种形式，M_n^*的极限分布必定是上述三种分布之一。

3.1.2 广义极值分布

极值类型定理所呈现的三种分布代表三种不同的总体分布函数F的尾部特征。尾部形状参数$\alpha<0$、$\alpha=0$和$\alpha>0$分别对应的是薄尾、正常和厚尾情形。具体来说，对于Weibull分布（$\alpha<0$），其上限点z_+是有限值，对应的是薄尾情形；对于Gumbel分布（$\alpha=0$）和Fréchet分布（$\alpha>0$），其上限点z_+均为无穷大，但Gumbel分布尾部呈指数形式衰减，对应的是正常情形；Fréchet分布尾部呈多项式形式衰减，对应的是厚尾情形。三类分布函数代表三类不同的极值行为给极值分布的应用带来了一定的阻碍。首先，需要一种方法来确定哪一种分布模型最适合采集的数据；其次，一旦模型确定，后续的推导都将以该模型为基础并且不允许不确定性存在，但统计分析的不确定性实际上无法忽略。

广义极值分布(generalized extreme value, GEV)模型的提出将上述三类分布统一至一个分布中，从而很好地解决了上述问题。广义极值分布的形式如下：

$$G(z)=\exp\left\{-\left[1+\xi\left(\frac{z-\mu}{\sigma}\right)\right]^{-1/\xi}\right\} \tag{3-3}$$

式中，$-\infty<\mu<\infty$ 为位置参数；$\sigma>0$ 为尺度参数；$-\infty<\xi<\infty$ 为形状参数，并且该分布需满足 $\{z:1+\xi[(z-\mu)/\sigma]>0\}$。其中，$\xi>0$ 对应的是 Fréchet 分布，$\xi<0$ 对应的是 Weibull 分布，$\xi=0$ 对应的是 Gumbel 分布。广义极值分布不同类型的概率密度函数如图 3-1 所示。当 $\xi=0$ 时，式(3-3)取 $\xi\to 0$ 的极限形式，即

$$G(z)=\exp\left\{-\exp\left[-\left(\frac{z-\mu}{\sigma}\right)\right]\right\} \tag{3-4}$$

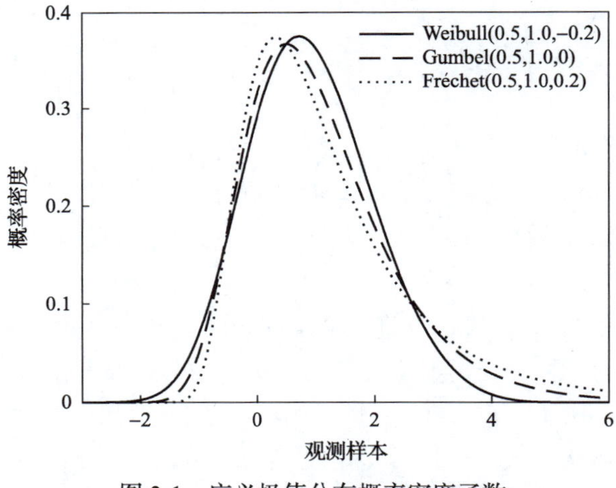

图 3-1　广义极值分布概率密度函数

应用广义极值分布时，得到的一系列观测样本划分为包含 n 个样本的若干个区组，这样就会产生对应的若干个区组极值 $M_{n1},M_{n2},\cdots,M_{nm}$，而这些区组极值的分布可以用广义极值分布进行拟合。如果一个区组对应的是 1 年，而 n 是一年中的观测样本数，那么区组极大值就是年最大值，此时年最大值的极值分位数就可以通过对式(3-3)和式(3-4)进行变换得到，如下所示：

$$z_p=\begin{cases}\mu-\dfrac{\sigma}{\xi}\{1-[-\log(1-p)]^{-\xi}\}, & \xi\neq 0\\ \mu-\sigma\log[-\log(1-p)], & \xi=0\end{cases} \tag{3-5}$$

式中，z_p 为与重现期 $1/p$ 对应的重现水平，即 $G(z_p)=1-p$。本书 log 为任意底数

的对数。重现水平 z_p 可以有以下两种理解方式：以百年一遇的洪水(即重现期为 100 年的洪水水位水平，p= 1/100=0.01)为例，如果一条河流的重现水平值为 $z_{0.01}$=10m，则表示该河流水位超过 10m 的情况每 100 年会出现一次，或者说每一年该河流水位超过 10m 的概率为 0.01。

3.1.3 区组极小值

在实际应用中，有时需要对区组极小值进行建模，例如，本书的研究关注的就是交通冲突指标极小值的分布。同样，令 $\tilde{M}_n = \min\{X_1, X_2, \cdots, X_n\}$ 且 $X_1, X_2, \cdots, X_n$ 为独立同分布的变量。显然，上文阐述的与 M_n 相关的推论可以直接应用至 $\tilde{M}_n$。

令 $Y_i = -X_i (i = 1, 2, \cdots, n)$，进行这种取负变换也就意味着 X_i 的较小值相当于 Y_i 的较大值。因此，如果 $\tilde{M}_n = \min\{X_1, X_2, \cdots, X_n\}$ 而 $M_n = \max\{Y_1, Y_2, \cdots, Y_n\}$，那么 $\tilde{M}_n = -M_n$。当 n 值较大时会有

$$
\begin{aligned}
\Pr\{\tilde{M}_n \leqslant z\} &= \Pr\{-M_n \leqslant z\} \\
&= \Pr\{M_n \geqslant -z\} = 1 - \Pr\{M_n \leqslant -z\} \\
&\approx 1 - \exp\left\{-\left[1 + \xi\left(\frac{-z-\mu}{\sigma}\right)\right]^{-1/\xi}\right\} \\
&= 1 - \exp\left\{-\left[1 - \xi\left(\frac{z-\tilde{\mu}}{\sigma}\right)\right]^{-1/\xi}\right\}
\end{aligned} \tag{3-6}
$$

式中，$\tilde{\mu} = -\mu$ 且满足 $\{z : 1 - \xi[(z - \tilde{\mu}) / \sigma] > 0\}$。这就是与区组极小值对应的广义极值分布模型。

3.1.4 *r* 阶广义极值分布

极值事件的样本量非常小，而基于小样本数据的估计通常会产生较大的偏差。为了解决这个问题，需要寻找能包含更多极值样本而不仅是区组最大值的极值选取方法。现阶段主要有两种方法：一是超阈值法，将在 3.2 节详细介绍；另一种是 r 阶次序统计方法，即选取每个区组前 r 个最大值作为极值，通常 r 会是比较小的值，下面将介绍基于该方法的 r 阶广义极值分布模型。

同样假设 $X_1, X_2, \cdots, X_n$ 是来自总体分布函数 F 的一系列独立样本，将其按大小顺序排列得到 $X_{(1)} \leqslant X_{(2)} \leqslant \cdots \leqslant X_{(n)}$，称其为次序统计量。定义 $M_n^{(k)}$ 是 $\{X_1, X_2, \cdots, X_n\}$ 的 k 阶最大值。对于固定的 k 值，当 $n \to \infty$ 时，$M_n^{(k)}$ 的极限分布可以通过如下方式描述。

假如存在常数数列$\{a_n>0\}$和$\{b_n\}$使得当 $n\to\infty$时 $\Pr\left(\frac{M_n-b_n}{a_n}\right)\to G(z)$，其中 $G(\cdot)$是非退化分布函数,那么 $G(\cdot)$就是如式(3-3)所示的广义极值分布函数。同理，对于固定的 k 值，也可以得出在集合$\{z:1+\xi((z-\mu)/\sigma)>0\}$中，有

$$\Pr\left(\frac{M_n^{(k)}-b_n}{a_n}\right)\to G_k(z) \tag{3-7}$$

式中，

$$G_k(z)=\exp\{-\tau(z)\}\sum_{s=0}^{k-1}\frac{\tau(z)^s}{s!} \tag{3-8}$$

$$\tau(z)=\left[1+\xi\left(\frac{z-\mu}{\sigma}\right)\right]^{-1/\xi} \tag{3-9}$$

上述广义化过程说明，如果一个区组的 r 阶最大值都像区组最大值一样进行规范化处理，那么 r 阶最大值的极限分布与区组最大值的极限分布将具有相同的形式。

然而，直接使用式(3-8)所示的模型具有一定的难度。首先，通常所掌握的数据是来自多个区组的 r 阶最大值，即 $\boldsymbol{M}_n^{(r)}=(M_n^{(1)},\cdots,M_n^{(r)})$，而式(3-8)给出的是向量中每一个元素的近似分布而非整个向量空间的联合分布。其次，尽管假设了不同区组之间的样本相互独立，但很难保证来自同一个区组的样本也相互独立。例如，同一个区组的二阶最大值$M_n^{(2)}$总是小于或等于一阶最大值$M_n^{(1)}$。因此，不同阶的极值分布之间总是在一定程度上相互影响。为了解决上述问题，如下定理给出了 r 阶最大值的联合概率密度函数。

假设$X_1,X_2,\cdots,X_n$为独立同分布的变量，若存在常数数列$\{a_n>0\}$和$\{b_n\}$，使得当 $n\to\infty$时 $\Pr\left(\frac{M_n-b_n}{a_n}\right)\to G(z)$，其中 $G(\cdot)$是非退化分布函数。那么，对于固定的 r 值，当 $n\to\infty$时，$\boldsymbol{M}_n^{(r)}=\left(\frac{M_n^{(1)}-b_n}{a_n},\cdots,\frac{M_n^{(r)}-b_n}{a_n}\right)$有如下联合概率密度分布函数：

$$f(z^{(1)},\cdots,z^{(r)})=\exp\left\{-\left[1+\xi\left(\frac{z^{(r)}-\mu}{\sigma}\right)\right]^{-1/\xi}\right\}\times\prod_{k=1}^{r}\sigma^{-1}\left[1+\xi\left(\frac{z^{(k)}-\mu}{\sigma}\right)\right]^{-1/\xi-1} \tag{3-10}$$

式中，$-\infty<\mu<\infty$；$\sigma>0$；$-\infty<\xi<\infty$；$z^{(r)}\leqslant z^{(r-1)}\leqslant\cdots\leqslant z^{(1)}$；当$k=1,2,\cdots,r$时，$1+\xi\left(\dfrac{z^{(k)}-\mu}{\sigma}\right)>0$。

3.1.5 模型参数估计

进行区组极值模型估计的基础是获取区组极值数据，而区组极值数据的样本值和样本数量都取决于区组划分。区组划分通常需要考虑模型估计的偏差与方差的平衡。区组长度过大，会导致极值样本数量过小，而基于小样本的模型估计会产生较大的方差；相反，区组长度过小，会导致很多非极值样本被视为极值样本，从而违反了极值理论渐近逼近的假设，使得模型参数估计产生偏差。

参数估计是极值统计分析的核心问题之一，常用的方法有线性矩估计法、极大似然估计法和贝叶斯估计法等。由于各种方法内在理论体系的不同，采用不同方法进行参数估计时很有可能获得不同的估计结果，而这对最后的分析结论也有很大的影响。因此，有必要对不同的参数估计方法进行系统的比较分析，进而决定选取何种方法。

1)线性矩估计法

线性矩估计法(linear moment estimation, LME)是参数估计的一种基本方法，主要利用样本数字特征(矩)来估计母体数字特征(矩)进而获得参数估计值。对于广义极值分布，1985年Hosking等给出了分布参数线性矩估计的近似方法[32]。设随机变量X的分布函数为$F=(x,\theta)$，$X_{(1)}\leqslant X_{(2)}\leqslant\cdots\leqslant X_{(n)}$为样本的次序统计量，称

$$\lambda_r=r^{-1}\sum_{k=0}^{r-1}(-1)^k\binom{r-1}{k}EX_{(k+1)},\quad r=1,2,\cdots,n \tag{3-11}$$

为r阶线性矩，其中E表示数学期望。前三阶样本线性矩的无偏估计为

$$\begin{cases}\tilde{\lambda}_1=\sum\limits_{i=1}^{n}x_{(i)}\\ \tilde{\lambda}_2=\sum\limits_{i>j}^{n}(x_{(i)}-x_{(j)})/[n(n-1)]\\ \tilde{\lambda}_3=\sum\limits_{i>j>k}^{n}2(x_{(k)}-2x_{(j)}+x_{(i)})/[n(n-1)(n-2)]\end{cases} \tag{3-12}$$

定义$\tilde{\tau}_3=\tilde{\lambda}_3/\tilde{\lambda}_2$为线性矩的偏态系数，当$-0.5\leqslant\tilde{\tau}_3\leqslant0.5$时，$\mu$、$\sigma$、$\xi$的计

算公式为

$$\begin{cases} \mu = \lambda_1 - \{\sigma[1-\Gamma(1+\xi)]\}/\xi \\ \sigma = \lambda_2 \xi[(1-2^{-\xi})\Gamma(1+\xi)] \\ \xi \approx 7.8590c + 2.9554c^2 \end{cases} \tag{3-13}$$

式中，$c = \dfrac{2}{3}\tilde{\tau}_3 + 1.37$；$\Gamma(\cdot)$为伽马分布。

线性矩估计法概念清晰，计算简洁，因此在极值统计分析中得到较为广泛的应用。然而，在求解参数过程中，该方法一般采用样本的前二或三阶矩，使得相应的样本矩与母体矩相等，故其样本信息利用率有限。因此，该方法适用于样本量较小的情况。

2) 极大似然估计法

极大似然估计(maximum likelihood estimation，MLE)法是建立在极大似然理论上的一种常用的参数估计方法。

假设$\{Z_1, Z_2, \cdots, Z_n\}$是来自广义极值分布的独立同分布集合。当 $\xi \neq 0$ 时，广义极值分布的对数似然函数为

$$l(\mu,\sigma,\xi) = -n\log\sigma - \left(1+\frac{1}{\xi}\right)\sum_{i=1}^{n}\log\left[1+\xi\left(\frac{z_i-\mu}{\sigma}\right)\right] - \sum_{i=1}^{n}\log\left[1+\xi\left(\frac{z_i-\mu}{\sigma}\right)\right]^{-1/\xi} \tag{3-14}$$

式中，$1+\xi\left(\dfrac{z_i-\mu}{\sigma}\right) > 0,\ i=1,2,\cdots,n$。当 $\xi=0$ 时，广义极值分布变成 Gumbel 分布，其对数似然函数为

$$l(\mu,\sigma) = -n\log\sigma - \sum_{i=1}^{n}\left(\frac{z_i-\mu}{\sigma}\right) - \sum_{i=1}^{n}\exp\left\{-\left(\frac{z_i-\mu}{\sigma}\right)\right\} \tag{3-15}$$

极大似然估计通过参数估计结果在总体上反映样本的统计信息，具有无偏性、有效性和不变性等优良性质。然而，广义极值分布的边界是所求参数的函数，这使其可能不能满足极大似然估计所需的正则条件。而非正则性意味着不能直接通过极大化似然函数来得到参数估计值。Smith 的研究表明[33]：

(1) 当 $\xi > -0.5$ 时，极大似然估计是正则的，即具有通常的渐近性质。

(2) 当 $-1 < \xi < -0.5$ 时，虽然存在极大似然估计，但不满足标准的渐近性质。

(3) 当 $\xi < -1$ 时，极大似然估计不存在，估计值为不可靠估计。

上述结论说明，当极值样本不满足正则条件时，使用极大似然估计法存在理

论上的缺陷，但这并不妨碍极大似然估计法在极值模型中的应用。一方面，大量研究证明了在极值样本数量合理时，很少出现 $\xi<-1$ 的情况；另一方面，所估计得到的形状参数 ξ 值也可以反过来衡量极值样本的质量。

3) 贝叶斯估计法

贝叶斯估计是基于概率密度估计的一种参数估计方法，主要是根据观测数据和参数的先验分布对参数进行估计，本质是通过贝叶斯决策得到参数 θ 的最优估计，使得总期望的风险最小。贝叶斯估计的基本步骤如下。

(1) 设置参数 θ 的先验分布 $p(\theta)$。

(2) 根据样本 x_i 的密度分布 $p(z_i|\theta)$ 得到样本集合的联合分布，$p(Z|\theta)=\prod_{i=1}^{n}p(z_i|\theta)$。

(3) 由贝叶斯公式计算 θ 的后验分布，$p(\theta|Z)=\dfrac{p(Z|\theta)p(\theta)}{\int p(Z|\theta)p(\theta)\mathrm{d}\theta}$。

(4) 得到 θ 的最优估计，$\theta^*=\int\theta p(\theta|z)\mathrm{d}\theta$。

由于无法直接通过后验分布估计出其参数值，通常借助马尔可夫链-蒙特卡罗(Markov chain Monte Carlo，MCMC)仿真来获得参数值。

选用贝叶斯估计法估计极值分布的参数有两个突出优点：一是极值事件本身的样本量较小，属于小概率事件，通过先验分布将更多的信息融入参数估计的过程，可以显著提高估计的可信度；二是贝叶斯估计不受正则条件的限制。当然，贝叶斯估计也有其缺点，如估计参数的稳定性，通常由于选择的初始值或退火期不同，所得到的估计参数值会有一定的变化；此外，当样本数量较小时，贝叶斯估计还会出现不收敛的情况。

上述三种参数估计方法的对比情况见表 3-1。

表 3-1 参数估计方法对比

方法	优点	缺点
线性矩估计法	概念清晰、计算简洁	样本信息利用率低
极大似然估计法	无偏性、有效性、不变性	正则条件限制
贝叶斯估计法	融入先验知识、无正则条件限制	稳定性、收敛性问题

3.1.6 模型检验

极值分布模型检验主要通过对比经验分布和理论分布来实现。在极值理论分析中最常用的是概率分布图(probability plot，PP 图)、分位数图(quantile-quantile plot，QQ 图)和重现水平图(return level plot)等图形检验方法。如果图形拟合良好，则认为估计的模型较为可靠。

1) PP 图

设有一组独立同分布的次序统计量 $x_{(1)} \leqslant x_{(2)} \leqslant \cdots \leqslant x_{(n)}$，其分布函数为 F，对应于 $x_{(i)} \leqslant x \leqslant x_{(i+1)}$ 的经验分布函数相应地定义为 $\tilde{F}(x) = \dfrac{i}{n+1}$。假设该组次序统计量的估计分布函数为 $\hat{F}$，那么 PP 图即为由点 $\left\{\left(i/(n+1), \hat{F}(x_{(i)})\right); i = 1, 2, \cdots, n\right\}$ 所描述的图形。

如果 $\hat{F}$ 是一个合理的估计，那么所描述的点将会落在一条斜率为 1 的直线上；如果样本点明显偏离该直线，则说明所估计的分布函数并不能描述样本总体分布。

2) QQ 图

QQ 图是由点 $\{(\hat{F}^{-1}(i/(n+1)), x_{(i)}); i = 1, 2, \cdots, n\}$ 所描述的图形，其将被检验样本的实际分位数与估计分布的理论分位数描绘在图形上。同样，如果 $\hat{F}$ 是一个合理的估计，那么所描述的点将会落在一条斜率为 1 的直线上；若这些点明显偏离该直线，则说明估计的分布函数并不能描述样本总体分布。

PP 图和 QQ 图实际上是同一种信息在不同范围内的两种表述方式。然而，从两种范围得出的判断并不一定一致，有可能出现在一个图上较为合理而在另一个图上不合理的情况。

3) 重现水平图

重现水平图是极值模型诊断检验的一种常用图形，由点 $\{(\log y_p, \hat{z}_p); 0<p<1\}$ 构成，其中，$y_p = -\log(1-p)$，$\hat{z}_p$ 为重现水平的估计值。如果估计的极值模型合理，那么基于该模型的重现水平值和经验的重现水平值应基本一致，即重现水平图上的点应该落在一条线上。当 $\xi = 0$ 时，该线为一条直线；当 $\xi > 0$ 时，该线是一条凸形曲线；当 $\xi < 0$ 时，该线是一条凹形曲线。如果这些点明显偏离该线，则说明估计的极值模型不能很好地描述该极值样本的总体分布。

3.2 超阈值模型

本节将介绍极值理论中另一种较为常用的极值分布模型——超阈值模型。鉴于极值事件样本量较小，如果在大量观测数据存在的情况下只对区组极值进行建模分析，显然会造成极值样本的浪费。虽然 r 阶广义极值分布模型在一定程度上有所改善，但是构建满足这种模型要求的极值样本却相对困难，并且当一个区组比另一个区组包含更多的极值样本时，使用 r 阶广义极值分布模型也会存在数据浪费的情况。超阈值模型通过选择合适的阈值并将所有大于该阈值的样本视为极值样本，从而实现对样本数据最大限度的利用。

假设$X_1, X_2, \cdots, X_n$是来自同一分布 F 的一系列独立样本，并选取一个阈值 u，当 u 足够大时所有大于阈值 u 的样本均可以被视为极值样本。从样本集合中随机选择一个样本 X，与其对应的极值事件可由以下条件概率进行描述：

$$\Pr\{X > u + y \mid X > u\} = \frac{1 - F(u + y)}{1 - F(u)}, \quad y > 0 \tag{3-16}$$

如果分布函数 F 已知，式(3-16)所示的阈值超出量的分布函数也可以相应地求出。然而，在实际应用中，F 通常是未知的。于是，同区组极值的广义极值分布一样，也需要对超阈值的极值分布进行近似估计。

3.2.1　广义帕累托分布

由广义极值分布的相关定理可知，当 n 足够大时，有 $F^n(z) \approx \exp\left\{-\left[1 + \xi\left(\frac{z - \mu}{\sigma}\right)\right]^{-1/\xi}\right\}$。因此，

$$n \log F(z) \approx -\left[1 + \xi\left(\frac{z - \mu}{\sigma}\right)\right]^{-1/\xi} \tag{3-17}$$

当z比较大时，利用泰勒展开可以得到$\log F(z) \approx -\{1 - F(z)\}$，将其代入式(3-17)并经过适当的变换可得

$$1 - F(u) \approx \frac{1}{n}\left[1 + \xi\left(\frac{u - \mu}{\sigma}\right)\right]^{-1/\xi} \tag{3-18}$$

同样，对于 $y>0$，可以得到

$$1 - F(u + y) \approx \frac{1}{n}\left[1 + \xi\left(\frac{u + y - \mu}{\sigma}\right)\right]^{-1/\xi} \tag{3-19}$$

将式(3-18)和式(3-19)代入式(3-16)可得

$$\begin{aligned}\Pr\{X > u + y \mid X > u\} &\approx \frac{n^{-1}[1 + \xi(u + y - \mu)]^{-1/\xi}}{n^{-1}[1 + \xi(u - \mu)]^{-1/\xi}} = \left[1 + \frac{\xi(u + y - \mu)/\sigma}{1 + \xi(u - \mu)/\sigma}\right]^{-1/\xi} \\ &= \left(1 + \frac{\xi y}{\tilde{\sigma}}\right)^{-1/\xi}\end{aligned} \tag{3-20}$$

式中，$\tilde{\sigma} = \sigma + \xi(u - \mu)$。上述推导过程表明，对于一个足够大的阈值 u，在 $X>u$

的条件下，阈值超出值 $y = X - u$ 的分布近似为式(3-21)所示的形式：

$$H(y) = 1 - \left[1 + \frac{\xi y}{\tilde{\sigma}}\right]^{-1/\xi} \tag{3-21}$$

式(3-21)所定义的分布即为广义帕累托分布(generalized Pareto distribution，GPD)。式中，$\tilde{\sigma} = \sigma + \xi(u - \mu)$ 为尺度参数，ξ 为形状参数。不同参数的概率密度函数如图 3-2 所示。

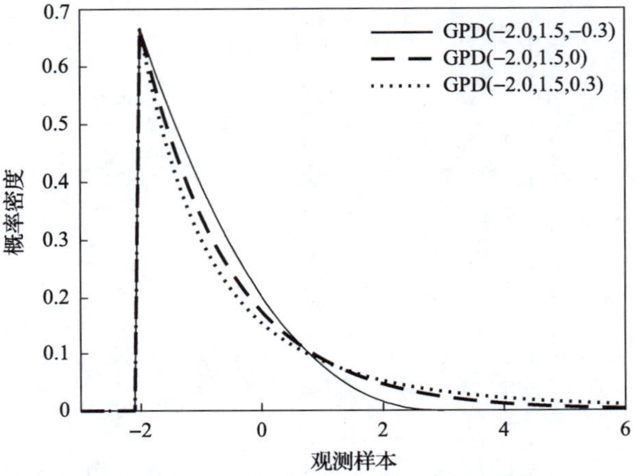

图 3-2　广义帕累托分布概率密度函数

总体来看，如果区组极值服从广义极值分布，那么超阈值服从与之相对应的广义帕累托分布，并且广义帕累托分布的参数是由与之对应的广义极值分布的参数所确定的。具体来看，广义帕累托分布的形状参数与广义极值分布的形状参数相同。改变区组的大小 n 会影响广义极值分布的参数，但不会影响广义帕累托分布的参数，因为广义帕累托分布的形状参数 ξ 与区组大小 n 无关，而$\tilde{\sigma}$的计算也不会受到 μ 和σ变化的影响，因为这两个参数的变化是自动互补的。

与广义极值分布一样，形状参数 ξ 也是决定广义帕累托分布特性的主导参数。如果$\xi < 0$，超阈值分布会存在明确的上边界$u - \tilde{\sigma} / \xi$；如果$\xi > 0$，超阈值分布就没有上边界；如果ξ=0，超阈值分布也没有上边界，此时的分布形式是通过取$\xi \to 0$的极限得到的，即

$$H(y) = 1 - \exp\left(-\frac{y}{\tilde{\sigma}}\right) \tag{3-22}$$

3.2.2　阈值选取

超阈值模型构建的第一步是选取合理的阈值，进而进行广义帕累托分布其他

两个参数的估计。同区组长度的确定一样，阈值的选取同样关系到偏差与方差的平衡。如果阈值过大，会导致超阈值样本量较少，使得参数估计结果的方差偏大；如果阈值过小，部分非极值事件会被视为极值样本，违背了极值理论的渐近原则，导致产生有偏估计。

阈值选取的方法较多，主要可以分为数值方法和图解方法两种。数值方法包括均方差法、阈值自动选取法和多重阈值选取法等；图解方法主要包括 Hill 图、平均剩余寿命图和阈值稳定性分析图等。本书主要介绍两种较为常用的图解法：平均剩余寿命图和阈值稳定性分析图[34]。

1）平均剩余寿命图

假设变量$Y \sim \mathrm{GPD}(\sigma,\xi)$，那么当$\xi<1$时，该变量的期望值为

$$E(y)=\frac{\sigma}{1-\xi} \tag{3-23}$$

当$\xi \geqslant 1$时，期望值为无限值。对于一组序列$X_1,X_2,\cdots,X_n$，假设其超出阈值u_0的样本服从广义帕累托分布，则可知

$$E(x-u_0 \mid X>u_0)=\frac{\sigma_{u0}}{1-\xi} \tag{3-24}$$

式中，σ_{u0}为超出阈值 u_0 的样本所对应的尺度参数。如果超出阈值 u_0 的样本服从广义帕累托分布，那么对任意一个阈值$u>u_0$，其阈值 u 超出值同样服从广义帕累托分布，只是极值样本的尺度参数会发生变化，即$\sigma_u=\sigma_{u0}+\xi(u-u_0)$。因此，可以得到

$$E(X-u \mid X>u)=\frac{\sigma_u}{1-\xi}=\frac{\sigma_{u0}+\xi(u-u_0)}{1-\xi}=\frac{\sigma_{u0}-\xi u_0}{1-\xi}+\frac{\xi}{1-\xi}u \tag{3-25}$$

所以，当 $u>u_0$ 时，$E(X-u \mid X>u)$为阈值 u 的线性函数，而$E(X-u \mid X>u)$是阈值 u 的样本的超出部分期望值的经验估计值。由此可以得出，在超出阈值 u 的样本服从广义帕累托分布时，这些经验估计值应随着 u 的改变而线性变化。

式(3-26)所描述的一系列点

$$\left\{\left(u,\frac{1}{n_u}\sum_{i=1}^{n_u}(x_{(i)}-u)\right);u<x_{\max}\right\} \tag{3-26}$$

构成的图即为平均剩余寿命图。其中，$x_{(1)},\cdots,x_{(n_u)}$为超出阈值 u 的 n_u个样本；$x_{\max}$为所有样本中的最大值。根据前面的分析，如果存在一个阈值范围，使得超出该范围内任一阈值的样本均服从广义帕累托分布，那么在该范围内的平均剩余寿命

图应该是线性或近似线性的。

2）阈值稳定性分析图

由超阈值的基本理论可知，如果超出阈值 u_0 的样本服从广义帕累托分布，那么对任意一个阈值 $u > u_0$，其阈值 u 超出值同样服从广义帕累托分布，并且其形状参数一致，但尺度参数会发生变化。对于阈值 u，其尺度参数将变为 $\sigma_u = \sigma_{u0} + \xi(u-u_0)$。当 $\xi \neq 0$ 时，σ_u 会随着阈值 u 的变化而变化。这里定义

$$\sigma^* = \sigma_u - \xi u \tag{3-27}$$

式中，σ^* 为修正后的尺度参数，其不随阈值 u 的变化而变化。

因此，如果超出阈值 u_0 的样本服从广义帕累托分布，那么任意一个阈值 $u > u_0$，其估计得到的参数 ξ 和 σ^* 基本不变。

依据上述原理，绘制不同阈值条件下广义帕累托模型的形状参数和修正后的尺度参数分布图。如果存在一个阈值范围，使得该范围内任一阈值对应的样本均服从广义帕累托分布，那么在该范围内的模型形状参数和修正后的尺度参数应基本相同。

综合平均剩余寿命图和阈值稳定性分析图，确定阈值选取的基本流程如下。

(1) 依据平均剩余寿命图，选择一个阈值范围 R_1，该范围内阈值 u 的平均剩余寿命线近似线性。

(2) 依据阈值稳定性分析图，确定一个范围 R_2，该范围内修正后的尺度参数和形状参数能够基本保持稳定。

(3) 取上述两个范围的交集，$R=R_1 \cap R_2$，以集合 R 的上确界 u_+ 为最终值。

3.2.3　模型参数估计

广义帕累托分布模型的参数也可以通过线性矩估计法、极大似然估计法和贝叶斯估计法进行估计，其中贝叶斯估计法的原理与广义极值分布一样。因此，本节重点介绍另外两种估计方法。

1）线性矩估计法

Rao 给出了广义帕累托分布参数的线性矩估计的近似方法[35]。当 $\xi < 0.5$ 时，σ、ξ 的计算公式为

$$\begin{cases} \xi = \dfrac{1}{2}\dfrac{E^2(y)}{s^2-1} \\ \sigma = \dfrac{1}{2}E(y)\dfrac{E^2(y)}{s^2+1} \end{cases} \tag{3-28}$$

式中，$E(y)$、s^2 分别为样本的期望值和方差。

2）极大似然估计法

当$\xi \neq 0$时，广义帕累托分布的对数似然函数为

$$l(\sigma,\xi) = -n\log\sigma - (1+1/\xi)\sum_{i=1}^{n}\log\left(1+\frac{\xi y_i}{\sigma}\right) \tag{3-29}$$

式中，$1+\frac{\xi y_i}{\sigma} > 0$，$i=1,2,\cdots,n$。当$\xi = 0$时，对数似然函数为

$$l(\sigma,\xi) = -n\log\sigma - \sigma^{-1}\sum_{i=1}^{n} y_i \tag{3-30}$$

将对数似然函数对各个参数求导并令其等于 0，可以得到非线性方程组，进而采用数值解法就可以得出参数的极大似然估计值。

3.2.4　模型检验

如同广义极值分布模型一样，广义帕累托分布模型的拟合情况也可以通过 PP 图、QQ 图和重现水平图来进行检验。

假设阈值为 u，阈值超出值从小到大依次为$y_{(1)} \leqslant y_{(2)} \leqslant \cdots \leqslant y_{(k)}$，对应于该阈值的广义帕累托分布模型为$\hat{H}$，那么其对应的 PP 图是由下列点组成的：$\left\{\left(\frac{i}{k+1}, \hat{H}(y_{(i)})\right); i=1,2,\cdots,k\right\}$，其中，$\hat{H}(y) = 1-\left(1+\frac{\hat{\xi} y}{\hat{\sigma}}\right)^{-1/\hat{\xi}}$且$\hat{\xi} \neq 0$。当$\hat{\xi} = 0$时，$\hat{H}(y) = 1-\exp\left(-\frac{y}{\hat{\sigma}}\right)$。

当$\hat{\xi} \neq 0$时，QQ 图由下列点组成：$\{(\hat{H}^{-1}(i/(k+1)), y_{(i)}); i=1,2,\cdots,k\}$，其中，$\hat{H}^{-1}(y) = u + \frac{\hat{\sigma}}{\hat{\xi}}(y^{-\hat{\xi}} - 1)$。

如果广义帕累托分布模型是对应于超阈值 u 的一个合理模型，那么 PP 图和 QQ 图描述的点将会是线性的；如果这些点呈现明显的非线性特性，则说明所估计的模型并不能描述样本总体分布。

重现水平图由一系列点$\{(m, \hat{x}_m)\}$组成，其中 m 为一个较大值，而$\hat{x}_m$对应的是 m 个观测样本的重现水平，计算公式为$\hat{x}_m = u + \frac{\hat{\sigma}}{\hat{\xi}}\left[(m\hat{\zeta}_u)^{\hat{\xi}} - 1\right]$且$\hat{\zeta}_u = \Pr\{X > u\}$。如同广义极值分布的重现水平图一样，广义帕累托分布的重现水平曲线一般也以对数的形式呈现，同时给出重现水平的置信区间和经验估计值。

3.3 非独立同分布极值建模

前文介绍的广义极值分布和广义帕累托分布均要求极值样本独立同分布。然而，在工程应用中，独立同分布的要求一般较难满足。本节将主要介绍在极值统计分析过程中如何处理非独立同分布的极值样本。

3.3.1 非独立极值分析

非独立序列的广义化描述是平稳序列。平稳序列是指样本变量之间可能相关，但序列的随机性质关于样本事件是齐次的。平稳序列之间的相关性存在多种形式，其中一种最基本的假设是极值事件不存在长相关性，即仅相隔时间较短的序列之间存在相关性，而相隔时间较长的序列近似独立。这种假设同样适用于本书，因为相隔时间较远的车辆之间的干扰微乎其微。因此，本书非独立极值分析的对象是短时相关的极值样本。

1) 非独立区组极值的处理

对于短时相关的区组极值，Coles 已证明其和相互独立的区组极值一样，均服从广义极值分布，仅分布模型的参数存在差异[34]，理论依据如下。

设 $X_1, X_2, \cdots, X_n$ 为一个平稳序列，$\tilde{X}_1, \tilde{X}_2, \cdots, \tilde{X}_n$ 为与 $X_1, X_2, \cdots, X_n$ 具有相同分布的独立序列，令 $M_n = \max\{X_1, X_2, \cdots, X_n\}$ 以及 $\tilde{M}_n = \max\{\tilde{X}_1, \tilde{X}_2, \cdots, \tilde{X}_n\}$。通过适当的规范化处理，引入常数数列 $\{a_n>0\}$ 和 $\{b_n\}$，使得当 $n\to\infty$ 时，有

$$\Pr\{(\tilde{M}_n - b_n)/a_n \leqslant z\} \to G_1(z) \tag{3-31}$$

式中，$G_1(z)$ 为非退化分布函数，当且仅当

$$\Pr\{(M_n - b_n)/a_n \leqslant z\} \to G_2(z) \tag{3-32}$$

且

$$G_2(z) = G_1^{\tau}(z) \tag{3-33}$$

式中，$0<\tau\leqslant 1$ 是极值指标，对于独立序列，$\tau=1$。

式 (3-33) 表明，短时相关性对区组极值极限分布的影响仅相当于用 G_1^{τ} 代替 G_1。如果 G_1 表示的是以 (μ,σ,ξ) 且 $\xi\neq 0$ 为参数的广义极值分布，那么

$$G_1^{\tau}(z) = \exp\left\{-\left[1+\xi\left(\frac{z-\mu}{\sigma}\right)\right]^{-1/\xi}\right\}^{\tau} = \exp\left\{-\left[1+\xi\left(\frac{z-\mu^*}{\sigma^*}\right)\right]^{-1/\xi}\right\} \tag{3-34}$$

式中，$\mu^*=\mu-\frac{\sigma}{\xi}(1-\tau^{-\xi})$；$\sigma^*=\sigma\tau^{\xi}$。

由上述的推导过程可知，平稳序列和其相伴的独立同分布序列一样，都服从广义极值分布，只是分布的参数不同。由于参数估计是模型建立的一个必需过程，所以对区组极值方法来说，极值序列之间的短时相关性在参数估计的过程中能够很好地体现，不需要特别处理。

2）非独立超阈值的处理

超阈值理论表明，只有相互独立的超阈值才服从广义帕累托分布，因此最直接的方法就是剔除具有相关性的极值样本，从而得到一个近似独立的极值集合。最常用的一种消除极值样本短时相关性的方法是分块-除串法，其基本步骤如下。

(1)根据某一准则将超阈值划分为若干个块。

(2)找出每个块的最大值。

(3)以每个块的最大值为极值(或剔除块最大值两侧若干个极值样本并将剩余的样本作为极值)，并假设这些极值服从广义帕累托分布。

(4)用广义帕累托分布进行极值拟合。

分块-除串法在工程实践中应用较多，但也具有一定的局限性。拟合的广义帕累托分布对块的划分非常敏感，不同的块划分方法得出的结果往往不同，加之划分块的规则具有较大的主观性和不确定性，因此该方法的应用需充分结合实际情况来进行详细论证。

3.3.2　非平稳极值分析

非平稳序列是指该序列的统计特性(如期望值、方差等)随时间的改变而改变，而其变化多受到外部因素的影响。这里将可能与非平稳序列的极值行为相关的变量称为协变量。为了将协变量的影响融入建模过程中，将极值分布(广义极值分布或广义帕累托分布)的参数表示为如下形式：

$$\omega=h(\boldsymbol{X}^{\mathrm{T}}\boldsymbol{\beta}) \tag{3-35}$$

式中，ω 为极值分布模型参数 μ、σ、ξ 中的任意一个；h 为一个特定的函数；$\boldsymbol{\beta}$ 为参数向量；$\boldsymbol{X}$ 为协变量矩阵。

在本书的研究中，h 称为关联函数。例如，广义极值分布位置参数 μ 的时间线性趋势可以通过恒等关联函数表示，即

$$\mu=[1\quad t]\begin{bmatrix}\beta_0\\ \beta_1\end{bmatrix} \tag{3-36}$$

为了保证非负性，尺度参数 σ 与协变量(如 X_1，X_2)之间一般用指数关联函数表示，即

$$\sigma = \exp\left(\begin{bmatrix}1 & X_1 & X_2\end{bmatrix}\begin{bmatrix}\beta_0\\ \beta_1\\ \beta_2\end{bmatrix}\right) \tag{3-37}$$

式(3-35)所呈现的表达方式与广义线性模型有很大的相似之处。而广义线性模型是一个相对健全的理论体系，并且其参数估计可以由 R、MATLAB、SPSS 等统计分析软件实现。虽然广义线性模型的分析工具和结果并不能直接应用于极值分布模型，但是应用式(3-35)所示的极值分布模型参数却提供了一个较为可行的非平稳极值处理方法。

由于引入了协变量，需要进一步考虑哪个模型参数会受协变量的影响，同时会受到哪些协变量的影响。对应于不同的模型参数和各种协变量，可以构建一系列模型。因此，最优模型的选择就成为核心问题。

一种较为简单的方法是基于模型似然度偏差的统计分析。假设有两个模型 $M_0 \subset M_1$，两者的偏差统计量为

$$D = 2\{l(M_1) - l(M_0)\} \tag{3-38}$$

式中，$l(M_0)$ 和 $l(M_1)$ 为模型 M_0 和 M_1 的对数似然度。如果 D 值较大，则说明模型 M_1 能够比模型 M_0 更好地反映样本总体情况。严格的判断依据如下：在 α 显著性水平检验下，如果 $D>c_\alpha$，就拒绝模型 M_0。其中，c_α 为在 k 自由度下卡方分布的 $(1-\alpha)$ 分位数，k 为模型 M_1 和模型 M_0 的变量个数之差。

3.4　多元极值模型

多元极值模型是极值理论中相对新兴的一个领域。当探讨两个或多个随机过程的极值行为时，可以针对每一个随机过程利用一元极值理论进行建模，但有些时候研究这些随机过程之间的相关性也至关重要。一方面，多个随机过程的组合行为在有些时候会比单个随机过程更为重要；另一方面，在多元模型中存在利用某一随机过程的数据推理其他随机过程特性的可能。总体来看，多元极值模型以一元极值模型为基础，形成了与之对应的分量最大值模型和多元超阈值模型[34]。

3.4.1　分量最大值模型

1）基本模型结构

设 $(X_{i,1},\cdots,X_{i,d})$ $(i=1,\cdots,n)$ 是 d 维独立同分布随机向量，联合分布函数为 F，定义

$$\boldsymbol{M}_n=\left(M_{n,1},\cdots,M_{n,d}\right)=\left(\max_{1\leqslant i\leqslant n}\{X_{i,1}\},\cdots,\max_{1\leqslant i\leqslant n}\{X_{i,d}\}\right) \tag{3-39}$$

对于某个 i，$X_{i,1},\cdots,X_{i,d}$ 不一定同时出现最大值，所以 $\boldsymbol{M}_n$ 不一定在观测中出现，$M_{n,j}$ 称为第 j 个分量的最大值，因此 $\boldsymbol{M}_n$ 是由各个分量最大值组成的向量。由一元极值理论可知，规范化的 $M_{n,j}$ 极限分布必为广义极值分布。如果假定其为 Fréchet 分布，记

$$S_d=\left\{(x_1,\cdots,x_n):\sum_{i=1}^{d}x_i=1,\quad 0\leqslant x_i\leqslant 1,i=1,2,\cdots,d\right\} \tag{3-40}$$

为 d 维单纯形。

存在规范化常数 $a_{n,j}>0$ 和 $b_{n,j}$，使得当 $n\to\infty$时，有

$$\Pr\left\{\frac{M_{n,1}-b_{n,1}}{a_{n,1}}\leqslant x_1,\cdots,\frac{M_{n,d}-b_{n,d}}{a_{n,d}}\leqslant x_d\right\}=F^n(a_{n,1}x_1+b_{n,1},\cdots,a_{n,d}x_d+b_{n,d})$$
$$\to H(x_1,\cdots,x_d) \tag{3-41}$$

成立。其中，H 为具有非退化边缘分布的 d 维分布函数。假定所有边缘分布均为标准 Fréchet 分布，那么 $H(x_1,\cdots,x_d)=\exp\left\{-\int_{S_d}\max_{1\leqslant i\leqslant d}(\omega_i/x_i)\,\mathrm{d}K(\boldsymbol{\omega})\right\}$。其中，$\boldsymbol{\omega}=(\omega_1,\cdots,\omega_d)$，$K/d$ 为 S_d 上满足 $\int_{S_d}\omega_j\mathrm{d}K(\boldsymbol{\omega})=1$ 的 d 维分布函数，H 称为 d 维极值分布，称 F 在 H 的最大值吸引场内，记作 $F\in\mathrm{MDA}(H)$。

选择标准 Fréchet 分布作为假定的边缘分布是因为将任何类型的边缘分布转换为标准 Fréchet 分布并不会改变多元极值分布的性质。这是因为：假设 $\boldsymbol{X}=(X_1,\cdots,X_d)$ 的联合分布函数为 H，边缘分布 $H_j(j=1,\cdots,d)$ 连续，经变换 $Y_j=-1/\log H_j(X_j)$ 后，$\boldsymbol{Y}=(Y_1,\cdots,Y_d)$ 的联合分布函数为

$$H_*(Y_1,\cdots,Y_d)=H(H_1^{-1}(\exp\{-y_1^{-1}\}),\cdots,H_d^{-1}(\exp\{-y_d^{-1}\})),\quad y_1\geqslant 0,\cdots,y_d\geqslant 0$$

即如果H_*的边缘分布为标准 Fréchet 分布，那么 H 是多元极值分布，当且仅当H_*也是多元极值分布。

多元极值分布函数的表示一般比较复杂，本书主要介绍二元极值分布。设二元随机向量 (X,Y) 的分布函数为 $F(X,Y)$，$F\in\mathrm{MDA}(H)$ 有标准 Fréchet 边缘分布，$(X_1,Y_1),\cdots,(X_n,Y_n)$ 是 (X,Y) 的独立同分布样本。记 $M_{n,x}=\max_{1\leqslant i\leqslant n}\{X_i\}$ 和 $M_{n,y}=\max_{1\leqslant i\leqslant n}\{Y_i\}$，取规范化常数 $a_{n,x}=a_{n,y}=n$ 和 $b_{n,x}=b_{n,y}=0$，得到规范化向量 $\boldsymbol{M}_n^*=$

$(M_{n,x}/n, M_{n,y}/n)$。如果当 $n\to\infty$时，

$$\Pr\left\{\frac{M_{n,x}}{n}\leqslant x, \frac{M_{n,y}}{n}\leqslant y\right\}\to H(x,y) \tag{3-42}$$

H 是非退化函数，那么 H 具有如下形式：

$$H(x,y)=\exp\{-V(x,y)\},\quad x>0, y>0 \tag{3-43}$$

式中，

$$V(x,y)=2\int_0^1 \max\left(\frac{\omega}{x},\frac{1-\omega}{y}\right)\mathrm{d}K(\omega) \tag{3-44}$$

且 $K(\omega)$ 是[0, 1]上均值为 1/2 的分布函数，满足

$$\int_0^1 \omega \mathrm{d}K(\omega)=\frac{1}{2} \tag{3-45}$$

式(3-42)中的分布函数 $H(x,y)$ 称为二元极值分布，其与区间[0,1]上满足式(3-45)的分布函数 K 一一对应。由于 K 不具有有限参数形式，二元极值分布也不能用有限参数形式表示。另外，K 可以可微，也可以不可微。当 K 可微时，设其密度为 k，有 $V(x,y)=2\int_0^1 \max\left(\frac{\omega}{x},\frac{1-\omega}{y}\right)k(\omega)\mathrm{d}\omega$。

此外，由式(3-44)很容易得到，对于任一常数 $a>0$，均有 $V(a^{-1}x,a^{-1}y)=aV(x,y)$，这种性质称为 V 的负一阶齐次性。

由于广义极值分布包含了完整的边缘极限分布类型，通过边缘极限分布的变换可以得到完整的二元极值分布类型。通过变换 $\tilde{x}=\left[1+\xi_x\left(\frac{x-\mu_x}{\sigma_x}\right)\right]^{1/\xi_x}$ 和 $\tilde{y}=\left[1+\xi_y\left(\frac{y-\mu_y}{\sigma_y}\right)\right]^{1/\xi_y}$，具有任意边缘广义极值分布的联合分布函数具有以下二元极值分布形式：

$$H(x,y)=\exp\{-V(\tilde{x},\tilde{y})\} \tag{3-46}$$

式中，$1+\xi_x\left(\frac{x-\mu_x}{\sigma_x}\right)>0$，$1+\xi_y\left(\frac{y-\mu_y}{\sigma_y}\right)>0$，且函数 V 满足式(3-44)。与之对应的两个边缘分布分别为参数为 (μ_x,σ_x,ξ_x) 和 (μ_y,σ_y,ξ_y) 的广义极值分布。

事实上，将任意的连续分布变换为标准 Fréchet 分布后，多元极值分布之间

的差异仅体现在相关结构上。这里将 $V(x,y)$ 改写成 $V(x,y)=2\left(\frac{1}{x}+\frac{1}{y}\right)\times \int_0^1 \max\left[\frac{\omega y}{x+y},\frac{(1-\omega)x}{x+y}\right]\mathrm{d}K(\omega)$。令

$$A(t)=2\int_0^1 \max\{\omega(1-t),(1-\omega)t\}\mathrm{d}K(\omega) \tag{3-47}$$

则有 $V(x,y)=2\left(\frac{1}{x}+\frac{1}{y}\right)A(t)\left(\frac{x}{x+y}\right)$。因此，二元极值分布函数也可以表示为

$$H(x,y)=\exp\left\{-\left(\frac{1}{x}+\frac{1}{y}\right)A\left(\frac{x}{x+y}\right)\right\} \tag{3-48}$$

式中，$A(t)$ 称为 Pickands 相关函数，并满足以下约束：

(1) $A(0)=A(1)=1$。

(2) $\max\{t,1-t\}\leqslant A(t)\leqslant 1,\ 0\leqslant t\leqslant 1$。若 $A(t)=1,0\leqslant t\leqslant 1$，则 X 和 Y 独立；若 $A(t)=\max\{t,1-t\}$，则 X 和 Y 完全相关。

(3) $A(t)$ 是凸函数，即 $A(\lambda t_1+(1-\lambda)t_2)\leqslant \lambda A(t_1)+(1-\lambda)A(t_2)$。

(4) 如果 A_k 是相关函数，那么 $\sum_{k=1}^{m}\alpha_k A_k$ 也是相关函数，其中 $\alpha_k\geqslant 0$、$\sum_{k=1}^{m}\alpha_k=1$，且是对应于 $H_1^{\alpha_1}(x,y),\cdots,H_m^{\alpha_m}(x,y)$ 的相关函数。这里，$H_k(x,y)$ 是由相关函数 $A_k(k=1,2,\cdots,m)$ 确定的二元极值分布函数。

2) 常用二元极值分布

在实际应用中使用较多的相关函数及其对应的参数化二元极值分布包括以下几种。

(1) Logistic 二元极值分布。

当 $A(t)=\left[t^{1/r}+(1-t)^{1/r}\right]^r$ 时，得到的分布函数为 Logistic 二元极值分布函数，具体形式为

$$H(x,y)=\exp\left\{-\left(x^{-1/r}+y^{-1/r}\right)^r\right\} \tag{3-49}$$

式中，$r\in(0,1]$。当 $r\to 0$ 时，表示 X 与 Y 完全相关；当 $r=1$ 时，表示 X 与 Y 独立。

(2) 非对称 Logistic (asymmetry Logistic) 二元极值分布。

当 $A(t)=\left\{\gamma^{1/r}(1-t)^{1/r}+\varphi^{1/r}t^{1/r}\right\}^r+(\gamma-\varphi)t+1-\gamma,0\leqslant\gamma,\varphi\leqslant 1,0<r<1$ 时，得到

的分布函数为非对称 Logistic 二元极值分布函数，具体形式为

$$H(x,y)=\exp\left\{-(1-\gamma)x-(1-\varphi)y-(x^{1/r}\gamma^{1/r}+y^{1/r}\varphi^{1/r})^r\right\} \tag{3-50}$$

式中，$r\in(0,1]$。当 $r\to 0$ 且 $\gamma=\varphi=1$ 时，表示 X 与 Y 完全相关；当 $r=1$ 或 $\gamma=0$ 或 $\varphi=0$ 时，表示 X 与 Y 独立；当 $\gamma=\varphi=1$ 时，非对称 Logistic 二元极值分布即为 Logistic 二元极值分布。

(3) 负 Logistic (negative Logistic) 二元极值分布。

负 Logistic 二元极值分布函数的具体形式为

$$H(x,y)=\exp\left\{-x-y+(x^{-1/r}+y^{-1/r})^r\right\} \tag{3-51}$$

式中，$r<0$。当 $r\to 0$ 时，表示 X 与 Y 完全相关；当 $r\to-\infty$时，表示 X 与 Y 独立。

(4) 非对称负 Logistic (asymmetry negative Logistic) 二元极值分布。

非对称负 Logistic 二元极值分布函数的具体形式为

$$H(x,y)=\exp\left\{-x-y+(x^{-1/r}\gamma^{-1/r}+y^{-1/r}\varphi^{-1/r})^r\right\} \tag{3-52}$$

式中，$r<0$。当 $r\to 0$ 且 $\gamma=\varphi$ 时，表示 X 与 Y 完全相关；当 $r\to-\infty$ 时，表示 X 与 Y 独立。负 Logistic 二元极值分布是非对称负 Logistic 二元极值分布函数的一种特殊形式。

(5) 双 Logistic (bilogistic Logistic) 二元极值分布。

双 Logistic 二元极值分布函数的具体形式为

$$H(x,y)=\exp\left\{-xq^{1-\alpha}-y(1-q)^{1-\beta}\right\} \tag{3-53}$$

式中，$0<\alpha,\beta<1$；$q=q(x,y;\alpha,\beta)$ 为方程 $(1-\alpha)x(1-q)^{\beta}-(1-\beta)yq^{\alpha}=0$ 的根。当 $\alpha=\beta$ 时，双 Logistic 二元极值分布即为相关参数为 $\alpha=\beta$ 的 Logistic 二元极值分布；当 $\alpha=\beta\to 0$ 时，X 与 Y 独立；当 $\alpha=\beta\to 1$ 或 α、β 中的任一个固定而另一个趋向于 1 时，X 与 Y 完全相关。

(6) 负双 Logistic (negative bilogistic Logistic) 二元极值分布。

负双 Logistic 二元极值分布函数的具体形式为

$$H(x,y)=\exp\left\{-x-y+xq^{1+\alpha}+y(1-q)^{1+\beta}\right\} \tag{3-54}$$

式中，$\alpha,\beta>0$；$q=q(x,y;\alpha,\beta)$ 为方程 $(1+\alpha)xq^{\alpha}-(1+\beta)y(1-q)^{\beta}=0$ 的根。当 $\alpha=\beta$ 时，负双 Logistic 二元极值分布即为相关参数为 $1/\alpha=1/\beta$ 的负 Logistic 二元极值分布。当 $\alpha=\beta\to 0$ 时，X 与 Y 完全相关；当 $\alpha=\beta\to\infty$ 或 α、β 中的任一

个固定而另一个趋向于∞时，X 与 Y 独立。

3）模型参数估计

二元极值分布模型的参数可以通过极大似然估计法获得。假设有一组实际观测的独立同分布样本序列 $(X_1,Y_1),\cdots,(X_n,Y_n)$，首先选取一个足够大的区组 c，令 $m=[n/c]$，将此序列分为 m 组，每个区组的分量最大值记为 $M_{i,1}=\max\{X_{(i-1)c+1},\cdots,X_{ic}\}$ 和 $M_{i,2}=\max\{Y_{(i-1)c+1},\cdots,Y_{ic}\}(i=1,2,\cdots,m)$。对每个分量的最大值用广义极值分布进行拟合，得到参数的极大似然估计为 $(\hat{\mu}_j,\hat{\sigma}_j,\hat{\xi}_j)$ $(j=1,2)$，进而对 $M_{i,j}$ 进行变换，$\tilde{M}_{i,j}=\left[1+\hat{\xi}_j\left(\dfrac{M_{i,j}-\hat{\mu}_j}{\hat{\sigma}_j}\right)\right]^{1/\hat{\xi}_j}$。这样得到的 $(\tilde{M}_{i,1},\tilde{M}_{i,2})$ 是边缘分布为标准 Fréchet 分布的独立同分布样本，所对应的二元极值分布的概率密度函数为 $h(x,y)=\left[V_x(x,y)V_y(x,y)-V_{xy}(x,y)\right]\exp\{-V(x,y)\}\,(x>0,y>0)$。其中，$V_x$、$V_y$ 和 V_{xy} 分别表示 V 关于 x、y 的偏导数和二阶偏导数。当 V 用相关函数 A 表示时，如果 A 是二次可微的，那么所对应的概率密度函数为

$$
\begin{aligned}
h(x,y)&=\frac{\partial^2 H(x,y)}{\partial x\partial y}\\
&=H(x,y)\left\{\frac{1}{xy}\left[\frac{1}{x}A\left(\frac{x}{x+y}\right)-\frac{1}{x+y}A'\left(\frac{x}{x+y}\right)\right]\times\left[\frac{1}{y}A\left(\frac{x}{x+y}\right)\right.\right.\\
&\quad\left.\left.+\frac{1}{x+y}A'\left(\frac{x}{x+y}\right)\right]+\frac{1}{(x+y)^3}A''\left(\frac{x}{x+y}\right)\right\}
\end{aligned}
$$

假设 V 是有关参数 θ 的参数模型，如在 Logistic 二元极值分布中 $\theta=r$，得到的似然函数为

$$L(\theta)=\prod_{i=1}^{m}h(\tilde{M}_{i,1},\tilde{M}_{i,2}) \tag{3-55}$$

对数似然函数为

$$l(\theta)=\sum_{i=1}^{m}\log h(\tilde{M}_{i,1},\tilde{M}_{i,2}) \tag{3-56}$$

进而利用极大似然估计法即可得到参数 θ 的极大似然估计值和标准差。

3.4.2 多元超阈值模型

1）基本模型结构

与分量最大值模型对应的另一种多元极值模型是多元超阈值模型。相较于分

量最大值模型，多元超阈值模型可以利用区组最大(小)值之外的极值数据，因而有更高的数据利用率。本节主要介绍利用二元超阈值理论建立二元极值分布模型的方法。

设$(X_i,Y_i)\,(i=1,\cdots,n)$是随机向量$(X,Y)\sim F(X,Y)$的独立同分布样本，对于足够大的阈值 u_x 和 u_y，$F(X,Y)$的边缘分布近似为广义帕累托分布，参数分别为(σ_x,ξ_x)和(σ_y,ξ_y)。将(X,Y)进行变换，$\tilde{X}=-\left(\log\left\{1-\zeta_x\left[1+\dfrac{\xi_x(X-u_x)}{\sigma_x}\right]^{-1/\xi_x}\right\}\right)^{-1}$和$\tilde{Y}=-\left(\log\left\{1-\zeta_y\left[1+\dfrac{\xi_y(Y-u_y)}{\sigma_y}\right]^{-1/\xi_y}\right\}\right)^{-1}$，得到$\tilde{X}$和$\tilde{Y}$分别近似为标准 Fréchet 分布，其中$\zeta_x=\Pr\{X>u_x\}$，$\zeta_y=\Pr\{Y>u_y\}$。当 n 较大时，由式(3-43)和 V 的负一阶齐次性可得$F(\tilde{x},\tilde{y})=[F^n(\tilde{x},\tilde{y})]^{1/n}\approx\left[\exp\left\{-V\left(\dfrac{\tilde{x}}{n},\dfrac{\tilde{y}}{n}\right)\right\}\right]^{1/n}=\exp\{-V(\tilde{x},\tilde{y})\}$。

由此可见，$F(\tilde{x},\tilde{y})\approx H(\tilde{x},\tilde{y})$，所以在$F(x,y)$的尾部有

$$F(x,y)=F(\tilde{x},\tilde{y})\approx\exp\{-V(\tilde{x},\tilde{y})\},\quad x>u_x,\ y>u_y \tag{3-57}$$

式(3-57)所定义的分布即二元超阈值分布。同样，V 也存在 3.4.1 节所介绍的多种参数化形式。

2)二元阈值选取

如同一元超阈值模型一样，二元超阈值模型构建的首要步骤也是选取一组合适的阈值，以保证超阈值样本能够用二元超阈值分布模型近似。目前并没有较为统一的阈值选取方法，常用的方法包括两种：可以根据专家经验和收集的数据样本主观确定一个较高的分位数(如 85%、90%)，并以该分位数对应的值作为阈值；也可以采用一些图解方法，如谱测度图(spectral measure plot)。

谱测度图的基本原理如下[36]：首先将随机向量(x_i,y_i)均转换为服从标准 Fréchet 分布的变量，即$x_i^*=-1/\log x_i$和$y_i^*=-1/\log y_i$。这样就可以建立一个类极坐标体系：$r_i=x_i^*+y_i^*$，$w_{xi}=x_i^*/r_i$，$w_{yi}=y_i^*/r_i$。令所得到的极坐标按升序排列：$r_{(1)}\leqslant\cdots\leqslant r_{(n)}$，由$\{(k,(k/n)r_{(n-k)});k=1,2,\cdots,n-1\}$构成的图即为谱测度图。谱测度 H 的经验估计值为$\tilde{H}=r_{(n-k)}/n\sum_{i=1}^{n}\{r_i>r_{(n-k)}\}$，且$\tilde{H}([0,1])=(k/n)r_{(n-k)}$是$H([0,1])=2$的经验估计值，因此可以选择满足$(k/n)r_{(n-k)}=2$的最大 k 值所对应的一对值作为二元超阈值模型的阈值。

3) 模型参数估计

二元超阈值模型的似然函数较为复杂，因为可能存在一对变量中只有一个超过阈值而另一个没有超过阈值的情况，为此令

$$R_{0,0}=(-\infty,u_x)\times(-\infty,u_y),\quad R_{1,0}=[u_x,\infty)\times(-\infty,u_y)$$

$$R_{0,1}=(-\infty,u_x)\times[u_y,\infty),\quad R_{1,1}=[u_x,\infty)\times[u_y,\infty)$$

以充分利用数据中包含的极值信息。如果一个点 $(x, y)\in R_{1,0}$，也就意味着在 x 分量上超过了其阈值 u_x，而在 y 分量上没有超过其阈值 u_y。此时，考虑变换 $m_{(u_x,u_y)}(x,y)=(\max\{u_x,x\},\max\{u_y,y\})$，并以变换后的数据进行统计推断。对于 $R_{1,1}$ 中的点，式(3-57)可以作为其分布函数的近似；对于只有一个分量超过阈值的点，如 $R_{1,0}$，该点只有分量 x 的极值信息而没有分量 y 的极值信息，因此其对似然函数的贡献为 $\Pr\{X=x,Y\leqslant u_y\}=\left.\dfrac{\partial F}{\partial x}\right|_{(x,u_y)}$。类似地，考虑其他 $R_{i,j}$ 上的点，最后得到似然函数为

$$L(\theta)=\prod_{i=1}^{n}\psi(\theta;(x_i,y_i)) \tag{3-58}$$

式中，$\theta=\{\sigma_x,\xi_x,\sigma_y,\xi_y,\delta\}$，$(\sigma_x,\xi_x)$ 和 (σ_y,ξ_y) 为边缘广义帕累托分布的参数，δ 为函数 V 的参数，而

$$\psi(\theta;(x_i,y_i))=\begin{cases}\left.\dfrac{\partial^2 F}{\partial x\partial y}\right|_{(x,y)}, & (x,y)\in R_{1,1}\\ \left.\dfrac{\partial F}{\partial x}\right|_{(x,u_y)}, & (x,y)\in R_{1,0}\\ \left.\dfrac{\partial F}{\partial y}\right|_{(u_x,y)}, & (x,y)\in R_{0,1}\\ F(u_x,u_y), & (x,y)\in R_{0,0}\end{cases}$$

上述各项均可由联合分布(3-57)得到。通过极大化式(3-58)，可得到 θ 的极大似然估计值和标准差。

3.4.3 尾部相关性

多元极值理论涉及的一个重要问题是极值相关性。由于极值统计研究的是随

机过程的极端表现，或是随机变量取值特别大或特别小的可能性，极值的相关性必然牵涉多元分布的尾部相关性，定义为渐近独立和渐近相关。区分变量在极值水平上是相关还是独立非常重要。渐近相关意味着极值事件可以同时出现，所以如果选择渐近相关模型去拟合渐近独立数据，必将导致过高地估计联合极端事件的出现概率。

假设随机向量 (X,Y) 的联合分布函数为 F，边缘分布函数分别为 F_1 和 F_2，若极限

$$\lim_{u\to 1}\Pr(F_1(X)>u\mid F_2(Y)>u) \tag{3-59}$$

存在且非零,则称 X 和 Y 渐近相关;若该极限为零,则称 X 和 Y 渐近独立。式(3-59)可以近似地表述为在一个变量是极值的条件下另一个变量也是极值的概率。如果这个概率为零，则这两个变量渐近独立。

渐近相关和渐近独立是随机变量尾部相关性的两种形式。事实上，所有相关系数小于 1 的二元正态变量都渐近独立,这同时也说明了对于渐近独立的分布族,在有限水平上可以存在不同程度的相关性,只是同时出现极值的可能性越来越小。如果两个随机变量渐近独立，则认为同时出现最大值的可能性很小，但渐近独立不等于完全独立,仍具有一定的相关性,可以用指标 χ 度量渐近独立时的相关程度。

记 $\chi=\lim_{u\to 1}\Pr\{F_1(X)>u\mid F_2(Y)>u\}$ ，且对于 0<u<1 定义

$$\chi(u)=2-\frac{\log\Pr\{F_1(X)<u,F_2(Y)<u\}}{\log\Pr\{F_1(X)<u\}}=2-\frac{\log\Pr\{F_1(X)<u,F_2(Y)<u\}}{\log u} \tag{3-60}$$

则有 $\chi=\lim_{u\to 1}\chi(u)$ 。对于二元极值分布 $H(x,y)=\exp\{-V(\tilde{x},\tilde{y})\}$ ，因为 V 是负一阶齐次函数，所以 $\chi(u)=2-V(1,1)$ 是与 u 无关的常数，故

$$\chi=2-V(1,1) \tag{3-61}$$

如果广义极值分布是 Logistic 型，那么 $\chi=2-V(1,1)=2-2^{\alpha}$ 。总体来看，χ 具有以下性质。

(1) $0\leqslant\chi\leqslant 1$ 。

(2) 对于广义极值分布 $H(x,y)=\exp\{-V(\tilde{x},\tilde{y})\}$ ，有 $\chi=2-V(1,1)$ 。

(3) 对于渐近独立变量，有 $\chi=0$ 。

(4) 对于渐近相关的变量，尾部相关性越强，χ 越大。

由上述性质可知，当两个随机变量渐近相关时，χ 提供了较好的相关性度量。但当两个随机变量渐近独立时， $\chi=0$ 没有提供这种情况下的尾部相关程度信息，

因此 χ 不能度量渐近独立变量的相关程度。

对于 0<u<1，定义

$$\bar{\chi}(u)=\frac{2\log\Pr\{F_1(X)>u\}}{\log\Pr\{F_1(X)>u,F_2(Y)>u\}}-1=\frac{2\log(1-u)}{\log\Pr\{F_1(X)>u,F_2(Y)>u\}}-1 \tag{3-62}$$

及 $\bar{\chi}=\lim_{u\to 1}\bar{\chi}(u)$，则 $\bar{\chi}$ 具有以下性质。

(1) $-1\leqslant\bar{\chi}\leqslant 1$。

(2) 对于渐近相关变量，有 $\bar{\chi}=1$。

(3) 对于独立变量，有 $\bar{\chi}=0$。

(4) 对于渐近独立的变量，尾部相关性越强，$\bar{\chi}$ 越大。

显然，χ 描述了渐近相关时变量间的相关性强度，$\bar{\chi}$ 描述了渐近独立时变量间的相关性强度。因此，$(\chi,\bar{\chi})$ 能综合描述变量间的极值相关性。如果 $\chi>0,\bar{\chi}=1$，则变量渐近相关，χ 描述了此时的极值相关强度；如果 $\chi=0,\bar{\chi}<1$，则变量渐近独立，$\bar{\chi}$ 描述了此时的极值相关强度。

第 4 章　一元交通冲突极值建模与分析

交通冲突和交通事故的发生过程具有一定的相似性，这为利用极值方法建立两者之间的关系奠定了基础。本章将以高速公路基本路段车道变换冲突为研究对象构建交通冲突极值统计模型，重点介绍交通冲突极值的安全分析原理、区组极值模型和超阈值模型的构建、区组极值模型和超阈值模型的对比、极值模型与回归模型的对比、安全评价指标的对比等方面的内容。

4.1　高速公路基本路段交通数据描述

本章使用的数据来源于高速公路的基本路段，具体包括广东省境内的京珠高速公路粤北段、开阳高速公路和粤赣高速公路部分路段的交通运行状况视频数据和交通事故数据。数据是在广东省高速公路有限公司的协作下通过现场调查获得的，依托于广东省交通运输厅科技项目“基于全社会成本的高速公路设计方案评价技术研究”。

4.1.1　数据概况

京珠高速公路粤北段北起广东省和湖南省交界的小塘镇，途经坪石镇、梅花镇、云岩镇、红云镇、大桥镇、东坪镇、乳源县，南至韶关市甘塘镇，路线全长 109.290km，按全封闭、双向四车道高速公路标准建设，设计速度根据沿线地形情况采用了 100km/h 和 80km/h 两种。

开阳高速公路起自鹤山市址山镇，接佛开高速公路，沿 325 国道北侧西行，途经开平市、恩平市、阳江市阳东区和江城区等五市(区)二十二镇，止于阳江林场，接阳(江)茂(名)高速公路，路线全长 125.202km，按全封闭、双向四车道高速公路标准建设，设计速度 120km/h。

粤赣高速公路北起广东省和平县上陵镇，经河源市和平县的阳明镇、合水镇，连平县的乡缎镇、大湖镇、三角镇、忠信镇和东源县的顺天镇、仙塘镇、新港镇，在埔前镇老虎坑与惠河高速相连，路线全长 136.103km，按全封闭、双向四车道高速公路标准建设，设计速度 100km/h。

项目组收集了三条高速公路的竣工文件、共 32 个路段约 121h 的交通运行状况视频以及约五年的交通事故历史记录。这 32 个路段的选取主要考虑两个方面：

一是路段附近有跨线桥等设施以便于架设摄像机；二是路段尽可能包含多种平纵线形指标组合。三条高速公路的基本信息及数据收集情况见表 4-1。

表 4-1　高速公路基本信息及数据收集情况

高速公路名称	里程/km	设计速度/(km/h)	调查路段数/个	调查时间/h	事故数据时段
京珠高速公路粤北段	109.290	80/100	10	38	2005-1～2009-8
开阳高速公路	125.202	120	7	32	2008-1～2012-8
粤赣高速公路	136.103	100	15	51	2008-1～2012-8

由于研究对象是高速公路基本路段，从调查路段中剔除含有施工区、位于高速公路出入口以及天气原因导致较多时段视频不清晰的路段。在剩余的路段中，大部分路段的视频均记录了该路段双向的交通运行状况，但也有部分路段由于地形原因仅记录了单向的交通运行状况。通过对剩余路段视频的逐一分析，最后得到 29 个分方向的高速公路基本路段。

为了便于后期的数据处理和分析，首先对这 29 个路段进行统一命名。路段命名规则如图 4-1 所示，KY2Y_R 是开阳高速公路上阳江方向镜头右侧的一个单向路段。其中，“KY”代表表开(Kai)阳(Yang)高速公路，“2”代表该高速公路上的第二个调查点，“Y”表示镜头所对的方向为阳江方向，“R”表示该路段在镜头所对方向的右侧。同样，京珠高速公路上的路段以“JZ”开头，粤赣高速公路上的路段以“YG”开头。

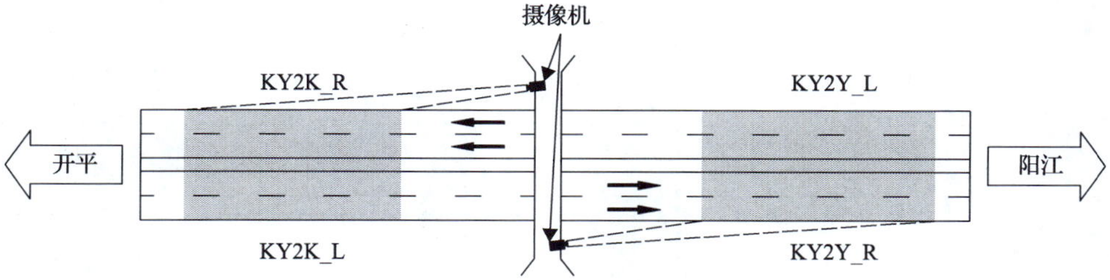

图 4-1　路段命名规则示意图

最后获得的 29 个分方向路段中有 3 个来自京珠高速公路粤北段，15 个来自开阳高速公路，11 个来自粤赣高速公路，这些路段的总长度为 11.85km，同一方向上相邻两个路段的平均间距为 5.6km，其中京珠高速公路上路段的平均间距为 2.1km，开阳高速公路上路段的平均间距为 8.4km，粤赣高速公路上路段的平均间距为 6.3km。调查路段的基本信息见表 4-2。

表 4-2　调查路段基本信息

高速公路名称	路段编号	长度/m	调查时长/min
京珠高速公路粤北段	JZ3G_L	400	160
	JZ4B_R	400	170
	JZ4G_L	500	160
开阳高速公路	KY1Y_R	800	180
	KY1Y_L	800	180
	KY2K_R	450	180
	KY2K_L	450	180
	KY2Y_R	500	180
	KY2Y_L	500	180
	KY3K_R	500	190
	KY3K_L	500	190
	KY3Y_R	400	185
	KY4K_L	150	130
	KY5K_R	100	130
	KY6K_R	350	170
	KY6K_L	350	170
	KY6Y_R	350	175
	KY6Y_L	350	175
粤赣高速公路	YG1J_R	500	195
	YG3J_R	600	120
	YG3J_L	600	120
	YG4J_R	300	165
	YG4J_L	300	160
	YG5G_R	300	205
	YG5G_L	300	205
	YG5J_L	600	150
	YG7G_L	300	185
	YG9G_R	200	180

4.1.2　交通运行状况数据分析

1) 交通量与交通组成分析

根据采集得到的各路段交通运行状况视频，通过人工计数的方法统计得出各个路段分车型(即小型车、中型车、大型车)的交通流量数据。图 4-2 给出了路段 KY1Y_R 每 5min 分车型交通流量的变化情况。

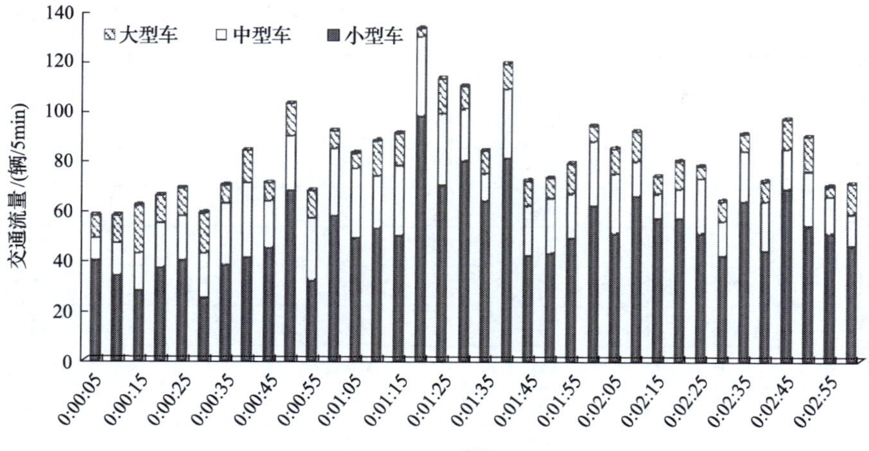

图 4-2 KY1Y_R 5min 交通流量时变图

全部路段的流量及交通组成情况见表 4-3。由表 4-3 可知，不同路段间的交通流量差距较大，其中开阳高速公路路段 KY2Y_R 在观测时段内共有 3026 辆车经过，而京珠高速公路粤北路段 JZ3G_L 的流量仅为 800 辆。另外，开阳高速公路和粤赣高速公路虽然交通流量较大但大型车比例较低，两条高速公路上运行的车辆均以小型车为主，所占比例大部分超过总流量的 60%；京珠高速公路粤北段的交通流量虽然相对较小但大型车比例却较高；所有路段的大型车比例均超过总流量的 35%。

表 4-3 观测时段内的交通量及交通组成情况

路段	交通量		交通组成		
	总量/辆	小时交通量/(辆/h)	小型车比例	中型车比例	大型车比例
JZ3G_L	800	300	0.52	0.09	0.39
JZ4B_R	1048	370	0.43	0.02	0.55
JZ4G_L	883	331	0.55	0.08	0.37
KY1Y_R	2963	988	0.63	0.21	0.16
KY1Y_L	1885	628	0.57	0.21	0.22
KY2K_R	2989	996	0.69	0.17	0.14
KY2K_L	2609	870	0.70	0.13	0.17
KY2Y_R	3026	1009	0.66	0.20	0.14
KY2Y_L	1907	636	0.61	0.19	0.20
KY3K_R	2811	888	0.67	0.19	0.14
KY3K_L	2459	777	0.69	0.15	0.16
KY3Y_R	2326	754	0.64	0.25	0.11
KY4K_L	1774	819	0.68	0.15	0.17

续表

路段	交通量		交通组成		
	总量/辆	小时交通量/(辆/h)	小型车比例	中型车比例	大型车比例
KY5K_R	1951	900	0.71	0.18	0.11
KY6K_R	2330	822	0.73	0.17	0.10
KY6K_L	2170	766	0.73	0.15	0.12
KY6Y_R	2887	990	0.73	0.20	0.07
KY6Y_L	2086	715	0.65	0.29	0.06
YG1J_R	1041	320	0.78	0.10	0.12
YG3J_R	1237	619	0.73	0.13	0.14
YG3J_L	1217	609	0.76	0.12	0.12
YG4J_R	2424	881	0.81	0.14	0.05
YG4J_L	1961	735	0.73	0.17	0.10
YG5G_R	2222	650	0.77	0.13	0.10
YG5G_L	2138	626	0.74	0.16	0.10
YG5J_L	1561	624	0.72	0.14	0.14
YG7G_L	1006	326	0.72	0.11	0.17
YG9G_R	2118	706	0.81	0.13	0.06
YG9J_L	2374	791	0.79	0.13	0.08

2) 车道变换行为界定与分析

从交通流理论的角度来看，高速公路基本路段上车辆的行驶状态包括跟驰行驶、车道变换和自由行驶三种。跟驰行驶是指在无法超车时列队行驶车辆中的任一车辆受前车速度限制而跟随前车行驶的状态，这种状态又称为非自由行驶状态；与之对应的自由行驶一般是指同一车道上行驶车辆的车头时距大于 8s 或车间距大于 125m 的状态；车道变换是指车辆从一个车道变换至相邻车道，主要是为了获取更大的行驶自由度。

在双向四车道高速公路上，一次车道变换行为是指车辆有目的性地从一个车道转移到相邻的另一个车道，即车辆在相邻两个车道上连续进行的横向位置的移动。结合视频进行实际观测时，只有在视频视野范围内车辆完全跨过车道分界线才被认为是完成了一次车道变换。对于在视频视野范围内，车辆有横向移动但没有跨过或只是部分跨过车道分界线的，由于无法判定其最终是进入目标车道还是由于没有变道条件而返回原车道，该类型的车辆横向位置移动不计入车道变换行为之列。

每一个车道变换行为都包含两个属性：一是变道车辆的类型，包括小型车、中型车和大型车；二是视频视野范围内变道车辆周边的车辆数。在双向四车道高速公路上，正常条件下每一个变道车辆周边最多有 4 辆车，如图 4-3 所示。

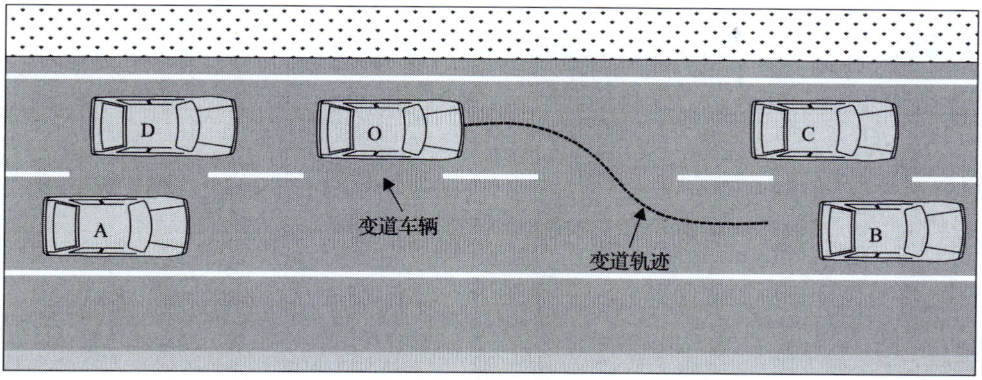

图 4-3　车道变换示意图

根据上述定义和原则，对调查路段内的车道变换次数和相关属性(变道车辆类型和变道车辆周边车辆数)进行统计与分析。调查路段上共有 4189 次车道变换行为，其中变道车辆为小型车的有 3257 次，占总次数的 77.7%；变道车辆为中型车的有 329 次，占总次数的 7.9%；变道车辆为大型车的有 603 次，占总次数的 14.4%。由此可见，小型车是最为常见的变道车辆类型。在变道车辆周边车辆数方面，变道过程中周边有 0～4 辆车的变道行为分别为 557、1247、1552、707 和 126 次，所占比例分别为 13.3%、29.8%、37.0%、16.9%和 3.0%。各路段车道变换次数情况见表 4-4。

表 4-4　各路段车道变换次数情况

路段	总数/次	不同属性的车道变换次数/次							
		小型车	中型车	大型车	0 辆车	1 辆车	2 辆车	3 辆车	4 辆车
JZ3G_L	165	80	6	79	28	63	62	11	1
JZ4B_R	143	60	0	83	9	53	48	26	7
JZ4G_L	122	57	5	60	15	45	51	10	1
KY1Y_R	416	353	21	42	37	126	148	87	18
KY1Y_L	119	59	18	42	17	49	35	16	2
KY2K_R	192	166	15	11	16	58	73	36	9
KY2K_L	136	117	11	8	15	37	56	25	3
KY2Y_R	220	175	22	23	30	48	81	53	8
KY2Y_L	134	103	12	19	38	36	43	12	5
KY3K_R	154	112	17	25	19	32	51	45	7
KY3K_L	127	103	13	11	24	25	55	21	2
KY3Y_R	111	75	19	17	10	41	37	20	3

续表

路段	总数/次	不同属性的车道变换次数/次							
		小型车	中型车	大型车	0 辆车	1 辆车	2 辆车	3 辆车	4 辆车
KY4K_L	56	46	7	3	8	14	22	9	3
KY5K_R	71	65	2	4	2	20	23	23	3
KY6K_R	115	96	9	10	7	23	45	33	7
KY6K_L	93	81	6	6	6	20	43	23	1
KY6Y_R	114	99	11	4	9	32	39	27	7
KY6Y_L	113	76	23	14	10	41	44	18	0
YG1J_R	138	111	8	19	31	50	46	11	0
YG3J_R	148	124	10	14	23	54	50	18	3
YG3J_L	82	70	7	5	10	24	38	9	1
YG4J_R	265	230	20	15	33	72	100	45	15
YG4J_L	164	139	9	16	14	45	68	29	8
YG5G_R	158	131	14	13	31	41	55	29	2
YG5G_L	125	104	6	15	27	36	43	17	2
YG5J_L	113	93	7	13	23	36	42	10	2
YG7G_L	78	64	5	9	30	27	18	3	0
YG9G_R	152	127	12	13	22	38	65	21	6
YG9J_L	165	141	14	10	13	61	71	20	0

4.1.3　交通冲突衡量与分析

交通冲突的分类方法很多，如按照冲突发生地点分类、按照涉及的道路使用者类型分类、按照可能的碰撞形式分类以及按照交通冲突严重程度分类等。本书根据车辆行驶状态的不同，将高速公路基本路段上的冲突类型分为三种：跟驰行驶冲突、自由行驶冲突和车道变换冲突。

跟驰行驶冲突是指处于跟驰行驶状态的车辆发生的交通冲突。根据可能的碰撞形式，该类型冲突主要是追尾冲突。自由行驶冲突是指处于自由行驶状态的车辆发生的交通冲突。由于没有其他车辆的干扰，该类型冲突的主要形式是驶出道路或撞击固定物。车道变换冲突是指车辆在车道变换过程中发生的交通冲突。在车道变换过程中，车辆可能失去控制而驶出道路或撞击固定物，也有可能与其他车辆发生侧向碰撞冲突、侧面刮擦冲突和追尾冲突。

三种类型的冲突对比见表 4-5。相较于跟驰行驶冲突和自由行驶冲突，车道变换冲突较为复杂，同时涵盖了高速公路基本路段上所有可能的碰撞形式，因此本书将以车道变换冲突为研究重点。下面的理论分析和模型构建采用的交通冲突数据均指车道变换冲突数据。

表 4-5　高速公路基本路段冲突类型对比

冲突类型	可能碰撞形式	示意图
跟驰行驶冲突	①追尾	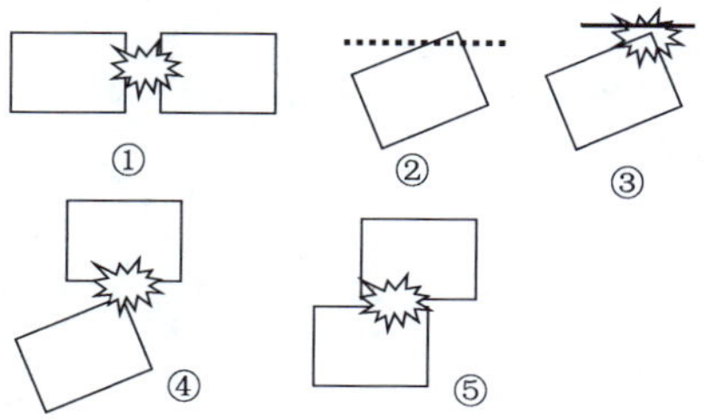
自由行驶冲突	②驶出道路 ③撞击固定物	
车道变换冲突	①追尾 ②驶出道路 ③撞击固定物 ④侧向碰撞 ⑤侧面刮擦	

1）交通冲突衡量指标选取

交通冲突的衡量通常以时空接近度为依据，现阶段最常用的两个冲突度量指标是距离碰撞时间（TTC）和后侵入时间（PET）。

TTC 存在的先决条件是涉及的道路使用者之间存在冲突过程，即相互作用的两个道路使用者如果保持当前的速度和方向不变则会发生碰撞。由于冲突过程的识别较为困难，TTC 更适用于涉及的道路使用者具有相同运行轨迹的情况，如追尾冲突（一旦后车速度大于前车即存在冲突过程）；相较于 TTC，PET 度量的先决条件较为宽松，只要求涉及的道路使用者之间存在冲突点或冲突区域，因此其更多地用于具有相交运行轨迹的冲突衡量，如交叉口范围内的冲突。此外，PET 的测量相对简单，因为其不需要测量速度。最终选用 PET 作为车道变换冲突的衡量指标。

2）PET 的测定

车道变换过程中的后侵入时间是指后车头部到达侵入线的时间与前车尾部离开侵入线的时间之差，两辆车中有一辆车为进行车道变换的变道车辆。侵入线是一条虚拟的直线，它是垂直于车道分界标线并且穿过车道分界标线与变道轨迹交点的直线，如图 4-4 所示。图中，O 为变道车辆，A 为目标车道跟随车辆，B 为目标车道先导车辆，C 为原车道先导车辆，D 为原车道跟随车辆。

理想条件下，侵入线应该垂直于车道分界标线同时穿过后车头部与前车尾部在碰撞条件下的第一接触点（图 4-5）。然而，理想条件下的侵入线在结合视频进行实际观测时很难准确定位，因此采用图 4-4 所示的侵入线。这样，以车道分界标线为参照，便能够较容易地确定侵入线的位置。

当采用图 4-4 所示的侵入线时，在后侵入时间等于 0 的条件下，图 4-4（a）和（c）的前车尾部与后车头部有重叠部分，表明碰撞已经发生；图 4-4（b）和（d）的前车尾部和后车头部仍有一定间距，表明碰撞还未发生。因此，需要对观测误差

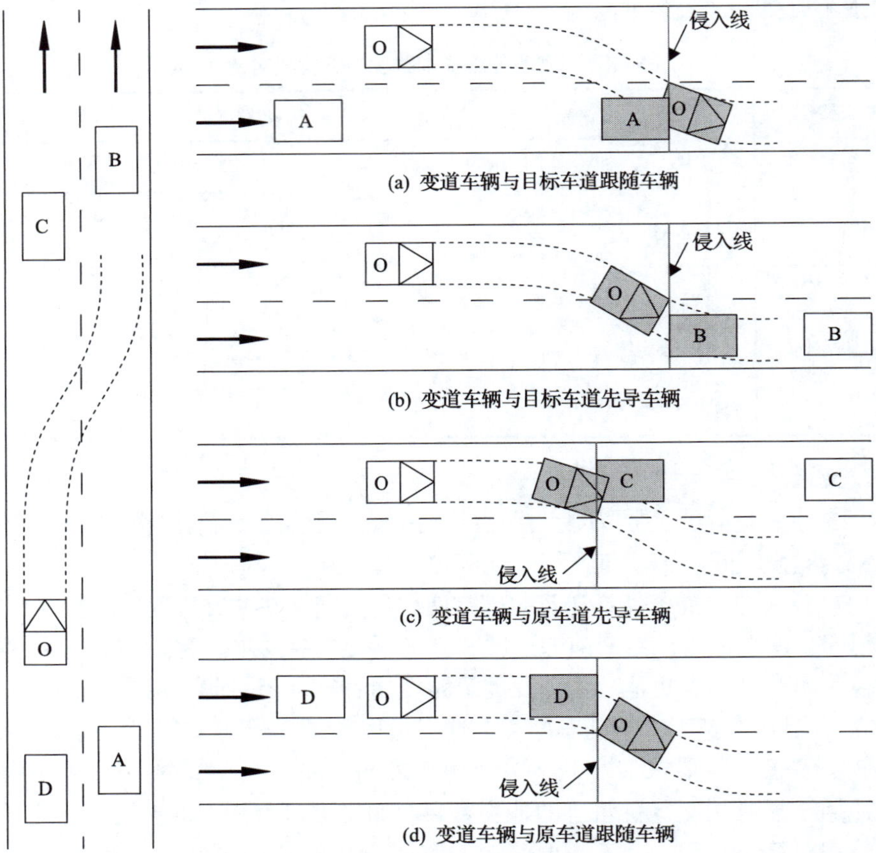

(a) 变道车辆与目标车道跟随车辆

(b) 变道车辆与目标车道先导车辆

(c) 变道车辆与原车道先导车辆

(d) 变道车辆与原车道跟随车辆

图 4-4　后侵入时间测量示意图

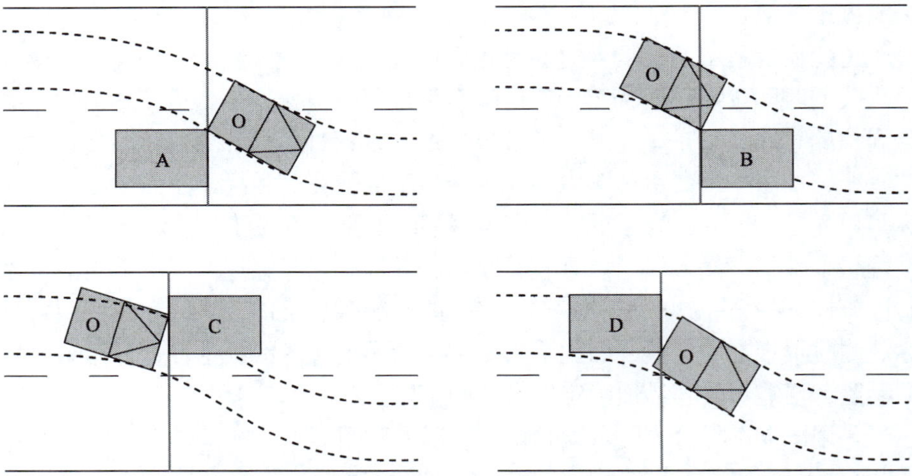

图 4-5　理想条件下侵入线的位置示意图

进行校正，最终分析确定 PET 的测量误差远小于实际的观测准确度(0.04s，25 帧为 1s)，因此观测误差可以忽略。

由前面的分析可知，变道车辆周边最多有 4 辆车，每一辆车与变道车辆之间都有一个后侵入时间，最后所确定的车辆变道行为的后侵入时间为其中的最小值，即

$$PET = \min\{PET_i\} \tag{4-1}$$

式中，PET 为车道变换行为的后侵入时间，s；$i = 1,2,3,4$ 。

按照上述观测方法，观测得到各个路段所有车道变换行为的后侵入时间。图 4-6 给出了利用 VirtualDub 软件观测变道车辆与原车道先导车辆之间后侵入时间的示意图。原车道先导车辆的尾部离开侵入线是在第 38925 帧，而变道车辆的头部在第 38951 帧到达侵入线。因此，这两辆车之间的后侵入时间为 $PET_{III} = \dfrac{38951-38925}{25} = 1.04s$ 。

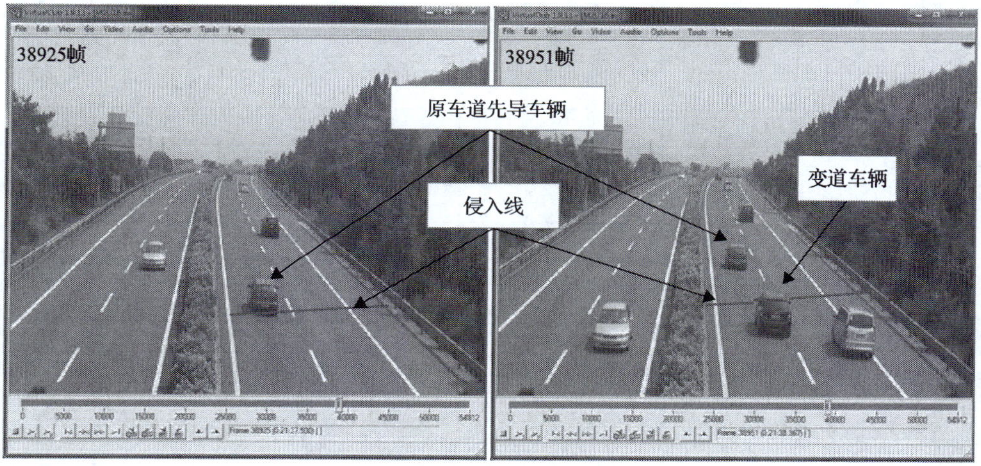

图 4-6　后侵入时间观测示意图

根据不同的阈值对各个路段的后侵入时间进行统计，其结果见表 4-6。由表可知，后侵入时间小于或等于 1s、2s 和 3s 的车道变换行为占比较大，这说明大部分变道车辆在进行车道变换时周边较近的范围内至少有一辆车存在；后侵入时间大于 5s 的比例较小，这与较少的变道行为是在变道车辆周边没有其他车辆的情况下进行的情况相吻合。

不同路段上后侵入时间的各统计值也不尽相同。就最小值而言，路段 KY1Y_R 和路段 KY2Y_R 上后侵入时间的最小值最小，为 0.12s；最小值最大的是路段 KY2K_R、YG1J_R 和 YG7G_L，其最小值均为 0.32s。

表 4-6 后侵入时间统计特性

路段	后侵入时间个数/个								统计值/s			
	(0,1]s	(1,2]s	(2,3]s	(3,4]s	(4,5]s	(5,6]s	(6,7]s	(7,∞) s	最小值	中位数	均值	最大值
JZ3G_L	26	68	19	29	14	3	4	2	0.24	1.72	2.31	7.48
JZ4B_R	32	46	19	15	19	8	4	0	0.28	1.80	2.40	6.80
JZ4G_L	28	29	21	17	15	7	3	2	0.24	2.12	2.48	7.72
KY1Y_R	212	128	38	11	12	11	4	0	0.12	1.00	1.44	6.40
KY1Y_L	38	47	12	9	9	4	0	0	0.16	1.32	1.84	6.00
KY2K_R	85	67	18	14	7	1	0	0	0.32	1.08	1.46	5.20
KY2K_L	51	49	19	10	6	1	0	0	0.24	1.32	1.60	6.00
KY2Y_R	114	58	17	18	13	0	0	0	0.12	1.00	1.46	4.84
KY2Y_L	36	35	21	22	15	5	0	0	0.24	1.82	2.21	5.60
KY3K_R	64	60	12	12	6	0	0	0	0.20	1.12	1.44	4.80
KY3K_L	51	40	12	15	9	0	0	0	0.20	1.28	1.70	5.00
KY3Y_R	61	33	5	10	2	0	0	0	0.20	0.88	1.25	4.40
KY4K_L	14	24	5	10	3	0	0	0	0.28	1.46	1.85	4.68
KY5K_R	39	23	6	3	0	0	0	0	0.16	0.92	1.18	3.88
KY6K_R	71	28	9	7	0	0	0	0	0.24	0.84	1.15	3.80
KY6K_L	45	32	7	6	3	0	0	0	0.24	1.00	1.31	4.80
KY6Y_R	62	35	6	7	3	1	0	0	0.20	0.96	1.26	5.28
KY6Y_L	39	35	20	18	1	0	0	0	0.20	1.48	1.73	4.40
YG1J_R	35	43	20	28	11	1	0	0	0.32	1.66	2.09	5.20
YG3J_R	45	45	23	27	8	0	0	0	0.20	1.58	1.87	5.00
YG3J_L	27	33	8	13	1	0	0	0	0.20	1.28	1.64	4.20
YG4J_R	102	95	30	26	8	4	0	0	0.16	1.28	1.61	5.84
YG4J_L	82	54	12	14	2	0	0	0	0.20	1.02	1.30	4.60
YG5G_R	54	53	16	25	7	3	0	0	0.20	1.58	1.89	5.60
YG5G_L	52	23	19	20	9	2	0	0	0.16	1.40	1.90	5.60
YG5J_L	33	34	20	17	8	1	0	0	0.28	1.60	1.96	5.24
YG7G_L	17	19	10	22	8	2	0	0	0.32	2.28	2.41	5.20
YG9G_R	61	49	14	24	4	0	0	0	0.24	1.24	1.63	4.80
YG9J_L	77	47	23	16	2	0	0	0	0.16	1.12	1.46	4.60

4.1.4 交通事故数据分析

交通事故数据主要用于评价冲突极值统计模型事故预测的准确度和可靠度。本书从高速公路路政管理部门收集了三条高速公路四年零八个月的交通事故记录，每条事故记录均包含事故发生时间、事故发生地点、事故原因和事故严重程度等基本信息。其中，京珠高速公路粤北段的事故记录时间为 2005 年 1 月～2009 年 8 月，其间共发生交通事故 2075 次；开阳高速公路的事故记录时间为 2008 年 1 月～2012 年 8 月，其间共发生交通事故 1831 次；粤赣高速公路的事故记录时间也为 2008 年 1 月～2012 年 8 月，其间共发生交通事故 1438 次。

首先根据事故发生地点确定发生在调查路段上的交通事故数。考虑到车辆变道行为可能给上、下游交通带来的波及影响，构建两类事故数据库：一是调查路段范围内的交通事故，即发生在视频视野范围内的交通事故；二是调查路段及其上、下游 100m 范围内的交通事故。同时，为了消除其他不确定因素的影响，增强车道变换行为与交通事故的关联性，按照下面两个原则对上述两类事故数据进行进一步筛选，筛选前后各个路段的事故数及其统计情况，见表 4-7。

表 4-7　交通事故统计情况

路段	筛选前事故数/次		筛选后事故数/次	
	路段范围内	路段+前后 100m	路段范围内	路段+前后 100m
JZ3G_L	10	11	5	6
JZ4B_R	2	5	1	4
JZ4G_L	2	2	2	2
KY1Y_R	4	7	4	6
KY1Y_L	7	8	3	3
KY2K_R	5	7	2	4
KY2K_L	1	1	1	1
KY2Y_R	5	5	2	2
KY2Y_L	3	5	1	2
KY3K_R	1	5	0	1
KY3K_L	4	4	1	1
KY3Y_R	4	5	2	3
KY4K_L	5	5	4	4
KY5K_R	0	1	0	1
KY6K_R	2	2	1	1
KY6K_L	0	0	0	0
KY6Y_R	2	3	0	0
KY6Y_L	1	1	1	1
YG1J_R	2	2	0	0
YG3J_R	1	1	0	1
YG3J_L	5	9	5	9
YG4J_R	3	3	3	3

续表

路段	筛选前事故数/次		筛选后事故数/次	
	路段范围内	路段+前后 100m	路段范围内	路段+前后 100m
YG4J_L	5	5	1	1
YG5G_R	0	0	0	0
YG5G_L	0	0	0	0
YG5J_L	3	3	3	3
YG7G_L	5	7	1	3
YG9G_R	2	3	0	1
YG9J_L	2	2	2	2
总计	86	112	45	65

(1) 剔除与车道变换无必然联系的交通事故。

现阶段的交通事故记录并没有明确的关于事故发生与车道变换关系的记录。因此，只能根据事故发生的原因进行大致判断，剔除了由“着火”、“制动失效”、“车辆机械故障”等原因诱发的交通事故，该类事故与车道变换行为之间没有必然联系。

(2) 仅选择白天时段发生的交通事故。

车道变换冲突均来自交通运行状况视频，而所有的视频都记录于白天时段。因此，为了排除时间以及环境因素带来的影响，仅选用发生在白天时段(即 6:30～18:30)的交通事故。

筛选前发生在调查路段范围内的交通事故共 86 次，发生在调查路段及其上下游各 100m 范围内的交通事故共 112 次。筛选后发生在调查路段范围内的交通事故共 45 次，发生在调查路段及其上下游各 100m 范围内的交通事故共 65 次。

4.2　交通冲突极值安全分析原理

PET 等时空接近度指标衡量的交通冲突严重程度代表的是事故发生的风险或交通冲突与交通事故的接近程度。PET 越小，交通冲突与交通事故越接近，发生交通事故的风险越大。因此，从 PET 维度看交通冲突和交通事故来自同一连续分布，分界为 PET=0。在实际观测中，很难在较短的时段内观测到交通事故，但却可以观测到足够数量的交通冲突。因此，交通冲突极值的安全分析原理是以极值理论为基础的，拟合得到严重交通冲突(PET 接近 0)的分布情况，进而利用极值分布的尾部估计得出交通事故风险信息。本节将首先对 PET 进行处理以满足极值分布拟合的需要，进而探讨如何利用极值分布参数构建安全分析指标。

4.2.1　PET 及其取负映射

从交通冲突的角度来看，以 PET 作为交通冲突严重程度的衡量指标，其值越小表明冲突车辆之间越接近。当 PET ≤ 0 时，冲突车辆刚好或已经碰撞，交通事故发生。以此分析为基础，可以把交通事故看作交通冲突的极值事件。为了进行安全性分析，希望得到的是 PET ≤ 0 的交通事件的概率分布情况。然而，从极值理论的角度来看，无论是区组极值模型还是超阈值模型都主要适用于 PET 大于或等于某一个值的情况。因此，为了使极值理论模型能够在分析极值 PET 分布的同时也满足安全分析的要求，需要对 PET 进行转换，这里主要引入取负映射。

取负映射是指将样本值进行取负转换，相当于以 $x=0$ 为对称轴进行镜像（图 4-7）。当 PET 取负映射为 NPET 后，可得

$$\text{NPET} \geqslant 0 \Rightarrow -\text{PET} \geqslant 0 \Rightarrow \text{PET} \leqslant 0$$

即 NPET ≥ 0 意味着交通事故的发生。取负映射的优点是简洁、易理解，且事故发生的临界条件清晰。

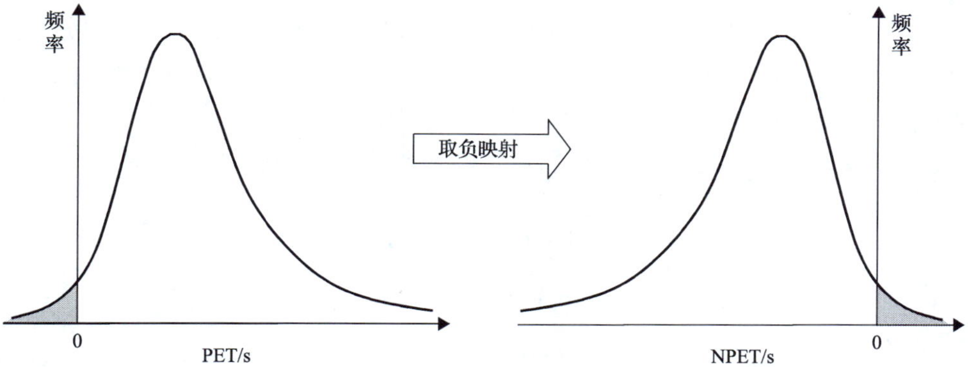

图 4-7　取负映射概念图

4.2.2　事故风险界定

当完成 PET 的映射之后，就可以构建基于冲突极值事件的极值理论模型，从而得到其极值分布函数。根据极值分布函数和交通事故发生的条件，可以计算得到事故发生的概率。将该概率定义为事故风险，其计算公式如下：

$$R = \Pr(z \geqslant 0) = 1 - G(0) \tag{4-2}$$

式中，R 为事故风险，对于区组极值模型，表示的是观测时段内所有区组的风险之和；z 为通过区组极值法或超阈值法确定的 NPET 极值样本；$G(0)$ 为广义极值分布或广义帕累托分布在 0 处的取值；当 $G(0)$ 不存在时，令 $R=0$。

事故风险的确定是基于较短时间段 t 内观测得到的交通冲突。以本章为例，每个路段的车道变换冲突均来自 t 约为 3h 的视频。假设该时段的观测样本能够反映样本总体的基本特征，那么对于一个较长的时间 T，可以计算得到该时间段的预测事故数，其计算公式如下：

$$N_T = \frac{T}{t} R \tag{4-3}$$

式中，N_T 为 T 时段内的预测事故数，次。

4.2.3 重现水平的安全含义

重现水平是极值理论研究中的一个重要概念，主要用于描述极值事件的最大可能性信息。根据定义，重现水平需满足

$$G(z_p) = \Pr(z \leqslant z_p) = 1 - p \tag{4-4}$$

式中，z_p 为对应于重现期 $1/p$ 的重现水平；p 为特定概率；$G(\cdot)$ 为广义极值分布或广义帕累托分布。

在交通安全分析的背景下，重现水平可以理解为事故重现水平。例如，以 NPET 为基础计算得到的事故重现水平，如果其大于或等于 0，则表明重现期内预期有交通事故发生；如果其小于 0，则表明重现期内没有交通事故发生。

对于参数为 (μ,σ,ξ) 的广义极值分布，其重现水平的具体计算公式为

$$z_p = \begin{cases} \mu - \dfrac{\sigma}{\xi}\left\{1 - [-\log(1-p)]^{-\xi}\right\}, & \xi \neq 0 \\ \mu - \sigma \log[-\log(1-p)], & \xi = 0 \end{cases} \tag{4-5}$$

对于阈值为 u、参数为 (σ,ξ) 的广义帕累托分布，其重现水平的具体计算公式为

$$z_p = \begin{cases} u + \dfrac{\sigma}{\xi}\left[\left(\dfrac{1}{p} n\lambda_u\right)^{\xi} - 1\right], & \xi \neq 0 \\ u + \sigma \log\left(\dfrac{1}{p} n\lambda_u\right), & \xi = 0 \end{cases} \tag{4-6}$$

式中，n 为观测时段长度，h；λ_u 为观测时段内超过阈值样本所占的比例。

4.2.4 安全分析指标不确定性衡量

模型估计的不确定性通常可以通过置信区间进行衡量。置信区间表示估计

量的真实值以一定的置信水平落在估计结果周围指定的范围内。传统的置信区间的估计方法主要是 Delta 法和轮廓似然函数法，但是由于非平稳模型的样本并不是同分布的，这两种方法无法适用。本书采用一种基于仿真的置信区间确定方法。

本书最终所需要估计的两个安全分析指标是事故风险和事故重现水平。由式(4-2)、式(4-5)和式(4-6)可知，这两个指标都是极值模型参数的标量函数。假如极值模型参数的分布是已知的，那么通过对这些参数进行仿真并根据每一个参数的仿真值计算分析指标的值，就可以得到分析指标的分布。虽然实际中极值模型参数的分布是未知的，但是在适当的正则条件限制下，可以近似认为极值模型参数的极大似然估计值服从正态分布。

上述仿真方法的数学表述是：令极值模型参数为 θ，它们的极大似然估计值为 $\hat{\theta}$，安全分析指标 $g=g(\theta)$。已知极大似然估计值近似服从正态分布，因此从该分布中抽取一系列样本 $\theta_1^*,\cdots,\theta_j^*,\cdots,\theta_k^*$。对于每一个样本值 θ_j^*，可以计算得出其对应的安全分析指标值 $g_j^*=g(\theta_j^*)$。最后，集合 $g_1^*,\cdots,g_j^*$ 可以用来构建安全分析指标值的概率密度分布或用来提取其置信区间。例如，事故重现水平的 95%置信区间就是以事故重现水平仿真值的 2.5%分位数为下界、97.5%分位数为上界的区间组合。

4.3　高速公路变道冲突区组极值模型构建

4.3.1　区组划分

区组极值模型构建的基础是获取区组极值数据，而区组极值数据的样本值和样本数量都取决于区组划分。区组划分首先应考虑模型估计的偏差与方差的平衡。此外，在很多传统的统计模型中，通常要求样本数量≥30 个。考虑到本节研究中各个路段的观测时间为 3h 左右，区组长度≤6min 可以保证足够的样本数量。另外，为了保证每个区组的极值尽可能是真正的极值，区组的长度也不能过小。综合考虑以上两方面的因素，最终确定的区组长度为 5min。此外，5min 也是交通流理论研究中经常采用的划分标准。

按照上述区组划分标准，得到各个路段的区组数量，见表 4-8。并不是每个区组都有车道变换行为发生，因此存在个别区组没有 PET 值的情况。剔除这些区组后最终有 25 个路段的区组数量大于等于 30，仅有 4 个路段的区组数量少于 30，其中区组数量最小的路段为 KY4K_L，仅含有 18 个区组。

表 4-8　各路段区组划分情况

路段	调查时长/min	初始区组数/个	最终区组数/个	路段	调查时长/min	初始区组数/个	最终区组数/个
JZ3G_L	160	32	30	KY6K_L	170	34	30
JZ4B_R	170	34	33	KY6Y_R	175	35	31
JZ4G_L	160	32	30	KY6Y_L	175	35	32
KY1Y_R	180	36	36	YG1J_R	195	39	37
KY1Y_L	180	36	35	YG3J_R	120	24	24
KY2K_R	180	36	34	YG3J_L	120	24	21
KY2K_L	180	36	34	YG4J_R	165	33	32
KY2Y_R	180	36	36	YG4J_L	160	32	30
KY2Y_L	180	36	35	YG5G_R	205	41	39
KY3K_R	190	38	32	YG5G_L	205	41	41
KY3K_L	190	38	33	YG5J_L	150	30	30
KY3Y_R	185	37	32	YG7G_L	185	37	30
KY4K_L	130	26	18	YG9G_R	180	36	35
KY5K_R	130	26	21	YG9J_L	180	36	34
KY6K_R	170	34	31	平均值	170.7	34.1	31.6

4.3.2　区组极值模型构建

1)关联函数确定

对于非平稳极值序列，应考虑外在因素对极值行为的影响。因此，需要采用关联函数将协变量与极值模型的参数连接。考虑到车道变换行为的发生会受到道路、交通、环境等外在因素的影响，车道变换行为对应的 PET 也可能受相同因素的影响。因此，这里先假设 PET 为非平稳序列，可能受到诸多外在因素的影响。如果最后得到的最优模型包含某些与外在因素对应的协变量，则说明假设正确。

对于区组极值模型，协变量包括集计变量和非集计变量两大类，集计变量主要是与交通量相关的变量，而非集计变量则是与变道车辆相关的变量。区组极值模型的协变量具体见表 4-9。

初始选用最常用的两种关联函数，即恒等关联函数和指数关联函数，如式(3-36)和式(3-37)所示。其中，恒等关联函数用于极值模型的位置参数和形状参数与协变量的连接，表示参数与协变量之间为线性关系；指数关联函数用于极值模型的尺度参数与协变量的关联，主要是为了满足极值模型中尺度参数始终大于 0 的基本条件。

表 4-9　区组极值模型的协变量一览表

变量类型	符号	变量含义
集计变量	V	区组时段内的交通流量，辆
	P	区组时段内的大型车比例，%
	N_{PET}	区组时段内的车道变换次数，次
	$N_{\mathrm{PET}<1.5}$	区组时段内的 PET＜1.5 的车道变换次数，次
非集计变量	N_{veh}	极值 PET 对应的变道车辆周边的车辆数，可为 1～4 辆
	T_{veh}	极值 PET 对应的变道车辆类型，0 表示小型车，1 表示大型车

为了确定极值模型的哪个参数受到协变量的影响，采用以下基本流程。

(1)标定平稳极值模型。以各个路段的极值数据为基础，在不考虑任何关联函数的情况下，标定得到各个路段的 1 阶平稳广义极值模型。

(2)标定非平稳极值模型。对于各个路段，分别考虑单一模型参数的关联函数以及表 4-9 中列举的各个协变量，构建 1 阶非平稳广义极值模型，即每个路段需要构建 18 个(3 种关联函数×6 个协变量)非平稳广义极值模型。

(3)关联函数确定。主要是通过比较所标定模型的似然度和考虑模型形状参数的拟合值进行综合确定。

结合 25 个路段(最终区组数≥30 个)的区组极值数据，得到不同关联函数条件下各个路段的广义极值模型。分析模型标定的结果发现，不同路段模型体现出的规律基本一致。表 4-10 和表 4-11 分别给出了路段 JZ4B_R 和 YG9J_L 的模型标定结果。

从表 4-10 和表 4-11 中可以看出：

(1)相较于平稳极值模型，考虑协变量影响的非平稳极值模型可能具有更好的拟合效果，主要体现在负逻辑似然度有明显降低。

(2)在 3 个模型参数中，通过恒等关联函数表达的位置参数是建立非平稳极值模型的最优选择。因为其在保证所得到的极大似然估计值满足正则条件要求的同时，大幅降低了模型负逻辑似然度(一般降低值大于等于 2)。

(3)将模型的尺度参数和形状参数与协变量关联虽然也有降低模型负逻辑似然度的可能，但降低值较多的模型基本无法满足正则条件要求。

2)阶数 r 的确定

为了尽可能地包含更多的极值样本，一般选用 r 阶广义极值模型。同区组划分一样，阶数 r 的确定也需要考虑偏差与方差的平衡。阶数 r 越大，意味着极值样本数量越多，得到的模型估计值的方差可能较小；如果阶数 r 过大，则会导致非极值样本参与到极值模型的估计中，从而产生模型估计偏差。

为了方便模型之间的比较，这里采用 r 阶平稳广义极值模型，分别标定 r=1、2 和 3 的情况下各个路段所对应模型的结果，见表 4-12。

表 4-10　路段 JZ4B_R 的对应于不同关联函数的广义极值模型

协变量	关联函数	区组数量	负逻辑似然度	参数估计值及其标准差					
				$\mu=\boldsymbol{\beta X}$		$\sigma=\exp\{\boldsymbol{\beta X}\}$		$\xi=\boldsymbol{\beta X}$	
				β_{01}	β_{11}	β_{02}	β_{12}	β_{03}	β_{13}
无	无	33	25.94	−1.143 (0.138)	—	0.740 (0.130)	—	−0.851 (0.144)	—
V	恒等	33	26.61	−1.114 (0.478)	0.019 (0.008)	0.772 (0.124)	—	−0.943 (0.669)	—
P		33	23.63	−1.029 (0.002)	−0.074 (Na)	0.735 (Na)	—	−1.035 (Na)	—
N_{PET}		33	23.93	−1.173 (0.122)	0.221 (0.158)	0.653 (0.105)	—	−0.732 (0.125)	—
$N_{PET<1.5}$		33	18.02	−1.140 (Na)	0.162 (Na)	0.713 (Na)	—	−1.029 (Na)	—
N_{veh}		33	20.94	−1.270 (0.002)	0.061 (Na)	0.799 (Na)	—	−1.039 (Na)	—
T_{veh}		33	22.48	−1.024 (0.001)	−0.123 (Na)	0.941 (Na)	—	−1.08 1 (Na)	—
V	指数	33	25.44	−1.114 (0.170)	—	−0.283 (0.200)	0.024 (0.015)	−0.918 (0.262)	—
P		33	24.63	−0.905 (Na)	—	−0.528 (Na)	−0.130 (Na)	−1.010 (Na)	—
N_{PET}		33	24.83	−1.095 (0.004)	—	−0.245 (Na)	0.016 (Na)	−1.006 (Na)	—
$N_{PET<1.5}$		33	21.32	−1.184 (Na)	—	−0.257 (Na)	−0.212 (Na)	−1.059 (Na)	—
N_{veh}		33	22.88	−1.045 (Na)	—	−0.586 (Na)	0.090 (Na)	−1.005 (Na)	—
T_{veh}		33	25.05	−1.598 (Na)	—	0.471 (Na)	−0.094 (Na)	−1.106 (Na)	—
V	恒等	33	24.92	−1.097 (0.002)	—	0.794 (Na)	—	−0.994 (Na)	0.025 (Na)
P		33	22.65	−1.130 (0.002)	—	0.771 (Na)	—	−0.919 (Na)	−0.125 (Na)
N_{PET}		33	24.47	−1.148 (Na)	—	0.85 0 (Na)	—	−1.025 (Na)	0.017 (Na)
$N_{PET<1.5}$		33	26.96	−1.223 (0.002)	—	0.741 (Na)	—	−0.833 (Na)	0.491 (Na)
N_{veh}		33	23.87	−0.945 (Na)	—	0.529 (Na)	—	−1.215 (Na)	0.168 (Na)
T_{veh}		33	23.79	−1.095 (0.003)	—	0.707 (Na)	—	−0.702 (Na)	−0.158 (Na)

注：协变量符号的意义见表 4-9；“—”表示该模型未包括对应的协变量；“Na”表示无模型估计值所对应的标准差的返回值。

表 4-11　路段 YG9J_L 的对应于不同关联函数的广义极值模型

协变量	关联函数	区组数量	负逻辑似然度	参数估计值及其标准差					
				$\mu=\boldsymbol{\beta X}$		$\sigma=\exp\{\boldsymbol{\beta X}\}$		$\xi=\boldsymbol{\beta X}$	
				β_{01}	β_{11}	β_{02}	β_{12}	β_{03}	β_{13}
无	无	34	13.20	−0.737 (0.974)	—	0.506 (0.055)	—	−0.872 (0.096)	—
V	恒等	34	15.30	−0.377 (0.086)	−0.005 (0.001)	0.480 (0.065)	—	−0.817 (0.108)	—
P		34	12.27	−0.711 (Na)	−0.025 (Na)	0.532 (Na)	—	−1.001 (0.006)	—
N_{PET}		34	11.33	−0.752 (0.084)	0.205 (0.095)	0.458 (0.070)	—	−0.787 (0.115)	—
$N_{PET<1.5}$		34	8.60	−0.729 (0.018)	0.114 (0.072)	0.447 (0.005)	—	−0.893 (0.038)	—
N_{veh}		34	12.82	−0.858 (0.051)	0.067 (0.001)	0.502 (0.000)	—	−0.884 (0.093)	—
T_{veh}		34	12.69	−0.635 (0.032)	−0.075 (0.032)	0.514 (0.000)	—	−0.932 (0.000)	—
V	指数	34	9.62	−0.810 (Na)	—	−0.479 (Na)	0.169 (Na)	−1.063 (0.001)	—
P		34	12.96	−0.612 (0.043)	—	−1.118 (0.126)	0.653 (0.175)	−0.315 (0.173)	—
N_{PET}		34	12.50	−0.689 (0.070)	—	−0.721 (0.155)	−0.068 (0.028)	−0.908 (0.195)	—
$N_{PET<1.5}$		34	14.69	−0.494 (0.046)	—	−1.062 (0.117)	−0.775 (0.223)	−0.164 (0.345)	—
N_{veh}		34	12.03	−0.675 (0.093)	—	−0.324 (0.183)	−0.246 (0.094)	−0.851 (0.133)	—
T_{veh}		34	12.30	−0.858 (Na)	—	−0.130 (Na)	−0.114 (Na)	−1.068 (0.001)	—
V	恒等	34	16.24	−0.782 (Na)	—	0.628 (Na)	—	0.124 (Na)	−0.016 (Na)
P		34	11.68	−0.681 (Na)	—	0.484 (Na)	—	−0.831 (Na)	−0.762 (Na)
N_{PET}		34	13.20	−0.797 (Na)	—	0.729 (Na)	—	−0.372 (Na)	−0.106 (Na)
$N_{PET<1.5}$		34	6.87	−0.834 (Na)	—	0.861 (Na)	—	−0.579 (Na)	−0.139 (Na)
N_{veh}		34	6.84	−0.740 (Na)	—	0.585 (Na)	—	−0.480 (Na)	−0.264 (Na)
T_{veh}		34	14.04	−0.725 (Na)	—	0.536 (Na)	—	−0.188 (Na)	−0.459 (Na)

注：协变量符号的意义见表 4-9；“—”表示该模型未包括对应的协变量；“Na”表示无模型估计值所对应的标准差的返回值。

表 4-12　阶数 r 所对应的平稳极值模型估计结果

路段编号	r	负逻辑似然度	参数估计值及其标准差		
			μ	σ	ξ
JZ3G_L	1	29.29	−1.277 (0.131)	0.972 (0.177)	−0.935 (0.125)
	2	38.33	−1.057 (0.158)	0.752 (0.078)	−0.918 (0.129)
	3	40.03	−0.968 (0.116)	0.653 (0.065)	−0.892 (0.099)
JZ4B_R	1	25.94	−1.143 (0.138)	0.740 (0.130)	−0.851 (0.144)
	2	52.54	−1.165 (0.002)	0.9276 (Na)	−1.048 (Na)
	3	75.29	−1.168 (Na)	0.873 (Na)	−0.983 (Na)
JZ4G_L	1	37.48	−1.863 (0.001)	1.955 (Na)	−1.204 (Na)
	2	64.69	−1.279 (0.178)	1.242 (0.197)	−0.970 (0.046)
	3	81.23	−1.218 (0.159)	1.114 (0.116)	−0.911 (0.076)
KY1Y_R	1	−14.92	−0.454 (0.032)	0.173 (0.024)	−0.425 (0.130)
	2	−47.56	−0.444 (0.029)	0.184 (0.015)	−0.506 (0.079)
	3	−80.64	−0.436 (0.029)	0.195 (0.012)	−0.575 (0.065)
KY1Y_L	1	22.51	−1.001 (0.105)	0.583 (0.085)	−0.672 (0.102)
	2	36.27	−0.998 (0.097)	0.626 (0.062)	−0.736 (0.083)
	3	50.20	−0.958 (0.101)	0.672 (0.060)	−0.836 (0.085)
KY2K_R	1	6.94	−0.614 (0.071)	0.396 (0.060)	−0.793 (0.123)
	2	−2.38	−0.551 (0.055)	0.352 (0.031)	−0.809 (0.084)
	3	−14.36	−0.672 (Na)	0.381 (Na)	−1.083 (0.001)
KY2K_L	1	14.22	−0.827 (0.104)	0.523 (0.053)	−0.888 (0.091)
	2	23.11	−0.783 (Na)	0.552 (Na)	−1.018 (0.002)
	3	29.24	−0.763 (Na)	0.529 (Na)	−1.011 (0.003)
KY2Y_R	1	6.94	−0.614 (0.071)	0.396 (0.060)	−0.793 (0.123)
	2	−2.38	−0.551 (0.055)	0.352 (0.031)	−0.809 (0.084)
	3	45.66	−0.886 (0.078)	0.686 (Na)	−0.218 (Na)
KY2Y_L	1	30.14	−1.076 (0.002)	0.873 (Na)	−1.044 (Na)
	2	42.98	−1.009 (0.003)	0.775 (Na)	−1.008 (Na)
	3	54.49	−0.996 (0.107)	0.732 (0.092)	−0.967 (0.026)
KY3K_R	1	4.49	−0.766 (Na)	0.628 (Na)	−1.109 (0.001)
	2	9.97	−0.667 (Na)	0.544 (Na)	−1.164 (0.001)
	3	14.37	−0.661 (Na)	0.483	−1.047 (0.001)

续表

路段编号	r	负逻辑似然度	参数估计值及其标准差		
			μ	σ	ξ
KY3K_L	1	2.08	−0.729 (0.057)	0.304 (0.042)	−0.545 (0.093)
	2	17.19	−0.761 (Na)	0.483 (Na)	−0.857 (Na)
	3	48.00	−1.008 (0.097)	0.780 (Na)	−0.458 (Na)
KY3Y_R	1	14.12	−0.8273 (Na)	0.689 (Na)	−1.099 (0.001)
	2	15.90	−0.696 (Na)	0.532 (Na)	−1.072 (0.001)
	3	18.35	−0.670 (Na)	0.496 (Na)	−1.056 (0.002)
KY6K_R	1	8.70	−0.637 (Na)	0.443 (Na)	−1.114 (Na)
	2	12.19	−0.686 (Na)	0.469 (Na)	−1.051 (0.002)
	3	11.29	−0.668 (Na)	0.442 (Na)	−1.033 (0.002)
KY6K_L	1	19.09	−0.972 (Na)	0.747 (Na)	−1.021 (0.002)
	2	22.72	−1.001 (Na)	0.788 (Na)	−1.036 (0.002)
	3	23.81	−0.782 (Na)	0.555 (Na)	−1.025 (0.002)
KY6Y_R	1	−14.78	−0.713 (Na)	0.676 (Na)	−1.319 (Na)
	2	5.32	−0.613 (Na)	0.465 (Na)	−1.125 (0.001)
	3	7.09	−0.615 (Na)	0.459 (Na)	−1.107 (0.001)
KY6Y_L	1	24.97	−1.047 (0.001)	0.902 (Na)	−1.066 (Na)
	2	37.17	−0.863 (Na)	0.702 (Na)	−1.059 (Na)
	3	52.13	−1.150 (Na)	1.023 (Na)	−1.077 (Na)
YG1J_R	1	33.01	−1.251 (0.002)	1.026 (Na)	−1.102 (Na)
	2	47.70	−1.085 (0.002)	0.779 (Na)	−1.018 (Na)
	3	54.42	−1.064 (0.104)	0.719 (0.090)	−0.966 (0.025)
YG4J_R	1	−7.58	−0.542 (0.042)	0.221 (0.032)	−0.530 (0.118)
	2	−8.44	−0.597 (0.052)	0.327 (0.034)	−0.732 (0.087)
	3	4.01	−0.657 (0.055)	0.500 (Na)	−0.227 (Na)
YG4J_L	1	−4.97	−0.590 (0.050)	0.249 (0.039)	−0.612 (0.111)
	2	—	—	—	—
	3	—	—	—	—
YG5G_R	1	31.77	−1.077 (0.130)	0.774 (0.117)	−0.879 (0.140)
	2	41.78	−1.003 (0.099)	0.658 (0.070)	−0.812 (0.095)
	3	41.08	−0.947 (0.085)	0.588 (0.050)	−0.778 (0.080)

续表

路段编号	r	负逻辑似然度	参数估计值及其标准差		
			μ	σ	ξ
YG5G_L	1	42.66	−1.323 (0.002)	1.196 (Na)	−1.029 (Na)
	2	56.32	−1.098 (0.002)	0.983 (Na)	−1.048 (Na)
	3	65.37	−0.978 (Na)	0.828 (Na)	−1.012 (0.003)
YG5J_L	1	21.85	−1.023 (0.003)	0.795 (Na)	−1.015 (Na)
	2	38.50	−0.993 (Na)	0.781 (Na)	−1.036 (0.002)
	3	49.48	−0.973 (Na)	0.740 (Na)	−1.001 (0.003)
YG7G_L	1	36.26	−1.898 (0.002)	1.645 (Na)	−1.042 (Na)
	2	52.43	−1.492 (0.002)	1.219 (Na)	−1.041 (Na)
	3	59.72	−1.409 (0.003)	1.108 (Na)	−1.017 (Na)
YG9G_R	1	3.18	−0.740 (0.058)	0.320 (0.048)	−0.613 (0.117)
	2	994.44	−0.804 (Na)	0.359 (0.005)	0.003 (Na)
	3	—	—	—	—
YG9J_L	1	13.20	−0.737 (0.097)	0.506 (0.0547)	−0.872 (0.096)
	2	13.42	−0.664 (0.024)	0.448 (0.008)	−0.885 (0.038)
	3	16.35	−0.643 (0.042)	0.446 (0.042)	−0.922 (Na)

注：“Na”表示无模型估计值对应标准差的返回值；“—”表示该模型无最优解。

由拟合模型的负逻辑似然度可以看出，随着 r 的增加，大部分路段的负逻辑似然度都显著增加，同时在有似然估计值的路段中，估计值的标准差有减小的趋势，这与前面所分析的偏差与方差平衡基本一致。

由表 4-12 可知，KY1Y_R、KY2K_R、KY2Y_R 和 YG4J_R 等四个路段随着 r 的增加，拟合模型的负逻辑似然度有降低甚至大幅降低的趋势。具体分析这 4 个路段可以发现，在保证得到极大似然估计值的前提下，只有路段 KY1Y_R 随着 r 的连续增加而连续降低；其他三个路段从 r=1 到 r=2 时，负逻辑似然度降低，从 r=2 到 r=3 时，逻辑似然度增加或不存在可靠的极大似然估计值。因此，最终确定的各个路段的 r 值见表 4-13。

表 4-13　阶数 r 确定结果

路段编号	r
JZ3G_L、JZ4B_R、JZ4G_L、KY1Y_L、KY2K_L、KY2Y_L 、KY3K_R、KY3K_L、KY3Y_R、KY6K_R、KY6K_L、KY6Y_R、KY6Y_L、YG1J_R、YG4J_L、YG5G_R、YG5G_L、YG5J_L、YG7G_L、YG9_R、YG9J_L	1
KY2K_R、KY2Y_R、YG4J_R	2
KY1Y_R	3

由各个路段的 PET 样本数量可知，阶数 $r \geqslant 2$ 的路段的样本数量最小为 192，对应的区组数为 32；最大为 416，对应的区组数为 36。从本书所分析的 25 个路段来看，当平均每组内样本数量小于 6 时，r 的推荐值为 1；当平均每组内样本数量为 6～9 时，r 的推荐值为 2；当平均每组内样本数量大于 9 时，r 的推荐值为 3。本书中平均每组内样本数量大于等于6的情况较少,因此该结论也需要进一步验证。

4.3.3　最优模型及估计结果

确定了关联函数和阶数 r 之后，就可以对每个路段分别构建 r 阶广义极值模型。由于可供选择的协变量及其组合有多种，每一个路段均可以构建多个 r 阶广义极值模型，需要进一步对这些模型进行比较和分析，从而选择每个路段的最优模型。

根据协变量数量的不同，可以将模型分为以下几类：协变量数量为 0 的模型，即 r 阶平稳广义极值模型，定义为 M_0；协变量数量为 1 的模型，定义为 M_{1i}，其中 i 代表协变量类型；协变量数量为 2 的模型，定义为 M_{2j}，其中 j 代表两个协变量的组合，这里的两个协变量均为集计协变量或非集计协变量；协变量数量为 3 的模型，定义为 M_{3k}，其中 k 代表三个同类型协变量的组合；协变量数量为 4 的模型，定义为 M_{4n}，其中 n 代表四个同类型协变量的组合。按照上述描述，每个路段均可以获得 19 个候选模型，具体的模型结构见表 4-14。

表 4-14　候选 r 阶广义极值模型

符号	含义	关联函数结构($\mu=\boldsymbol{\beta X}$)	协变量
M_0	r 阶平稳广义极值模型	$\mu=\beta_0$	—
M_{1i}	含一个协变量的 r 阶非平稳广义极值模型	$\mu=\beta_0+\beta_1x_1$	V、P、N_{PET}、$N_{\text{PET}<1.5}$、N_{veh}、T_{veh}
M_{2j}	含两个协变量的 r 阶非平稳广义极值模型	$\mu=\beta_0+\beta_1x_1+\beta_2x_2$	$V+P$、$V+N_{\text{PET}}$、$V+N_{\text{PET}<1.5}$、$P+N_{\text{PET}}$、$P+N_{\text{PET}<1.5}$、$N_{\text{PET}}+N_{\text{PET}<1.5}$、$N_{\text{veh}}+T_{\text{veh}}$
M_{3k}	含三个协变量的 r 阶非平稳广义极值模型	$\mu=\beta_0+\beta_1x_1+\beta_2x_2+\beta_3x_3$	$V+P+N_{\text{PET}}$、$V+P+N_{\text{PET}<1.5}$、$V+N_{\text{PET}}+N_{\text{PET}<1.5}$、$P+N_{\text{PET}}+N_{\text{PET}<1.5}$
M_{4n}	含四个协变量的 r 阶非平稳广义极值模型	$\mu=\beta_0+\beta_1x_1+\beta_2x_2+\beta_3x_3+\beta_4x_4$	$V+P+N_{\text{PET}}+N_{\text{PET}<1.5}$

从候选模型中选择最优模型，主要遵循以下三个原则：

(1)判断模型参数的极大似然估计值是否存在,即估计得到的模型形状参数是否大于−1。如果存在，则依据原则(2)从这些模型中选取最优模型；如果所有模型的形状参数均小于−1，也依据原则(2)进行比较和选取。

(2)依据模型拟合似然度的偏差统计分析进行判断。令

$$D = 2[l(M_{ai}) - l(M_{bj})] \tag{4-7}$$

式中，D 为偏差；$l(M_{ai})$ 为模型 M_{ai} 的负逻辑似然度；$l(M_{bj})$ 为模型 M_{bj} 的负逻辑似然度；$a,b \in \{0,1,2,3,4\}, a < b$。

若 $D > \chi^2_{0.95,b-a}$，则模型 M_{bj} 优于模型 M_{ai}。通过所有模型间的两两比较，即可确定出较优模型。

(3) 对于满足上述两个原则的模型，选取偏差最大的模型为最优模型。

依据上述原则和方法，确定各个路段的最优模型，见表 4-15。表 4-15 同时给出了根据最优模型所预测的事故数及其置信区间(计算公式参照式(4-3)，这里未给出所估计的事故重现水平值，因为无法直接计算非平稳广义极值模型的重现水平)。其中，t 为每个路段的观测时长，h；考虑到历史事故数据的时长为 4.7 年，为了便于比较，式中 T 为 365×12×4.7=20586h。

表 4-15　各个路段的最优广义极值模型

路段编号	负逻辑似然度	参数估计值及其标准差									预测事故数及95%置信区间/次
		μ							σ	ξ	
		β_0	β_1 (V)	β_2 (P)	β_3 (N_{PET})	β_4 ($N_{PET<1.5}$)	β_5 (N_{veh})	β_6 (T_{veh})			
JZ3G_L	29.3	−1.277 (0.131)	—	—	—	—	—	—	0.972 (0.178)	−0.935 (0.125)	0 (0,1066.9)
JZ4B_R	19.1	−2.532 (0.004)	—	1.771 (0.522)	−0.034 (0.158)	0.311 (0.256)	—	—	0.535 (0.093)	−0.662 (0.166)	8.9 (0,3413.6)
JZ4G_L*	28.1	−2.417 (Na)	—	—	—	—	0.099 (Na)	—	2.520 (Na)	−1.402 (Na)	Na
KY1Y_R	−52.3	−0.608 (0.056)	—	—	—	0.019 (0.06)	—	—	0.169 (0.014)	−0.470 (0.104)	9.2 (0,956.0)
KY1Y_L	18.9	−0.495 (0.146)	—	—	—	—	—	−0.402 (0.083)	0.529 (0.083)	−0.698 (0.127)	0 (0,725.9)
KY2K_R	−2.4	−0.551 (0.055)	—	—	—	—	—	—	0.352 (0.031)	−0.809 (0.084)	0 (0,282.7)
KY2K_L	9.0	−0.185 (0.030)	—	—	—	—	—	−0.552 (0.038)	0.455 (0.001)	−0.913 (0.001)	0 (0, 0)
KY2Y_R	−4.5	−0.761 (0.055)	—	—	0.023 (0.058)	—	—	—	0.370 (0.032)	−0.748 (0.109)	64.8 (0,2194.1)
KY2Y_L*	6.2	−0.938 (Na)	—	—	0.016 (Na)	—	—	—	0.546 (Na)	−1.035 (Na)	Na
KY3K_R*	4.5	−0.766 (Na)	—	—	—	—	—	—	0.628 (Na)	−1.109 (Na)	Na
KY3K_L	−1.4	−0.991 (0.099)	—	—	—	—	0.135 (0.038)	—	0.303 (0.050)	−0.740 (0.135)	0 (0,256.9)

续表

路段编号	负逻辑似然度	参数估计值及其标准差									预测事故数及 95%置信区间/次
		μ							σ	ξ	
		β_0	β_1 (V)	β_2 (P)	β_3 (N_{PET})	β_4 ($N_{\text{PET}<1.5}$)	β_5 (N_{veh})	β_6 (T_{veh})			
KY3Y_R*	0.7	−0.581 (Na)	—	—	−0.040 (Na)	—	—	—	0.579 (Na)	−1.156 (Na)	Na
KY6K_R*	−5.6	−0.697 (Na)	—	—	—	0.015 (Na)	—	—	0.402 (Na)	−1.303 (Na)	Na
KY6K_L*	4.7	−0.969 (Na)	—	—	0.042 (Na)	—	—	—	0.552 (Na)	−1.244 (Na)	Na
KY6Y_R*	3.6	−0.920 (Na)	—	—	—	0.060 (Na)	—	—	0.441 (Na)	−1.048 (Na)	Na
KY6Y_L*	13.2	−1.104 (Na)	—	—	—	0.029 (Na)	—	—	0.724 (Na)	−1.050 7 (Na)	Na
YG1J_R*	28.6	−1.830 (Na)	—	—	—	0.320 (Na)	—	—	0.841 (Na)	−1.013 (Na)	Na
YG4J_R	−10.0	−0.629 (0.048)	—	—	—	0.017 (0.033)	—	—	0.207 (0.032)	−0.498 (0.113)	6.3 (0,1290.0)
YG4J_L	−9.5	−0.641 (0.069)	—	—	0.013 (0.010)	0.001 (0.018)	—	—	0.251 (0.034)	−0.562 (0.165)	13.4 (0,1369.5)
YG5G_R	30.0	−1.670 (0.126)	—	—	—	—	0.308 (0.032)	—	0.724 (0.115)	−0.843 (0.133)	0 (0,736.5)
YG5G_L*	36.1	−1.487 (Na)	—	—	0.070 (Na)	—	—	—	1.095 (Na)	−1.121 (Na)	Na
YG5J_L*	13.8	−1.097 (Na)	—	—	—	0.001 (Na)	—	—	1.045 (Na)	−1.279 (Na)	Na
YG7G_L	33.1	−2.673 (0.282)	—	—	—	0.853 (0.196)	—	—	0.949 (0.159)	−0.666 (0.126)	3411.0 (0,6861.5)
YG9G_R	−6.5	−0.858 (0.103)	—	—	−0.063 (0.024)	0.161 (0.038)	—	—	0.233 (0.031)	−0.512 (0.096)	22.7 (0,3078.1)
YG9J_L	8.6	−0.915 (0.004)	—	—	—	0.059 (0)	—	—	0.446 (0.004)	−0.892 (0.012)	0 (0,0)

注：“Na”表示无标准差的返回值或无置信区间；“—”表示未用到该协变量。

* 表示无极大似然估计。

由表 4-15 可以看出，只有 14 个路段的最优模型存在极大似然估计值。在这 14 个模型中，路段 JZ3G_L 和 KY2K_R 的模型为平稳模型，其他 12 个路段的模型均为非平稳模型，这说明外在因素可能对区组极值行为产生影响。具体分析这些外在因素，发现在建立事故预测模型时常用的交通量并没有被引入广义极值模型中，一种可能的解释是广义极值模型中所涉及的变量比交通量能更好地反映变道行为中车辆之间的相互作用。除交通量外，其他几个协变量或其组合都被引入最优模型中，并且事故风险与区组时段内 PET＜1.5s 的车道变换次数和变道车辆周边的车辆数正相关，而与变道车辆的类型负相关。

4.4　高速公路变道冲突超阈值模型构建

4.4.1　非独立同分布 PET 处理

本节采用常用的除串法进行非独立 PET 极值的处理，其中分块通常以时间维度为依据。通过对车道变换行为的分析发现，虽然部分 PET 极值之间的时间间隔很小，但是由于发生地点不同，并不是所有时间间隔小的 PET 极值之间都相互关联。为了处理这种情况，引入了车组的概念。车组是由同一行驶方向上空间间隔(横向和纵向)较小的车辆组成的一个集合。车组内同车道间车与车的间隔需明显小于车组内的头车或尾车与非车组内同车道上最邻近车辆的间隔。车组划分如图 4-8 所示。

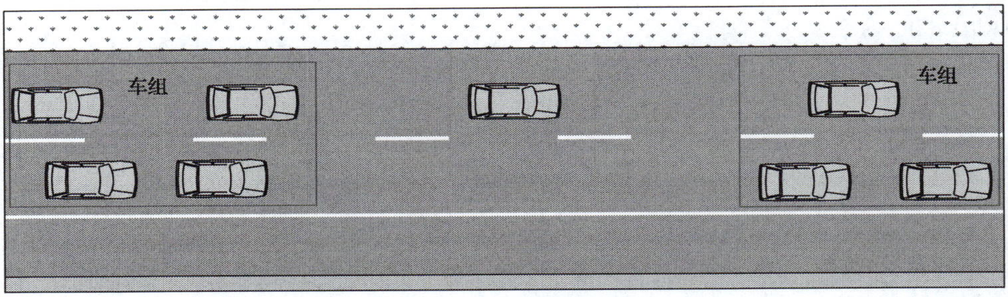

图 4-8　车组划分示意图

因为同一车组内出现的所有车道变换行为及其对应的 PET 值基本受相同车辆的影响，所以将同一车组内时间间隔较近的 PET 极值视为是相互关联的。在这种情况下，仅保留所有 PET 中的最小值作为 PET 极值。图 4-9 给出了路段 KY6K_R 所有 PET 的分布情况，在 2:24:00 左右，出现了一个包含 5 辆车的车组。为了

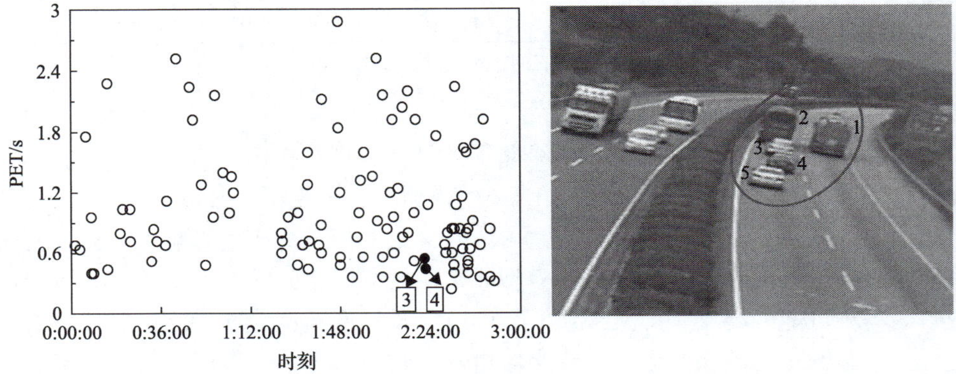

图 4-9　路段 KY6K_R 的 PET 分布及车组实例

超越大型车 1，车辆 3 和 4 相继从外侧车道变道至内侧快车道，因而产生了两个 PET 值，分别为 0.40s 和 0.44s。由于其是相互关联的，仅 0.40s 被视作极值 PET 进行超阈值模型的拟合。

对于非同一车组内的极值 PET，由于空间间隔较大，时间间隔较近的极值 PET 仍被视为相互独立。在路段 KY1Y_R 上(图 4-10)，车辆 4 和 8 几乎同一时间进行了变道，但它们处于不同的车组，因此这两个 PET 值均被视为极值 PET 并用于超阈值模型的拟合。

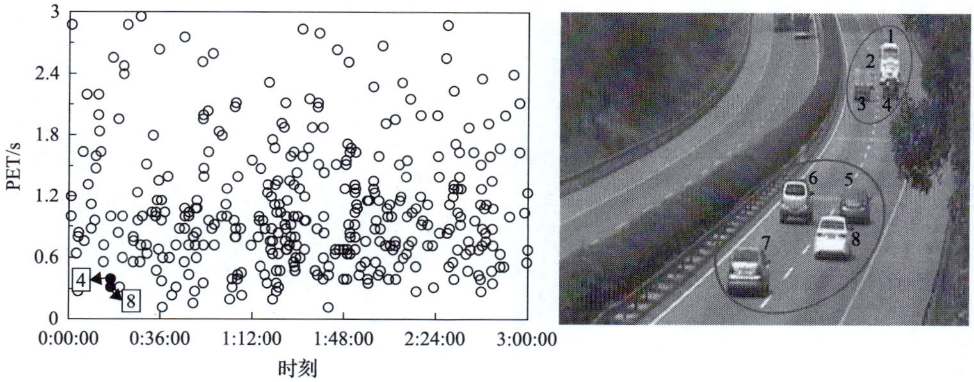

图 4-10　路段 KY1Y_R 的 PET 分布及车组实例

按照上述方法，对 29 个路段的 PET 进行处理，结果见表 4-16。

表 4-16　PET 独立性处理结果

路段编号	全部 PET/个	独立 PET/个	路段编号	全部 PET/个	独立 PET/个
JZ3G_L	165	142	KY6K_L	93	88
JZ4B_R	143	118	KY6Y_R	114	104
JZ4G_L	122	109	KY6Y_L	113	108
KY1Y_R	416	365	YG1J_R	138	132
KY1Y_L	119	117	YG3J_R	148	127
KY2K_R	192	172	YG3J_L	82	73
KY2K_L	136	131	YG4J_R	265	221
KY2Y_R	220	203	YG4J_L	164	135
KY2Y_L	134	128	YG5G_R	158	152
KY3K_R	154	129	YG5G_L	125	108
KY3K_L	127	119	YG5J_L	113	100
KY3Y_R	111	105	YG7G_L	78	76
KY4K_L	56	53	YG9G_R	152	139
KY5K_R	71	67	YG9J_L	165	157
KY6K_R	115	96	合计	4189	3774

4.4.2　阈值选取

本节主要采用平均剩余寿命图和阈值稳定性分析图进行阈值的选取，以路段 KY1Y_L 为例，如图 4-11 所示。由平均剩余寿命图可知，当 $u \leqslant -0.5$s 时，平均剩

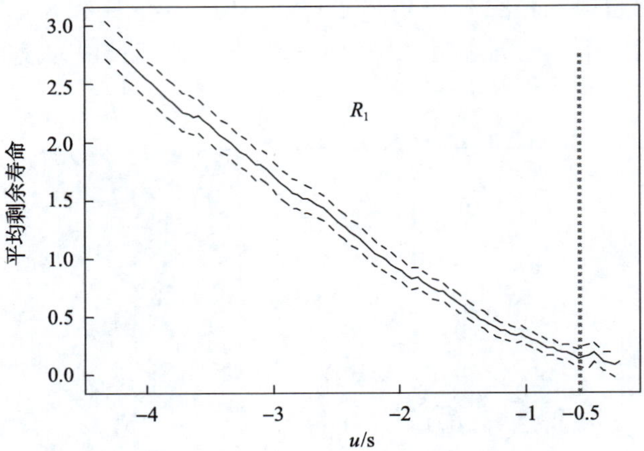

(a) 平均剩余寿命图

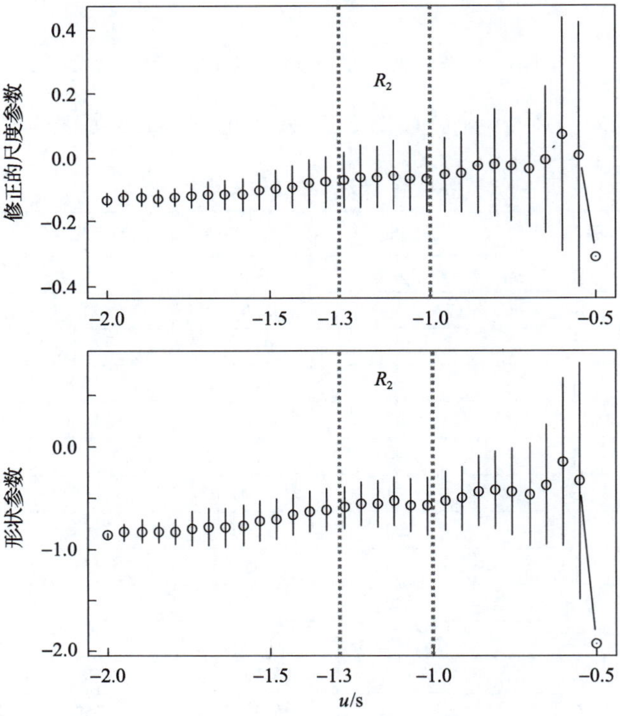

(b) 阈值稳定性分析图

图 4-11　路段 KY1Y_L 阈值选取图解

余寿命线基本为线性，因此 $R_1 = (-4, -0.5]$；由阈值稳定性分析图可知，在范围 $R_2 = [-1.3. -1.0]$ 内，修正后的尺度参数和形状参数基本不变。综合这两个范围，得到 $R = [-1.3. -1.0]$，因此确定 -1.0s 为该路段的最终阈值。

最终选取的各个路段的阈值见表 4-17。由表可知，不同路段所对应的最终阈值不尽相同，最小的是路段 YG7G_L，阈值为–1.65s；最大的是路段 KY1Y_R，阈值为–0.45s。

表 4-17　各个路段的阈值选取表

路段编号	R_1	R_2	R	阈值/s
JZ3G_L	[–8.00, –1.20]	[–1.40, –1.20]	[–1.40, –1.20]	–1.20
JZ4B_R	[–4.20, –1.10]	[–1.30, –0.90]	[–1.30, –1.10]	–1.10
JZ4G_L	[–2.50, –1.20]	[–1.25, –1.05]	[–1.25, –1.20]	–1.20
KY1Y_R	[–1.00, –0.20]	[–0.75, –0.45]	[–0.75, –0.45]	–0.45
KY1Y_L	[–4.00, –0.50]	[–1.30, –1.00]	[–1.30, –1.00]	–1.00
KY2K_R	[–1.20, –0.20]	[–0.80, –0.70]	[–0.80, –0.70]	–0.70
KY2K_L	[–1.10, –0.70]	[–0.85, –0.75]	[–0.85, –0.75]	–0.75
KY2Y_R	[–1.00, –0.50]	[–0.90, –0.60]	[–0.90, –0.60]	–0.60
KY2Y_L	[–1.80, –1.00]	[–1.40, –1.10]	[–1.40, –1.00]	–1.00
KY3K_R	[–1.00, –0.55]	[–0.75, –0.65]	[–0.75, –0.65]	–0.65
KY3K_L	[–1.45, –0.55]	[–0.95, –0.80]	[–0.95, –0.80]	–0.80
KY3Y_R	[–1.50, –0.60]	[–0.70, –0.65]	[–0.70, –0.65]	–0.65
KY4K_L	[–1.60, –1.10]	[–1.55, –1.45]	[–1.55, –1.45]	–1.45
KY5K_R	[–1.30, –0.80]	[–1.05, –0.85]	[–1.05, –0.85]	–0.85
KY6K_R	[–1.60, –0.70]	[–0.85, –0.70]	[–0.85, –0.70]	–0.70
KY6K_L	[–1.75, –0.75]	[–0.95, –0.80]	[–0.95, –0.80]	–0.80
KY6Y_R	[–4.00, –0.50]	[–0.95, –0.65]	[–0.95, –0.65]	–0.65
KY6Y_L	[–2.30, –0.90]	[–0.95, –0.90]	[–0.95, –0.90]	–0.90
YG1J_R	[–2.00, –0.90]	[–0.95, –0.80]	[–0.95, –0.90]	–0.90
YG3J_R	[–1.20, –0.70]	[–1.05, –0.90]	[–1.05, –0.90]	–0.90
YG3J_L	[–2.00, –1.05]	[–1.15, –1.05]	[–1.15, –1.05]	–1.05
YG4J_R	[–1.10, –0.60]	[–0.80, –0.65]	[–0.80, –0.65]	–0.65
YG4J_L	[–1.00, –0.50]	[–0.80, –0.65]	[–0.80, –0.65]	–0.65
YG5G_R	[–1.55, –0.85]	[–0.90, –0.65]	[–0.90, –0.85]	–0.85
YG5G_L	[–1.55, –0.85]	[–1.05, –0.85]	[–1.05, –0.85]	–0.85
YG5J_L	[–1.50, –0.75]	[–1.35, –1.05]	[–1.35, –1.05]	–1.05
YG7G_L	[–2.10, –1.60]	[–1.80, –1.65]	[–1.80, –1.65]	–1.65
YG9G_R	[–1.70, –0.70]	[–0.80, –0.60]	[–0.80, –0.70]	–0.70
YG9J_L	[–2.50, –0.60]	[–0.80, –0.60]	[–0.80, –0.60]	–0.60

4.4.3 超阈值模型构建

超阈值极值模型的构建同样需要考虑外在因素对超阈值的影响，因此也需要使用关联函数。在确定阈值之后，广义帕累托模型所需估计的参数只有两个，其中仍先假设尺度参数通过指数关联函数与协变量连接，形状参数通过恒等关联函数与协变量连接。考虑的协变量为变道车辆周围的车辆数(N_{veh})和变道车辆类型(T_{veh})。关联函数分析的方法和流程与区组极值模型相同，分析结果见表 4-18。

表 4-18　不同关联函数对应的超阈值模型

路段编号	关联函数	协变量	负逻辑似然度	参数估计值及其标准差			
				$\sigma=\exp\{\boldsymbol{\beta X}\}$		$\xi=\boldsymbol{\beta X}$	
				β_{01}	β_{11}	β_{02}	β_{12}
JZ3G_L	无	无	−6.65	0.427 (0.116)	—	−0.315 (0.228)	—
	指数	N_{veh}	−6.66	−0.795 (0.413)	−0.032 (0.178)	−0.318 (0.235)	—
		T_{veh}	−6.92	−0.622 (0.369)	−0.164 (0.218)	−0.330 (0.238)	—
	恒等	N_{veh}	−6.65	0.429 (0.121)	—	−0.303 (0.312)	−0.010 (0.163)
		T_{veh}	−6.75	0.434 (0.122)	—	−0.217 (0.339)	−0.090 (0.177)
JZ4B_R	无	无	−6.15	0.685 (0.167)	—	−0.827 (0.220)	—
	指数	N_{veh}	−8.15	−0.465 (Na)	0.073 (Na)	−1.024 (Na)	—
		T_{veh}	−8.87	−0.001 (Na)	−0.161 (Na)	−1.034 (Na)	—
	恒等	N_{veh}	−12.53	0.779 (Na)	—	−1.261 (Na)	0.081 (Na)
		T_{veh}	−11.78	0.806 (Na)	—	−0.805 (Na)	−0.173 (Na)
JZ4G_L	无	无	−2.65	0.663 (0.136)	—	−0.671 (0.158)	—
	指数	N_{veh}	−6.43	−0.195 (Na)	0.019 (Na)	−1.037 (Na)	—
		T_{veh}	−5.41	−0.275 (Na)	0.135 (Na)	−1.035 (0.002)	—
	恒等	N_{veh}	−18.32	0.826 (Na)	—	−1.724 (Na)	0.249 (Na)
		T_{veh}	−13.50	1.553 (Na)	—	−2.095 (Na)	0.246 (Na)
KY1Y_R	无	无	−48.17	0.200 (0.040)	—	−0.436 (0.150)	—
	指数	N_{veh}	−37.66	−1.793 (0.255)	0.118 (0.092)	−0.652 (0.213)	—
		T_{veh}	−40.96	−1.847 (0.565)	0.166 (0.410)	−0.503 (0.183)	—
	恒等	N_{veh}	−42.34	0.287 (Na)	—	−1.318 (Na)	0.169 (Na)
		T_{veh}	−37.13	0.216 (0.055)	—	−0.476 (0.216)	−0.098 (0.171)

续表

路段编号	关联函数	协变量	负逻辑似然度	参数估计值及其标准差			
				$\sigma=\exp\{\boldsymbol{\beta X}\}$		$\xi=\boldsymbol{\beta X}$	
				β_{01}	β_{11}	β_{02}	β_{12}
KY1Y_L	无	无	−5.02	0.575 (0.097)	—	−0.554 (0.118)	—
	指数	N_{veh}	−5.08	−0.830 (0.427)	0.065 (0.184)	−0.560 (0.139)	—
		T_{veh}	−6.18	0.177 (0.336)	−0.672 (0.159)	−0.709 (0.183)	—
	恒等	N_{veh}	−6.07	0.522 (Na)	—	−1.403 (Na)	0.400 (Na)
		T_{veh}	−10.22	0.443 (Na)	—	0.104 (Na)	−0.605 (Na)
KY2K_R	无	无	−35.99	0.256 (0.045)	—	−0.473 (0.116)	—
	指数	N_{veh}	−37.06	−1.434 (0.284)	0.059 (0.053)	−0.697 (0.144)	—
		T_{veh}	−38.17	0.885 (0.291)	−1.905 (0.129)	−0.853 (0.182)	—
	恒等	N_{veh}	−38.38	0.295 (0.063)	—	−0.842 (0.196)	0.039 (0.055)
		T_{veh}	−31.88	0.170 (0.027)	—	0.102 (0.002)	−0.051 (0.002)
KY2K_L	无	无	−24.32	0.414 (0.079)	—	−0.727 (0.156)	—
	指数	N_{veh}	−31.46	−0.398 (Na)	0.052 (Na)	−1.434 (Na)	—
		T_{veh}	−26.25	1.592 (0.612)	−2.405 (0.506)	−0.783 (0.167)	—
	恒等	N_{veh}	−25.59	0.450 (0.071)	—	−0.959 (0.084)	0.050 (0.052)
		T_{veh}	−57.56	0.517 (Na)	—	11.074 (Na)	−11.994 (Na)
KY2Y_R	无	无	−31.30	0.198 (0.049)	—	−0.458 (0.182)	—
	指数	N_{veh}	−32.09	0.302 (0.079)	0.010 (0.011)	−0.673 (0.153)	—
		T_{veh}	−31.98	−0.949 (0.658)	−0.080 (0.556)	−0.732 (0.164)	—
	恒等	N_{veh}	−34.25	0.232 (0.096)	—	0.030 (Na)	−0.010 (Na)
		T_{veh}	−37.04	0.428 (Na)	—	−0.481 (Na)	−0.408 (Na)
KY2Y_L	无	无	−9.04	0.725 (0.027)	—	−0.953 (0.027)	—
	指数	N_{veh}	−14.92	−0.688 (Na)	0.126 (Na)	−1.018 (Na)	—
		T_{veh}	−15.12	0.252 (Na)	−0.520 (Na)	−1.111 (Na)	—
	恒等	N_{veh}	−21.03	0.893 (Na)	—	−1.759 (Na)	0.173 (Na)
		T_{veh}	−15.85	0.636 (Na)	—	0.015 (Na)	−0.644 (Na)
KY3K_R	无	无	−24.26	0.426 (0.026)	—	−0.867 (0.069)	—
	指数	N_{veh}	−25.79	−0.670 (Na)	−0.008 (Na)	−1.039 (Na)	—
		T_{veh}	−28.13	−0.513 (Na)	−0.187 (Na)	−1.057 (Na)	—
	恒等	N_{veh}	−27.42	0.508 (Na)	—	−1.062 (Na)	−0.010 (Na)
		T_{veh}	−27.03	0.454 (Na)	—	−0.264 (Na)	−0.450 (Na)

续表

路段编号	关联函数	协变量	负逻辑似然度	参数估计值及其标准差			
				$\sigma=\exp\{\boldsymbol{\beta X}\}$		$\xi=\boldsymbol{\beta X}$	
				β_{01}	β_{11}	β_{02}	β_{12}
KY3K_L	无	无	−18.46	0.380 (0.077)	—	−0.609 (0.147)	—
KY3K_L	指数	N_{veh}	−23.85	−1.127 (0.002)	0.222 (Na)	−1.050 (Na)	—
KY3K_L	指数	T_{veh}	−19.15	−0.392 (0.524)	−0.343 (0.198)	−0.788 (0.301)	—
KY3K_L	恒等	N_{veh}	−31.38	0.390 (Na)	—	−1.979 (Na)	0.584 (Na)
KY3K_L	恒等	T_{veh}	−29.91	0.478 (Na)	—	−0.330 (Na)	−0.432 (Na)
KY3Y_R	无	无	−25.25	0.426 (0.114)	—	−0.634 (0.208)	—
KY3Y_R	指数	N_{veh}	−27.15	−1.456 (0.283)	0.271 (0.136)	−0.654 (0.123)	—
KY3Y_R	指数	T_{veh}	−28.22	−0.084 (Na)	−0.405 (Na)	−1.022 (Na)	—
KY3Y_R	恒等	N_{veh}	−28.65	0.425 (Na)	—	−1.442 (Na)	0.379 (Na)
KY3Y_R	恒等	T_{veh}	−35.51	0.518 (Na)	—	−0.363 (Na)	−0.466 (Na)
KY4K_L	无	无	11.09	1.107 (0.248)	—	−0.756 (0.194)	—
KY4K_L	指数	N_{veh}	−2.53	−0.058 (Na)	0.116 (Na)	−1.140 (Na)	—
KY4K_L	指数	T_{veh}	−0.08	1.362 (Na)	−1.151 (Na)	−1.055 (Na)	—
KY4K_L	恒等	N_{veh}	1.43	0.946 (Na)	—	−1.134 (Na)	0.116 (Na)
KY4K_L	恒等	T_{veh}	−21.68	1.285 (Na)	—	1.307 (Na)	−2.390 (Na)
KY5K_R	无	无	−13.82	0.462 (0.114)	—	−0.634 (0.208)	—
KY5K_R	指数	N_{veh}	−14.30	−0.491 (0.300)	−0.099 (0.109)	−0.674 (0.221)	—
KY5K_R	指数	T_{veh}	−15.39	1.130 (0.512)	−1.720 (0.302)	−0.791 (0.252)	—
KY5K_R	恒等	N_{veh}	−14.19	0.465 (0.126)	—	−0.434 (0.448)	−0.085 (0.109)
KY5K_R	恒等	T_{veh}	−43.15	0.532 (Na)	—	3.311 (Na)	−4.705 (Na)
KY6K_R	无	无	−26.43	0.345 (0.073)	—	−0.736 (0.176)	—
KY6K_R	指数	N_{veh}	−24.91	−0.397 (Na)	−0.115 (Na)	−1.035 (Na)	—
KY6K_R	指数	T_{veh}	−37.53	−1.039 (Na)	0.227 (Na)	−1.200 (Na)	—
KY6K_R	恒等	N_{veh}	−32.67	0.492 (Na)	—	−0.130 (Na)	−0.309 (Na)
KY6K_R	恒等	T_{veh}	−34.15	0.405 (Na)	—	−1.358 (Na)	0.265 (Na)
KY6K_L	无	无	−19.87	0.426 (0.088)	—	−0.749 (0.171)	—
KY6K_L	指数	N_{veh}	−26.61	0.047 (Na)	−0.241 (Na)	−1.155 (Na)	—
KY6K_L	指数	T_{veh}	−20.05	−0.380 (0.644)	−0.429 (0.514)	−0.786 (0.189)	—

续表

路段编号	关联函数	协变量	负逻辑似然度	参数估计值及其标准差			
				$\sigma=\exp\{\boldsymbol{\beta X}\}$		$\xi=\boldsymbol{\beta X}$	
				β_{01}	β_{11}	β_{02}	β_{12}
KY6K_L	恒等	N_{veh}	−22.61	0.482 (Na)	—	0.337 (Na)	−0.478 (Na)
		T_{veh}	−27.48	0.389 (Na)	—	0.259 (Na)	−0.800 (Na)
KY6Y_R	无	无	−34.18	0.296 (0.082)	—	−0.579 (0.245)	—
	指数	N_{veh}	−24.32	−0.080 (Na)	−0.238 (Na)	−1.102 (Na)	—
		T_{veh}	−24.98	−2.823 (Na)	1.717 (Na)	−1.034 (Na)	—
	恒等	N_{veh}	−28.34	0.185 (0.063)	—	0.047 (0.001)	−0.023 (0.001)
		T_{veh}	−36.25	0.397 (Na)	—	−1.514 (Na)	0.273 (Na)
KY6Y_L	无	无	−13.50	0.524 (0.127)	—	−0.729 (0.213)	—
	指数	N_{veh}	−13.54	−0.658 (0.275)	0.012 (0.038)	−0.745 (0.237)	—
		T_{veh}	−14.04	−0.369 (0.350)	−0.141 (0.066)	−0.849 (0.301)	—
	恒等	N_{veh}	−13.51	0.532 (0.142)	—	−0.758 (0.281)	0.007 (0.037)
		T_{veh}	−17.37	0.671 (Na)	—	−0.795 (Na)	−0.162 (Na)
YG1J_R	无	无	−16.89	0.529 (0.014)	—	−0.908 (0.033)	—
	指数	N_{veh}	−19.77	−0.631 (Na)	0.051 (Na)	−1.052 (Na)	—
		T_{veh}	−18.85	−0.349 (Na)	−0.153 (Na)	−1.039 (Na)	—
	恒等	N_{veh}	−18.70	0.534 (Na)	—	−1.102 (Na)	0.076 (Na)
		T_{veh}	−20.94	0.556 (Na)	—	−0.796 (Na)	−0.158 (Na)
YG3J_R	无	无	−12.48	0.658 (0.022)	—	−0.938 (0.022)	—
	指数	N_{veh}	−19.77	−0.631 (Na)	0.051 (Na)	−1.052 (Na)	—
		T_{veh}	−15.38	0.733 (Na)	−1.063 (Na)	−1.027 (Na)	—
	恒等	N_{veh}	−21.59	0.626 (Na)	—	0.031 (Na)	−0.467 (Na)
		T_{veh}	−20.59	1.093 (Na)	—	1.017 (Na)	−2.578 (Na)
YG3J_L	无	无	−1.74	0.612 (0.154)	—	−0.559 (0.209)	
	指数	N_{veh}	−1.92	−2.336 (0.481)	0.883 (0.258)	−0.531 (0.149)	
		T_{veh}	−1.94	−0.232 (0.440)	−0.150 (0.182)	−0.644 (0.272)	
	恒等	N_{veh}	−18.46	0.546 (Na)	—	−3.010 (Na)	1.303 (Na)
		T_{veh}	−2.69	0.811 (Na)	—	−0.578 (Na)	−0.217 (Na)

续表

路段编号	关联函数	协变量	负逻辑似然度	参数估计值及其标准差			
				$\sigma=\exp\{\boldsymbol{\beta X}\}$		$\xi=\boldsymbol{\beta X}$	
				β_{01}	β_{11}	β_{02}	β_{12}
YG4J_R	无	无	−32.22	0.285 (0.062)	—	−0.477 (0.171)	—
	指数	N_{veh}	−31.50	−1.269 (0.469)	0.037 (0.150)	−0.532 (0.168)	—
		T_{veh}	−32.97	−0.433 (0.320)	−0.641 (0.204)	−0.616 (0.159)	—
	恒等	N_{veh}	−31.78	0.351 (0.088)	—	−0.417 (0.224)	−0.104 (0.088)
		T_{veh}	−40.04	0.319 (Na)	—	0.129 (Na)	−0.702 (Na)
YG4J_L	无	无	−31.70	0.271 (0.053)	—	−0.573 (0.142)	—
	指数	N_{veh}	−42.88	−0.756 (Na)	0.164 (Na)	−1.536 (Na)	—
		T_{veh}	−30.11	−1.021 (0.398)	−0.078 (0.283)	−0.648 (0.144)	—
	恒等	N_{veh}	−43.26	0.213 (Na)	—	0.047 (Na)	−0.023 (Na)
		T_{veh}	−30.33	0.348 (0.081)	—	−0.494 (0.131)	−0.186 (0.135)
YG5G_R	无	无	−17.33	0.358 (0.086)	—	−0.482 (0.188)	—
	指数	N_{veh}	−17.81	−1.438 (0.523)	0.173 (0.199)	−0.467 (0.153)	—
		T_{veh}	−18.48	−0.247 (0.434)	−0.620 (0.247)	−0.604 (0.226)	—
	恒等	N_{veh}	−17.61	0.337 (0.081)	—	−0.791 (0.626)	0.161 (0.328)
		T_{veh}	−25.35	0.382 (Na)	—	0.153 (Na)	−0.693 (Na)
YG5G_L	无	无	−15.78	0.377 (0.093)	—	−0.489 (0.196)	—
	指数	N_{veh}	−19.02	−0.172 (Na)	−0.034 (Na)	−1.333 (Na)	—
		T_{veh}	−15.84	−1.110 (0.491)	0.091 (0.291)	−0.462 (0.204)	—
	恒等	N_{veh}	−15.78	0.378 (0.095)	—	−0.521 (0.051)	0.016 (0.240)
		T_{veh}	−15.79	0.381 (0.101)	—	−0.469 (0.250)	−0.025 (0.188)
YG5J_L	无	无	1.24	0.851 (0.141)	—	−0.810 (0.142)	—
	指数	N_{veh}	−2.53	0.008 (Na)	−0.024 (Na)	−1.020 (Na)	—
		T_{veh}	−3.56	0.350 (Na)	−0.078 (Na)	−1.262 (Na)	—
	恒等	N_{veh}	−2.49	0.999 (Na)	—	−0.785 (Na)	−0.088 (Na)
		T_{veh}	0.63	0.965 (Na)	—	−0.842 (Na)	−0.081 (Na)
YG7G_L	无	无	13.16	1.391 (0.163)	—	−0.906 (0.106)	—
	指数	N_{veh}	8.50	0.145 (Na)	0.171 (Na)	−1.062 (Na)	—
		T_{veh}	8.32	2.138 (Na)	−1.664 (Na)	−1.048 (Na)	—

续表

路段编号	关联函数	协变量	负逻辑似然度	参数估计值及其标准差			
				$\sigma=\exp\{\boldsymbol{\beta X}\}$		$\xi=\boldsymbol{\beta X}$	
				β_{01}	β_{11}	β_{02}	β_{12}
YG7G_L	恒等	N_{veh}	4.75	1.751 (0.001)	—	−1.652 (Na)	0.295 (Na)
		T_{veh}	−15.21	1.243 (Na)	—	2.694 (Na)	−3.490 (Na)
YG9G_R	无	无	−27.14	0.276 (0.063)	—	−0.561 (0.561)	—
	指数	N_{veh}	−28.00	−0.486 (Na)	−0.091 (Na)	−1.114 (Na)	—
		T_{veh}	−28.48	−1.638 (0.508)	0.289 (0.302)	−0.587 (0.196)	—
	恒等	N_{veh}	−27.18	0.281 (0.068)	—	−0.490 (0.282)	−0.040 (0.115)
		T_{veh}	−27.77	0.288 (0.073)	—	−0.790 (0.234)	0.130 (0.157)
YG9J_L	无	无	−27.33	0.236 (0.068)	—	−0.384 (0.238)	—
	指数	N_{veh}	−27.93	−2.121 (0.802)	0.278 (0.300)	−0.247 (0.283)	—
		T_{veh}	−27.55	−1.816 (0.693)	0.287 (0.497)	−0.333 (0.239)	—
	恒等	N_{veh}	−27.34	0.238 (0.069)	—	−0.296 (0.516)	−0.048 (0.251)
		T_{veh}	−27.33	0.236 (0.071)	—	−0.383 (0.367)	−0.001 (0.326)

注：协变量符号的意义见表 4-9；“—”表示该模型未包括对应的协变量；“Na”表示无模型估计值所对应的标准差的返回值。

由表 4-18 可知，将广义帕累托模型的参数通过关联函数与协变量连接后，部分路段不存在极大似然估计，其他一些路段虽然存在极大似然参数估计，但模型的拟合度相对于无关联函数的平稳模型并没有明显提高。这说明超阈值基本不受其影响，可能是由于极值样本数量有限，极值样本所对应的协变量值过于单一，致使其对极值模型参数的影响不够显著。例如路段 YG7G_L，其阈值为−1.65s。在超出阈值的 31 个极值样本中，有 21 个样本对应的是小型车变道行为，即 $T_{veh}=1$。

4.4.4 最优模型及估计结果

根据表 4-18 的分析结果，不考虑协变量与模型参数关联的模型(即平稳广义帕累托模型)为最优模型。同样，结合估计得到的模型参数，利用式(4-3)和式(4-6)计算得到各个路段的预测事故数和事故重现水平，进而通过仿真方法获得其对应的置信区间，结果见表 4-19。该表说明，29 个路段均可利用极大似然估计方法估计得到广义帕累托模型的参数值。

表 4-19 各个路段的最优广义帕累托模型

路段编号	超阈值样本量/个	参数估计值及其标准差		预测事故数及 95%置信区间/次	预测事故重现水平及 95%置信区间/次
		σ	ξ		
JZ3G_L	40	0.427 (0.116)	−0.315 (0.228)	7.0 (0, 678.0)	0.2191 (−0.7920, 3.5120)
JZ4B_R	30	0.685 (0.167)	−0.827 (0.143)	0 (0, 698.2)	−0.2715 (−0.6969, 0.6314)
JZ4G_L	32	0.663 (0.136)	−0.671 (0.158)	0 (0, 720.1)	−0.2132 (−0.6788, 0.7672)
KY1Y_R	41	0.200 (0.040)	−0.436 (0.150)	0.7 (0, 700.6)	0.0136 (−0.2261, 0.7474)
KY1Y_L	35	0.575 (0.097)	−0.554 (0.118)	17.9 (0, 891.3)	0.2226 (−0.3899, 0.8745)
KY2K_R	43	0.256 (0.045)	−0.473 (0.116)	0 (0, 165.6)	−0.2772 (−0.3975, 0.3568)
KY2K_L	35	0.380 (0.079)	−0.730 (0.172)	0 (0, 347.5)	−0.2302 (−0.4810,0.2629)
KY2Y_R	38	0.198 (0.049)	−0.458 (0.182)	0 (0, 302.0)	−0.1112 (−0.4206, 0.7535)
KY2Y_L	33	0.725 (0.027)	−0.953 (0.027)	0 (0, 0)	−0.2388 (−0.3052,−0.1678)
KY3K_R	33	0.410 (0.026)	−0.867 (0.069)	0 (0, 0)	−0.1769 (−0.2617,−0.0694)
KY3K_L	31	0.380 (0.077)	−0.609 (0.147)	0 (0, 450.8)	−0.1765 (−0.4683, 0.4563)
KY3Y_R	33	0.271 (0.063)	−0.563 (0.181)	0 (0, 391.1)	−0.1685 (−0.4401, 0.2794)
KY4K_L	33	1.107 (0.248)	−0.756 (0.194)	16.0 (0, 1752.4)	0.1842 (−0.7255, 1.7256)
KY5K_R	34	0.462 (0.114)	−0.634 (0.208)	0 (0, 1041.0)	−0.1215 (−0.5301, 1.1451)
KY6K_R	34	0.345 (0.073)	−0.736 (0.176)	0 (0, 333.9)	−0.2317 (−0.4564,0.2512)
KY6K_L	33	0.426 (0.088)	−0.749 (0.171)	0 (0, 456.8)	−0.2313 (−0.4978, 0.3124)
KY6Y_R	43	0.296 (0.082)	−0.579 (0.245)	0 (0, 867.5)	−0.2347 (−0.4577, 1.2487)
KY6Y_L	36	0.524 (0.127)	−0.729 (0.213)	0 (0, 1026.9)	−0.1813 (−0.5707, 0.8658)
YG1J_R	30	0.529 (0.014)	−0.908 (0.033)	0 (0, 0)	−0.3175 (−0.3663,−0.2626)
YG3J_R	35	0.658 (0.022)	−0.938 (0.022)	0 (0, 0)	−0.1985 (−0.2533,−0.1403)
YG3J_L	34	0.612 (0.154)	−0.559 (0.209)	21.3 (0, 930.1)	0.2777 (−0.4224, 2.2175)
YG4J_R	44	0.285 (0.062)	−0.477 (0.171)	0 (0, 679.6)	−0.1444 (−0.3728, 1.0294)
YG4J_L	46	0.271 (0.053)	−0.573 (0.142)	0 (0, 269.7)	−0.1778 (−0.4057, 0.2481)
YG5G_R	32	0.358 (0.086)	−0.482 (0.188)	0 (0, 681.5)	−0.1597 (−0.5350, 1.4759)
YG5G_L	34	0.377 (0.093)	−0.489 (0.196)	0 (0, 800.6)	−0.0803 (−0.5288, 1.6326)
YG5J_L	31	0.851 (0.141)	−0.810 (0.142)	0.1 (0, 1461.1)	0.1674 (−0.4060, 0.6911)
YG7G_L	31	1.391 (0.163)	−0.906 (0.106)	0 (0, 966.1)	−0.1137 (−0.5467, 0.4890)
YG9G_R	32	0.276 (0.063)	−0.561 (0.177)	0 (0, 413.0)	−0.2082 (−0.4679, 0.3268)
YG9J_L	33	0.236 (0.068)	−0.384 (0.238)	0.4 (0, 838.3)	0.0121 (−0.4064, 1.7608)

4.5　极值模型对比分析

本节将从数据利用效率、模型预测可靠性和模型预测准确度三个方面对区组极值模型和超阈值模型进行对比。

4.5.1　数据利用效率对比

由于极值事件发生概率较低，如何从观测数据中更好地提取极值样本是极值模型构建的关键问题。正是由于极值提取方法的不同，产生了区组极值模型和超阈值模型两种极值理论模型。区组极值法是将所有的观测样本按时间划分为若干个区组，再将每个区组的最大值(或前 r 阶最大值)视为极值；超阈值方法是预先确定一个阈值，再将超出阈值的观测样本视为极值样本。

目前，对极值理论的研究和应用主要集中于两种方法中的一种，只有少数研究将两种方法和模型进行了对比。Caries 基于仿真数据对比了两种模型，发现当观测数据时段长度大于 200 年时，两种模型具有基本一致的分析结果，而观测数据时段长度小于 200 年时，超阈值模型则要明显优于区组极值模型[37]。Jarušková 和 Hanek 应用两种极值模型分析了两条河流 45 年的流量数据和对应区域的降水量数据，也发现两种模型的分析结果基本一致，但他们认为当观测数据时段更长时，区组极值模型会优于超阈值模型，因为区组极值模型不需要考虑非独立样本的处理问题，所以在建模的过程中会更加高效[38]。

可以注意到，其他领域对极值理论模型的研究和应用一般都是以几十年甚至几百年的观测数据为基础的。由于时间和资源的限制，等到收集到几十年的数据后再进行交通安全分析的代价是昂贵的，同时这与发展基于非事故数据的交通安全分析方法的初衷也不符合。因此，在有限的观测时段内，对比分析两种极值样本提取方法的效率，对极值理论在交通安全分析领域的应用具有重要意义。

事实上，当观测时段较短时，很容易发现超阈值提取方法会明显优于区组极值方法。因为当观测时段较短时，区组长度也必须足够短才能保证足够多的极值样本。然而，如果区组长度过短，很多区组会没有观测数据或者只有很少的观测数据。此时，即使某个区组内观测的 PET 值很大，其仍然会被视为极值样本。相对于区组极值方法，超阈值方法则更加高效和公平，只要阈值选择合理就能保证所提取极值样本的有效性。

以路段 JZ4G_L 为例，该路段的观测时长为 160min，按 5min 为一个区组可划分为 32 个区组，其中至少有一个观测值的区组数为 30，因而按区组极值方法提取的极值样本的数量也为 30。对于超阈值方法，最终确定的该路段的阈值为–1.20s，其中超出阈值的样本数量为 32。图 4-12 按升序给出了两种方法提取的极值样本对应的 PET 值。由图可以看出，有 14 个 PET>1.20s 的样本(其中，有两个样本完全一样)也被视为区组极值样本，其中最大值更是高达 6.02s，而超阈值的最大值仅为 1.16s。由此可见，超阈值方法比区组极值方法在极值提取方面更加高效和准确。

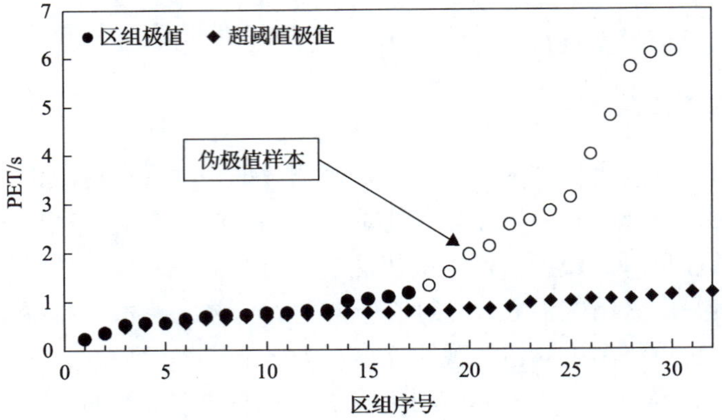

图 4-12　两种方法所提取的路段 JZ4G_L 的极值

4.5.2　模型预测可靠性对比

模型预测可靠性对比主要以两种模型形状参数(ξ)的极大似然估计值为判断标准。若 $\xi > -0.5$，则估计得到的模型满足极值理论的渐近原则要求，是可靠模型。以此为标准，根据 4.4 节模型估计结果，可以发现仅有两个路段存在可靠的区组极值模型，而有 8 个路段存在可靠的超阈值模型，具体见表 4-20。

表 4-20　两种方法所得到的可靠模型

模型类别	路段编号	PET 数量/个	模型参数		
			μ	σ	ξ
区组极值模型	KY1Y_R	416	$-0.608+0.019\ N_{PET<1.5}$	0.169	−0.470
	YG4J_R	265	$-0.629+0.017\ N_{PET<1.5}$	0.207	−0.498
超阈值模型	JZ3G_L	165	—	0.427	−0.315
	KY1Y_R	416	—	0.200	−0.436
	KY2K_R	192	—	0.256	−0.473
	KY2Y_R	220	—	0.198	−0.458
	YG4J_R	265	—	0.285	−0.477
	YG5G_R	158	—	0.358	−0.482
	YG5G_L	125	—	0.377	−0.489
	YG9J_L	165	—	0.236	−0.384

因此，与区组极值方法相比，超阈值方法有可能得到更多的可靠模型，这主要是由于超阈值方法能够更好地提取极值样本。分析具有可靠超阈值模型的 8 个路段可以发现，其中 7 个路段的观测样本数超过 150 个，而观测样本少于 150 个的路段 YG5G_L 却是所有 29 个路段中观测时段最长的路段。这说明较长的观测时段或较大的观测样本量都有助于获得可靠的极值模型。

4.5.3　模型预测准确度对比

模型预测准确度是指模型预测事故数与观测事故数之间的接近程度。本节选用三种较为常用的准确度衡量指标：相对误差(relative error，RE)、均方根误差(root mean squared error，RMSE)和平均误差(mean error，ME)。三种指标的计算公式如下：

$$\mathrm{RE}=\frac{|C_{\mathrm{e}i}-C_{\mathrm{o}i}|}{C_{\mathrm{o}i}} \tag{4-8}$$

$$\mathrm{RMSE}=\sqrt{\frac{\sum_{i=1}^{n}(C_{\mathrm{e}i}-C_{\mathrm{o}i})^2}{n}} \tag{4-9}$$

$$\mathrm{ME}=\frac{\sum_{i=1}^{n}(C_{\mathrm{e}i}-C_{\mathrm{o}i})}{n} \tag{4-10}$$

式中，$C_{\mathrm{e}i}$ 为路段 i 上的预测事故数，次；$C_{\mathrm{o}i}$ 为路段 i 上的观测事故数，次；n 为路段数，个。

鉴于区组极值模型只有 16 个路段存在极大似然估计值，模型预测准确度对比以这 16 个路段的数据为基础，分析结果见表 4-21。

无论是区组极值模型还是超阈值模型，都存在预测事故数普遍偏高的现象。相对而言，超阈值模型要明显优于区组极值模型。超阈值模型的 RMSE 仅为 4.30，而区组极值模型的 RMSE 却高达 911.55，其中最主要的原因是路段 YG7G_L 的区组极值模型预测事故数为 3411，明显偏离了实际观测事故数。即使剔除该路段，区组极值模型的 RMSE 仍明显高于超阈值模型，并且区组极值模型的 RE 和 ME 也基本高于超阈值模型。因此，从模型预测准确度的角度来看，超阈值模型明显优于区组极值模型。

表 4-21　两种模型事故预测准确度对比

路段编号	观测事故数/次	预测事故数/次		RE		RMSE		ME	
		区组极值模型	超阈值模型	区组极值模型	超阈值模型	区组极值模型	超阈值模型	区组极值模型	超阈值模型
JZ3G_L	5	0	7.0	1.0	0.4	911.55 (19.13)	4.30 (4.45)	250.7 (7.72)	0 (0.07)
JZ4B_R	1	8.9	0	7.9	1.0				
KY1Y_R	4	9.2	0.7	1.3	0.8				
KY1Y_L	3	0	17.9	1.0	5.0				
KY2K_R	2	0	0	1.0	1.0				
KY2K_L	1	0	0	1.0	1.0				
KY2Y_R	2	64.8	0	31.4	1.0				
KY3K_L	1	0	0	1.0	1.0				
YG4J_R	3	6.3	0	1.1	1.0				
YG4J_L	1	13.4	0	12.4	1.0				
YG5G_R	0	0	0	0	0				
YG7G_L	1	3411.0	0	3410.0	1.0				
YG9G_R	0	22.7	0	0	0				
YG9J_L	2	0	0.4	1.0	0.8				

注：括号内的值为剔除路段 YG7G_L 后的计算结果。

4.5.4　对比分析结果讨论

通过对区组极值模型和超阈值模型进行对比分析，发现在观测时段较短的条件下，超阈值模型要明显优于区组极值模型，主要体现在以下三个方面。

(1) 超阈值模型能够更加高效地提取极值样本。

(2) 超阈值模型更有可能产生可靠的模型估计值。

(3) 超阈值模型能够得到更高的事故预测准确度。

然而，这里得出的超阈值模型优于区组极值模型的结论仅限于数据样本有限的条件下。随着观测时段延长和样本数量增加，两种模型的优劣仍需要进一步分析和验证。从掌握的数据来看，当数据样本量较大时，很难说明两种模型孰优孰劣。例如，就路段 KY1Y_R 和 YG4J_L 而言，区组极值模型和超阈值模型都得到了满足渐近条件的可靠模型，而这两个路段恰好是所有 29 个路段中样本数量最多的两个路段。就预测准确度而言，KY1Y_R 的区组极值模型预测事故数的相对误差为 130.0%，而超阈值模型为 80%；YG4J_R 的区组极值模型预测事故数的相对误差为 110.0%，而超阈值模型为 100%，两种模型之间的差距并不是很大，加之区组极值模型在建模过程中的优势，很难确定两种模型孰优孰劣，因此需要具体情况具体分析。

4.6　极值模型与回归模型对比分析

4.6.1　回归模型构建

本节采用常用的负二项回归方法构建交通事故预测模型。具体的负二项回归模型的形式如下：

$$P(y_i)=\frac{\Gamma(1/\alpha+y_i)}{\Gamma(1/\alpha)y_i!}\left(\frac{1/\alpha}{1/\alpha+\lambda_i}\right)^{1/\alpha}\left(\frac{\lambda_i}{1/\alpha+\lambda_i}\right)^{y_i} \tag{4-11}$$

$$\lambda_i=E(y_i)=\exp\{\boldsymbol{\beta X}+\varepsilon_i\} \tag{4-12}$$

$$\operatorname{var}(y_i)=E(y_i)+\alpha E^2(y_i) \tag{4-13}$$

式中，λ_i 为路段 i 上的期望事故数，次；$\boldsymbol{X}$ 为影响因素向量；$\boldsymbol{\beta}$ 为参数向量；$\exp\{\varepsilon_i\}$ 为服从均值为 1、方差为 α^2 的伽马分布的误差项。

在构建回归模型的过程中，考虑了路段长度、车道变换冲突严重程度、PET≤1.0s 的车道变换冲突所占比例和事故重现水平四个解释变量。其中，车道变换冲突严重程度是指该路段所有车道变换冲突所对应 PET 的平均值。考虑解释变量及其部分组合，构建了 5 个回归模型，加上一个超阈值模型，本节主要对 6 个模型进行对比分析，具体见表 4-22。

表 4-22　模型描述

模型类型	模型编号	解释变量
回归模型	M_1	路段长度，m
	M_2	车道变换冲突严重程度，s
	M_3	PET≤1.0s 的车道变换冲突所占比例，%
	M_4	车道变换冲突次数，次；车道变换冲突严重程度，s
	M_5	事故重现水平
超阈值模型	M_6	—

4.6.2　对比分析指标选取

超阈值模型预测事故数以极值冲突的统计分析为基础，而极值事件的分布函数与回归模型所用到的分布函数显然不属于同一类型，因此不能直接采用逻辑似然度等指标对两种模型进行直接对比。本节根据两种模型的拟合结果，从以下两个角度进行对比。

(1)将两种模型的预测事故数分别与观测事故数进行对比，判断哪种模型的预测准确度更高。

(2)将基于超阈值模型计算得到的事故重现水平作为回归分析模型的一个解释变量，并将该回归模型与其他回归模型进行对比。

为了对不同的模型进行比较，本节共选用 6 个分析指标，分别是赤池信息量准则(Akaike information criterion，AIC)、皮尔逊卡方检验(χ^2)、决定系数(R^2)、斯皮尔曼等级相关系数(ρ)、均方根误差(RMSE)和最大相对误差(MRE)。其中，RMSE 在前文已有介绍，本节将重点介绍其他五个指标。

1)赤池信息量准则

赤池信息量准则是权衡模型复杂度和模型拟合数据优良度的指标。它利用逻辑似然度来判断模型拟合数据的好坏，同时通过惩罚新增解释变量来简化模型结构，AIC 值越小表明模型越好。对于样本量较小的数据，AIC 的计算公式如下：

$$\mathrm{AIC}_i = -2\mathrm{LL}_i + 2K_i + \frac{2K_i(K_i+1)}{n-K_i-1} \tag{4-14}$$

式中，AIC_i 为模型 i 的 AIC 值；LL_i 为模型 i 的逻辑似然度；K_i 为模型 i 中需要估计的参数的个数；n 为用于估计模型参数的样本数量。

2)皮尔逊卡方检验

皮尔逊卡方检验是一种较为常用的模型拟合度检验指标，主要是借助卡方分布判断模型拟合的好坏。这里主要是判断模型预测事故数和观测事故数是否来自同一分布。其检验流程如下：

(1)计算卡方统计值 χ^2，计算公式为

$$\chi^2 = \sum_{i=1}^{n}\frac{(C_{\mathrm{o}i}-C_{\mathrm{e}i})^2}{C_{\mathrm{e}i}} \tag{4-15}$$

式中，$C_{\mathrm{o}i}$、$C_{\mathrm{e}i}$ 和 n 意义同式(4-8)。

(2)确定模型的自由度 df。一个模型的自由度等于该模型所用到的样本数量减去所估计的模型参数数量。

(3)将计算得到的 χ^2 值与自由度为 df 的卡方分布临界值进行比较。若计算值大于临界值，则拒绝原假设，说明预测值与观测值不是来自同一分布；若计算值小于临界值，则接受原假设，说明预测值与观测值来自同一分布。

3)决定系数

决定系数描述的是模型的所有解释变量对因变量的联合影响程度，或者说是

模型究竟能多好地代表实际的观测样本。决定系数 R^2 的计算公式如下：

$$R^2 = 1 - \frac{SS_{res}}{SS_{tot}} \tag{4-16}$$

式中，SS_{res} 为残差平方和；SS_{tot} 为总平方和。残差平方和和总平方和的计算公式分别为

$$SS_{res} = \sum_{i=1}^{n} (C_{oi} - C_{ei})^2 \tag{4-17}$$

$$SS_{tot} = \sum_{i=1}^{n} (C_{oi} - \bar{C}_{oi})^2 \tag{4-18}$$

式中，C_{oi}、C_{ei} 和 n 意义同式(4-8)；$\bar{C}_{oi}$ 为观测值的均值。决定系数 R^2 的取值范围在 0 和 1 之间。一般决定系数越大，说明模型拟合越好。

4)斯皮尔曼等级相关系数

斯皮尔曼等级相关系数是利用单调函数衡量两个变量相关性的非参数指标。它首先将两组变量分别进行排序，并分别赋予相应的等级值 $(1,2,\cdots,n)$，进而根据等级值确定两组原始变量之间的相关性。斯皮尔曼等级相关系数的计算公式如下：

$$\rho = \frac{\sum_i (x_i - \bar{x})(y_i - \bar{y})}{\sqrt{\sum_i (x_i - \bar{x})^2 \sum_i (y_i - \bar{y})^2}} \tag{4-19}$$

式中，x_i 为变量 C_{oi} 对应的等级值；y_i 为变量 C_{ei} 对应的等级值；$\bar{x}$ 为变量 C_{oi} 对应的等级值的均值；$\bar{y}$ 为变量 C_{ei} 对应的等级值的均值。

斯皮尔曼等级相关系数 ρ 的取值范围在−1 和 1 之间。当一组变量增加而其对应的另一组变量减少时，ρ 为负；当两组变量同时增加时，ρ 为正。

5)最大相对误差

最大相对误差与均方根误差一样，也是一种基于距离的拟合度检验指标。最大相对误差越大，说明预测值偏离观测值越远。最大相对误差的计算公式如下：

$$\text{MRE} = \max\left\{\frac{|C_{ei} - C_{oi}|}{C_{oi}}\right\} \tag{4-20}$$

式中，C_{oi} 和 C_{ei} 意义同式(4-8)。

4.6.3　对比结果分析

回归模型的标定结果见表 4-23。根据标定的回归模型可以计算得到不同模

型条件下各个路段的预测事故数以及模型拟合度对比分析指标，计算结果分别见表 4-24 和表 4-25。

表 4-23　回归模型标定结果

模型编号	变量	估计值	标准差	z 值	Pr(>|z|)
M_1	常数项	−0.343	0.497	−0.690	0.4899
	路段长度/m	0.002	0.001	1.720	0.0854
M_2	常数项	−6.520	1.989	−3.279	0.001
	车道变换冲突严重程度/s	7.954	2.221	3.581	0.003
M_3	常数项	1.530	0.541	2.830	0.0047
	PET≤1.0s 的车道变换冲突所占比例/%	−3.194	1.547	−2.065	0.0389
M_4	常数项	−10.555	2.553	−4.134	3.56×10^{-5}
	车道变换冲突次数/次	0.009	0.003	3.442	0.0006
	车道变换冲突严重程度/s	11.677	2.699	4.327	1.51×10^{-5}
M_5	常数项	0.993	0.161	6.185	6.20×10^{-10}
	事故重现水平	6.381	1.314	4.858	1.19×10^{-6}

表 4-24　事故预测结果

路段编号	观测值/次	预测值/次						路段编号	观测值/次	预测值/次					
		M_1	M_2	M_3	M_4	M_5	M_6			M_1	M_2	M_3	M_4	M_5	M_6
JZ3G_L	5	1.44	3.87	4.72	4.72	6.12	7.00	KY6K_L	0	1.32	1.17	0.85	0.85	0.62	0.00
JZ4B_R	1	1.44	2.60	2.39	2.39	0.48	0.00	KY6Y_R	0	1.32	0.73	0.47	0.47	1.12	0.00
JZ4G_L	2	1.72	2.60	2.23	2.23	0.69	0.00	KY6Y_L	1	1.32	1.27	0.83	0.83	0.85	0.00
KY1Y_R	4	2.92	1.00	4.64	4.64	2.60	0.67	YG1J_R	0	1.72	2.22	1.82	1.82	0.36	0.00
KY1Y_L	3	2.92	2.05	1.75	1.75	3.43	17.88	YG3J_R	0	2.05	1.17	1.14	1.14	0.76	0.00
KY2K_R	2	1.57	1.75	2.65	2.65	0.97	0.00	YG3J_L	5	2.05	2.22	2.13	2.13	3.53	21.34
KY2K_L	1	1.57	1.27	0.99	0.99	0.62	0.00	YG4J_R	3	1.21	1.38	2.54	2.54	1.91	0.00
KY2Y_R	2	1.72	0.62	0.60	0.60	1.45	0.00	YG4J_L	1	1.21	1.00	1.15	1.15	0.87	0.00
KY2Y_L	1	1.72	1.27	0.81	0.81	0.59	0.00	YG5G_R	0	1.21	1.61	1.24	1.24	1.34	0.00
KY3K_R	0	1.72	0.57	0.30	0.30	0.87	0.00	YG5G_L	0	1.21	0.67	0.32	0.32	1.62	0.00
KY3K_L	1	1.72	1.08	0.71	0.71	0.88	0.00	YG5J_L	3	2.05	1.89	1.56	1.56	2.70	0.11
KY3Y_R	2	1.44	1.27	1.21	1.21	0.92	0.00	YG7G_L	1	1.21	1.89	1.12	1.12	1.31	0.00
KY4K_L	4	0.93	4.19	4.07	4.07	2.97	15.98	YG9G_R	0	1.01	1.17	0.96	0.96	0.72	0.00
KY5K_R	0	0.85	0.73	0.40	0.40	1.24	0.00	YG9J_L	2	1.01	1.08	1.00	1.00	2.87	0.41
KY6K_R	1	1.32	0.62	0.39	0.39	0.62	0.00								

表 4-25　对比分析指标计算结果

模型	AIC	χ^2	R^2	ρ	RMSE	MRE
M_1	100.16	41.72	0.14	0.25	1.41	3.56
M_2	93.24	32.11	0.35	0.39	1.23	3.00
M_3	98.96	37.11	0.12	0.52	1.41	3.19
M_4	84.68	20.81	0.59	0.65	0.97	2.87
M_5	82.81	18.42	0.65	0.60	0.90	1.64
M_6	—	—	0.43	0.48	4.90	16.34

由表 4-25 可知，在所有的 6 个模型中，模型 M_5 是最优模型，模型 M_4 是次优模型，而从 R^2 的角度来看，模型 M_6 是较优模型。其中，M_5 和 M_4 均为回归模型，模型 M_6 为超阈值模型。这说明回归模型在一定程度上要优于超阈值模型。这个结论并不奇怪，因为回归模型在建模的过程中需要利用观测事故数，也就是说观测事故数据已经是回归模型的一部分，而超阈值模型的建立则完全不考虑观测事故数据。此外，模型 M_5 的解释变量为事故重现水平，它是极值理论模型的一个产物，这也在一定程度上说明了极值理论模型尤其是超阈值模型的优势。

具体分析 5 个回归模型可以发现，模型 M_5 优于模型 M_4 和模型 M_3，因为模型 M_3 和 M_4 仅考虑了冲突的数量和冲突严重程度的均值，而模型 M_5 却相当于利用了整个严重交通冲突的分布；同时，模型 M_4 优于模型 M_2，而模型 M_2 要优于 M_1。因此可以理解为，包含具体的车辆运行安全性信息的变量要比一般的描述车辆运行条件或环境的变量更有可能产生较好的事故预测模型。结合上述分析，可以总结得出交通冲突极值统计模型的两个重要用途：

(1) 当研究对象没有任何历史交通事故数据或历史事故记录时段较短而无法满足统计分析要求(如新建道路的安全评价或安全改善措施实施效果的快速评价等)时，超阈值模型估计得到的事故数或事故重现水平可以作为安全分析的一个参考依据，与其他评价指标和方法一起综合使用，从而得到更为可靠的评价结果。

(2) 当研究对象有足够的历史交通事故数据时，一般会采用回归预测方法，此时超阈值模型估计得到的事故重现水平可以作为模型的解释变量，其比传统的变量可能产生更好的预测效果。

4.7　安全评价指标对比分析

通过超阈值模型的参数估计，可以计算得到两个安全分析指标，分别是预测事故数和事故重现水平。虽然两个指标的计算都是以相同的模型参数为基础的，但它们安全分析的结果却不尽相同。

首先，事故重现水平与观测事故数的相关性水平要明显高于预测事故数与观测事故数的相关性水平，如图 4-13 和图 4-14 所示。观测事故数与超阈值模型预测的事故重现水平之间的决定系数为 0.587，而观测事故数与超阈值模型的预测事故数之间的决定系数仅为 0.419。

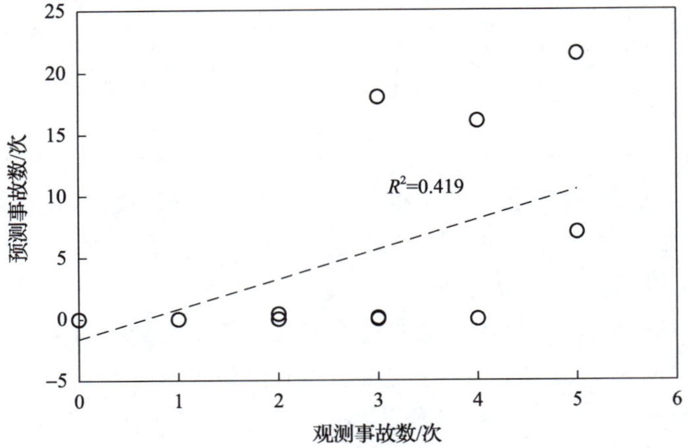

图 4-13　观测事故数与超阈值模型预测事故数之间的关系

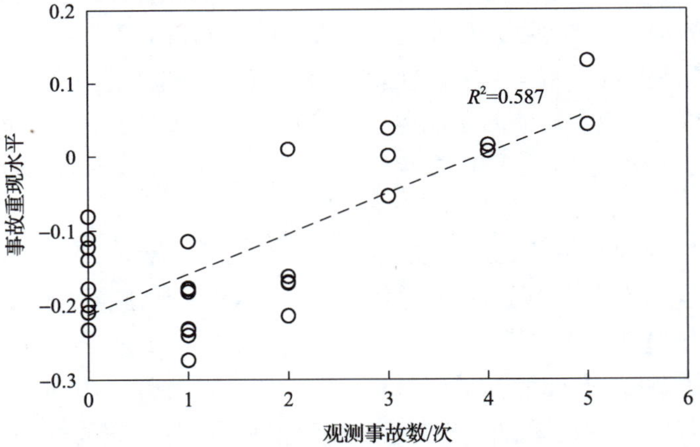

图 4-14　观测事故数与超阈值模型预测事故重现水平之间的关系

超阈值模型的预测事故数与观测事故数相关性较低，主要是由于事故风险计算的过程中出现了信息流失。由式(4-2)可知，当$(1-\xi u/\sigma)<0$时，事故风险会自动取值为 0，此时对应的预测事故数也为 0。这种处理方法是符合实际情况的，因为不会有任何路段存在负交通事故数的情况。但是，这样的处理也就意味着从这些路段中所获取的冲突信息并没有得到完全利用。相反，事故重现水平允许负值的存在，因而能够较为完整地反映冲突信息，因此与观测事故数有更高的相关性水平。

其次，预测事故数有较大的不确定性，主要体现在其置信区间要远远大于事故重现水平的置信区间。由式(4-3)可知，预测事故数等于事故风险乘以时间转换系数，然而实际观测时间远远小于预测事故数对应的时间，致使预测事故数对事故风险非常敏感。

以本章研究对象为例，各个路段的实际观测时间约为 3h，而估计的是四年八个月的事故数。因此，T/t =365×12×4.7/3=6862，即预测事故数是事故风险的 6862 倍。这也意味着在预测事故数时所估计的事故误差也同时被放大 6862 倍。以路段 KY1Y_L 为例，假设在测量该路段的 PET 时，所有事件都存在 1 帧(0.04s)的误差，其安全分析指标计算结果见表 4-26。在估计超阈值模型参数时，尺度参数和形状参数均保持不变，而选取的阈值将会是–1.0s±0.04s。以这些参数为基础，计算得到的对应–1.04s 的事故数是 0，而对应–0.96s 的事故数却是 64.8 次。因此，0.04s 的 PET 测量误差将导致事故数的误差为 64.8 次，而对应事故重现水平的误差仅为±0.04。从这个角度来看，事故重现水平也要优于预测事故数。当然，随着观测时段的增长，预测事故数对事故风险的敏感度会逐渐减小，当观测时段无限接近预测事故数对应的时段时，预测事故数和事故重现水平对观测误差的敏感度将基本一致。

表 4-26　安全分析指标计算结果

PET 值	模型参数			安全分析指标	
	阈值/s	尺度参数	形状参数	事故数/次	事故重现水平
PET+0.04	–0.96	0.575	–0.554	64.8	0.2626
PET–0.04	–1.04	0.575	–0.554	0	0.1826

第5章　多元交通冲突极值建模与分析

交通冲突的严重程度可以从不同的角度、使用不同的交通冲突指标进行描述。本章将介绍可以联合不同冲突指标进行事故预测的多元交通冲突极值建模方法，通过高速公路合流区交通冲突、信号交叉口进口道追尾冲突、信号交叉口中心区左转冲突三个实例阐释二元超阈值模型、二元区组极值模型的构建方法并对比分析二元极值模型和一元极值模型。

5.1　概　　述

交通冲突涉及的道路使用者在空间或时间上相互接近，以至于如果任何一方不改变其运行状态就会发生碰撞。为了定量地描述这种时空接近程度(即衡量交通冲突的严重程度)，国内外学者提出了多种交通冲突衡量指标，如时间接近度类指标(如TTC、PET)、空间接近度类指标(如停车距离比例、距离驶出道路的侧向距离)、避险行为类指标。目前，常用的交通冲突技术体系多使用单一的指标来衡量交通冲突严重程度。然而，单一的指标仅能表示交通冲突严重程度的一个方面。

在交通冲突技术发展的早期，有一个很著名的交通冲突观测实验。这个实验于1983年在瑞典的Malmö展开，因此也叫Malmö实验。当时，来自世界范围十个国家的研究团队齐聚瑞典Malmö，各自使用本国的交通冲突技术对Malmö市中心的三个交叉口进行交通冲突现场观测与记录。其中包括以避险行为为核心的美国交通冲突技术、以TTC为主要指标的瑞典交通冲突技术、以PET为主要指标的加拿大交通冲突技术等。现场调查完成后，将各个团队的交通冲突观测结果进行了详细对比和深入分析。结果表明，无论是交通冲突类型还是交通冲突数量，不同研究团队的鉴别结果都存在很大的不同。

事实上，从第2章介绍的各种交通冲突指标的定义和计算方法也可以看出，不同指标之间存在较大的差别。这里以最常用的TTC和PET为例进行说明。TTC表示的是两个道路使用者保持当前的速度和方向不变条件下距离其碰撞剩余的时间，该指标以存在冲突过程(即在保持当前的速度和方向不变条件下两个道路使用者将发生碰撞)为前提，计算的是冲突车辆到达潜在碰撞点的时间；PET是指一个道路使用者离开冲突区域和另一个道路使用者到达冲突区域的时间差。显然，PET的测量不以存在冲突过程为前提，并且PET表示的是两个冲突参与者实际的时间接近程度或实际的安全裕度。

以图 5-1 所示的交叉口中心区域左转交通冲突为例说明 PET 和 TTC 两个指标在界定交通冲突方面的差异。图中车辆 C 利用车辆 A 和 B 之间的间隙左转。在 t_2=1s 时，直行车辆 A 离开冲突点，之后左转车辆 C 在 t_4=2s 时到达冲突点，因此车辆 A 与 C 之间的 $\mathrm{PET}_{AC} = t_4 - t_2 = 1\mathrm{s}$。显然，依据 PET 可判定车辆 A 与 C 之间存在交通冲突。然而，因为 A 与 C 之间不存在冲突过程，所以也就不存在 TTC 或 TTC 为无穷大。因此，从 TTC 的角度来看，车辆 A 与 C 之间不存在交通冲突。车辆 B 在意识到其将与车辆 C 碰撞后，在 t_1=0.5s 时开始减速，如果 B 不减速其将与 C 在 t_4=2s 时发生碰撞。减速后，车辆 B 在 t_5=6s 时到达冲突点。此时，$\mathrm{TTC}_{BC} = t_4 - t_1 = 1.5\mathrm{s}$ 而 $\mathrm{PET}_{BC} = t_5 - t_4 = 4\mathrm{s}$。如果选用 3s 作为区分交通冲突与非交通冲突的临界值，从 TTC 的角度来看，车辆 B 与 C 之间存在交通冲突；而从 PET 的角度来看，车辆 B 与 C 之间则没有交通冲突。

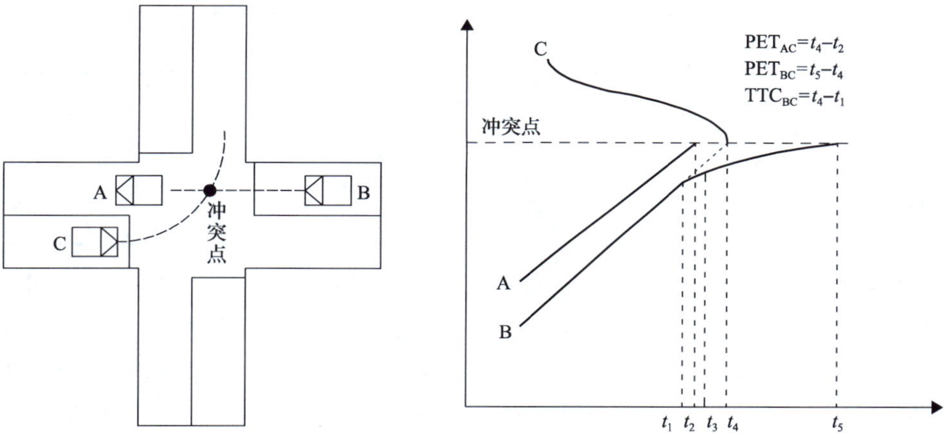

图 5-1　左转交通冲突的 PET 和 TTC 图解

图 5-1 的例子表明，对于同一研究对象，不同的交通冲突指标很可能会得出完全不同的判别结果，同时这个例子也很好地说明了 PET 和 TTC 反映的事故风险存在较大的不同。因此，本章将在多元极值统计的框架下提出一种能够将不同指标结合以进行交通事故预测的方法。

5.2　多元交通冲突极值安全分析原理

本节主要介绍多元交通冲突极值统计背景下事故风险指标的计算原理。如果以单一的冲突指标进行事故风险的计算，往往导致事故风险被估计过高或过低。正如 5.1 节探讨的那样，单一指标往往仅反映交通冲突严重程度的一个方面，而不同的冲突指标之间又不相互独立。因此，进行事故风险估计时应综合考虑两个或多个冲突指标，理论上这可以带来更加可靠的事故预测结果。当然，考虑两个或多个冲突指标也使得极值事件的界定更加复杂。下面以二元指标为例进行说明。

假设存在一系列相互独立的事件 $E_1, E_2, \cdots$，每一个事件 E_i 均由一对随机变量 $(X,Y) \sim F(X,Y)$ 进行表征，且 $X \sim F_X$，$Y \sim F_Y$。首先，事件 E_i 可以通过四个边缘事件进行描述，分别为 $E_{X,x}^{<} = \{X \leqslant x\}$、$E_{X,x}^{>} = \{X > x\}$、$E_{Y,y}^{<} = \{Y \leqslant y\}$ 和 $E_{Y,y}^{>} = \{Y > y\}$。其次，通过使用“或”运算子“$\vee$”与“和”运算子“$\wedge$”，可以产生多种边缘事件的组合，见表 5-1。这些组合就界定了所有可能的联合事件 E_i。

表 5-1　“$\vee$”和“$\wedge$”运算子界定的联合事件

$\vee$	$E_{X,x}^{<}$	$E_{X,x}^{>}$
$E_{Y,y}^{<}$	$\{X \leqslant x\} \vee \{Y \leqslant y\}$	$\{X > x\} \vee \{Y \leqslant y\}$
$E_{Y,y}^{>}$	$\{X \leqslant x\} \vee \{Y > y\}$	$\{X > x\} \vee \{Y > y\}$
$\wedge$	$E_{X,x}^{<}$	$E_{X,x}^{>}$
$E_{Y,y}^{<}$	$\{X \leqslant x\} \wedge \{Y \leqslant y\}$	$\{X > x\} \wedge \{Y \leqslant y\}$
$E_{Y,y}^{>}$	$\{X \leqslant x\} \wedge \{Y > y\}$	$\{X > x\} \wedge \{Y > y\}$

在实际应用中，所关注的极值事件可能是不同边缘事件的组合。例如，干旱和洪水是降水量不同导致的两个不同结果。干旱是长期没有降水导致的，而洪水则可能是由短期内的大量降水或长期的持续降水而导致的。如果 X 代表的是平均降水强度而 Y 代表的是降水持续时间，那么干旱这一极值事件可由 $\{X \leqslant x\} \wedge \{Y \leqslant y\}$ 描述，而洪水这一极值事件则由 $\{X > x\} \vee \{Y > y\}$ 描述。

对交通冲突极值事件而言，如果 X 代表 TTC 而 Y 代表 PET，因为当 PET$\leqslant$0 或 TTC$\leqslant$0 时均意味着交通事故的发生，所以与极值冲突对应的交通事故应由 $\{X \leqslant 0\} \vee \{Y \leqslant 0\}$ 描述。此时，事故风险的计算公式为

$$R = \Pr\{E_{x,y}^{\vee}\} = \Pr\{X \leqslant 0 \vee Y \leqslant 0\} \tag{5-1}$$

这里决定事故风险的联合概率可以通过第 3 章介绍的二元极值分布模型求得。此外，事故风险的确定往往是基于较短时间段 t 内观测得到的交通冲突。如果假设该时段的观测样本能够反映样本总体的基本特征，那么对于一个较长的时间 T，可以计算得到该时间段的预测事故数 N_T，其计算公式如下：

$$N_T = \frac{T}{t} R \tag{5-2}$$

5.3　高速公路合流区交通冲突二元极值建模

5.3.1　高速公路合流区交通冲突判别

1) 高速公路合流冲突衡量指标

合流区是高速公路的一个重要组成部分，一般由入口匝道、主线车道以及连接两者的变速车道组成。在合流的过程中，驾驶员一般会面临更多的车辆操作压力，因而也更容易出现失误并导致交通事故的发生。因此，高速公路合流区往往是潜在的交通事故多发区域。

具体来看，从入口匝道进入加速车道以后，合流车辆一般需要完成以下几个任务：①观察主线最右侧车道上的交通情况；②加速；③寻找主线最右侧车道上的可接受间隙；④注意加速车道的剩余长度。

当合流车辆在加速车道上加速至与主线车辆相近的速度且主线最右侧车道存在可接受间隙时，合流车辆驾驶员即可完成变道操作汇入主线。为了完成上述一系列任务，必须保证足够的加速车道长度。如果合流车辆驾驶员在到达加速车道末端之前未能在主线最右侧车道上找到可接受间隙，合流车辆会被迫在较小的间隙中强行变道合流，否则就会发生驶出道路事故。而在车辆强行合流的情况下，主线车辆不得不进行速度调整或变道操作，引起主线交通流紊乱，增加事故风险。

通过上述分析可以发现，高速公路合流区的交通安全状况与主线最右侧车道上的可接受间隙和加速车道长度密切相关。以此为基础，本书提出两个合流冲突衡量指标，分别为后侵入时间(PET)和合流长度比(length proportion of merging，LPM)。高速公路合流区 PET 和 LPM 的测量方法如图 5-2 所示。

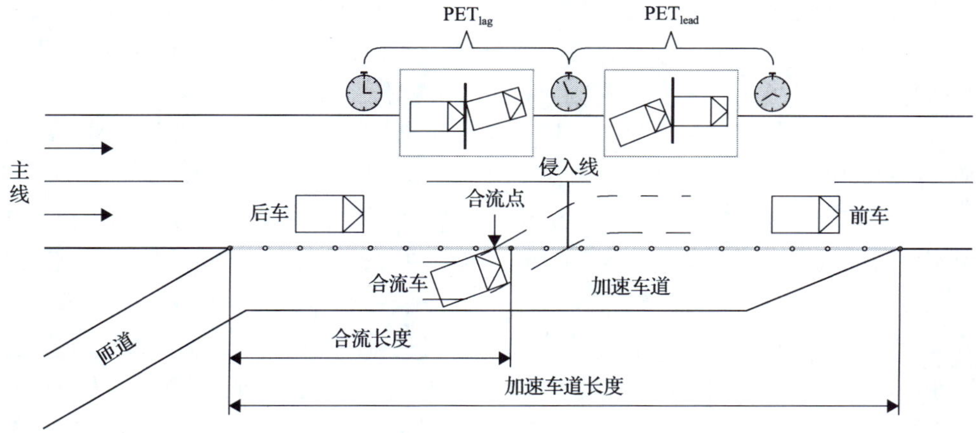

图 5-2　高速公路合流区冲突测量示意图

高速公路合流冲突的 PET 测量与第 4 章介绍的车道变换过程中 PET 测量的基本原理一致。合流车辆汇入主线时，可能与主线最右侧车道上的前后两辆车存在碰撞风险。因此，一个合流过程可能导致两个交通冲突。其中，合流车辆与主线最右侧车道上前车的交通冲突用 PET_{lead} 衡量，与后车的交通冲突用 PET_{lag} 衡量。具体来说，PET_{lead} 是指主线最右侧车道上前车尾部离开侵入线和合流车辆头部到达侵入线的时间之差；PET_{lag} 是指合流车辆尾部离开侵入线和主线最右侧车道上后车头部到达侵入线的时间之差。侵入线的位置是垂直于车道分界标线同时穿过后车头部与前车尾部在碰撞条件下第一接触点的直线。通过 PET_{lead} 和 PET_{lag} 的计算方式，可以很容易推导出主线最右侧车道上的可接受间隙近似等于 PET_{lead} 和 PET_{lag} 之和。显然，当 PET_{lead} 或 PET_{lag} 中的任一个小于或等于 0 时，即意味着交通事故发生。

LPM 是合流长度与加速车道长度的比值。其中，合流长度是指车辆合流点与合流区鼻端之间的距离，而合流点是指合流车辆和车道分界标线接触的第一点。当 LPM 趋近于 1 时，合流车辆必须进行变道合流，否则至少会引起驶出道路交通事故的发生，此时也就意味着 LPM 大于 1。

2) 高速公路合流冲突观测

本章涉及的高速公路合流冲突是通过人工观测高速公路合流区交通运行视频获得的，使用的视频及其他相关数据均来自加拿大安大略省渥太华市境内的 417 号公路。417 号公路渥太华段又称为皇后公路(Queensway)，是加拿大首都渥太华市境内一条非常重要的高速公路，承担着较为繁重的运输任务。该公路限速 100km/h，部分路段为双向四车道高速公路，部分路段为双向八车道高速公路。渥太华市境内的 417 号公路包含 27 个立体交叉，共 66 个入口 27 个出口。本章使用的视频数据采集于其中 11 个立体交叉的 15 个入口合流区。

视频数据是通过在跨线桥上设置摄像机拍摄获得的，在拍摄时通过调整摄像机高度保证视频画面能够覆盖整个加速车道。视频拍摄于 2004 年 10 月至 11 月的非高峰时段(10:00～15:00)，每个合流区的拍摄时间约为 1h，具体见表 5-2。

视频处理的第一步是识别并截取包含合流车辆的视频片段，然后分别对每一个视频片段进行 PET 和 LPM 的测量。

在 PET 测量的过程中，通过 VirtualDub 软件逐帧播放视频以估计 PET 值，视频帧率为 30 帧/s。每一辆合流车辆都至多存在两个 PET 值，只有当其中至少有一个 PET 值小于 7.0s 时，对应的合流事件才会被当作合流冲突。此外，由于部分合流区处于渥太华市中心区域，时常会发生主线交通拥堵的情况，此时所产生的合流冲突虽然 PET 值很小(通常小于 3 帧)，但也会从数据中剔除。最终，从 15 个合流区的视频中提取了 934 个合流冲突，平均每个合流区约为 62 个。如果一个合流冲突存在两个 PET 值(即 PET_{lead} 和 PET_{lag})，则取其中的最小值作为该合流冲突的 PET 值。LPM 测量的关键是确定合流车辆的合流点，主要通过反复播放视频片段来实现合流点的准确定位。在确定合流长度之后，可以计算得到每一个合流冲突的 LPM 值。最终获得的 PET 和 LPM 的散点分布情况如图 5-3 所示。

表 5-2　调查地点基本信息一览表

合流区	加速车道长度/m	观测时长/min	观测样本数/个	事故数/次
Walkly W-W	441	60	90	0
Innes E-E	386	57	72	0
Vanier N-E	395	60	53	3
Parkdale NS-W	224	57	62	1
Maitland NS-E	485	56	73	8
Woodroffe NS-W	402	60	41	5
Woodroffe N-E	280	56	53	3
Richmond S-E	393	63	49	4
Moodie N-W	397	88	68	0
Eagleson S-E	405	88	49	1
Terryfox N-W	502	81	68	0
Terryfox S-W	435	63	60	0
Terryfox N-E	454	67	72	2
Terryfox S-E	506	76	61	0
Carp N-E	432	56	71	3

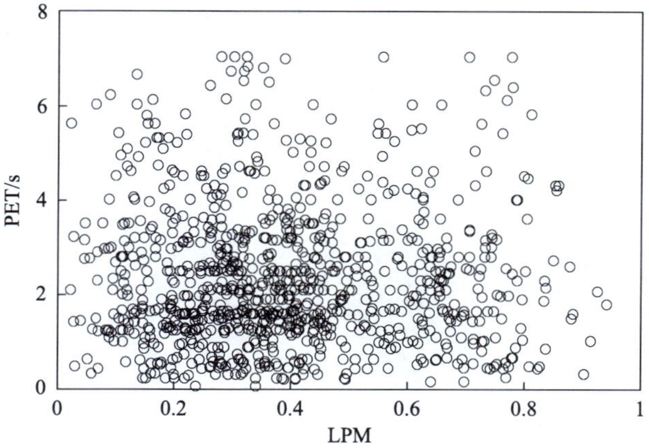

图 5-3　PET 和 LPM 的散点分布情况

此外，本书也收集了 15 个合流区 1998～2002 年的交通事故数据。将交通事故数据与事故发生地点进行匹配后，得到了发生在加速车道上的交通事故和发生在加速车道和主线车道上的交通事故两个数据库。本章出于以下两个方面的原因选用发生在加速车道上的交通事故：一是很难通过事故记录确定发生在主线上的交通事故是否与车辆合流行为有关；二是已有的高速公路合流区交通事故预测研究表明合流车道上的交通事故与车辆合流行为有更加密切的关系[39]。最终，15 个合流区共发生了 30 起交通事故，具体见表 5-2。

5.3.2　二元超阈值模型估计结果

1) 阈值选取结果

本节选用第 3 章介绍的谱测度图和阈值稳定性分析图进行二元超阈值模型的阈值选择。以合流区 Terryfox S-E 为例，其谱测度和阈值稳定性分析如图 5-4～图 5-6 所示。其中，谱测度图表明，$H([0,1])=2$ 所对应的最大 k 值为 $k_0=39$。这说明将转换后的样本按升序排列后，所有序号小于 39 的 k 值所对应的 LPM 和 PET 值

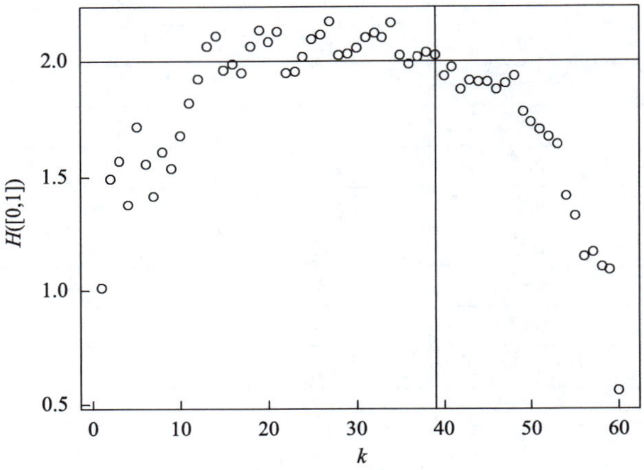

图 5-4　Terryfox S-E 谱测度图

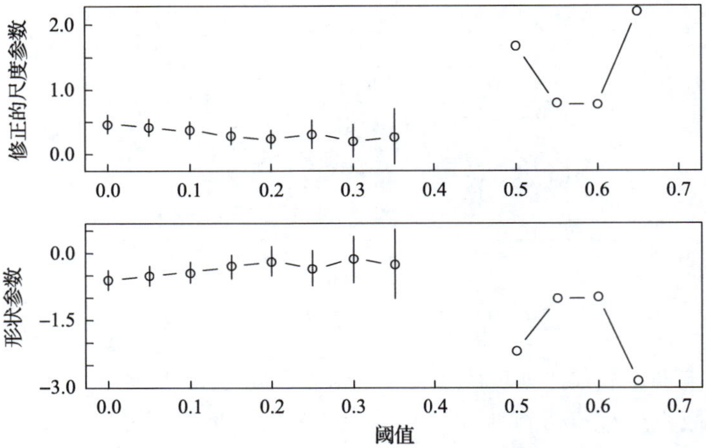

图 5-5　Terryfox S-E 的 LPM 阈值稳定性分析图

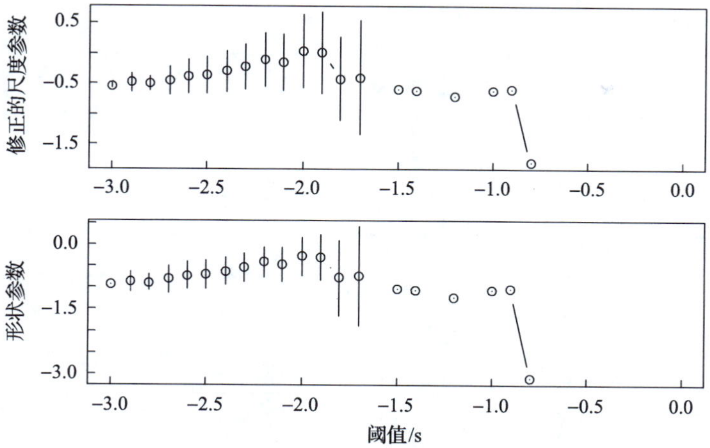

图 5-6　Terryfox S-E 的 PET 阈值稳定性分析图

都可能是合理的阈值。此外，LPM 阈值稳定性分析图表明，修正的尺度参数和形状参数在[0.2, 0.35]范围内基本稳定，对应的按升序排列的 LPM 序号范围为[20,45]；负 PET 的阈值稳定性分析图表明，转换后的尺度参数和形状参数在[−2.2, −1.9]范围内基本稳定，对应的序号范围为[27, 40]。取上述三个序号范围的交集得到候选阈值范围为[27, 39]。为了包含尽可能多的超阈值样本，选取 k =27 作为最终阈值，对应的 LPM=0.302、负 PET=−1.79s。

2)模型估计结果

二元超阈值分布有多种参数化模型形式，本章主要选择 Logistic、asymmetry Logistic、bilogistic、negative Logistic、negative bilogistic 和 asymmetry negative Logistic 等六种参数化模型进行估计，具体使用的是 R 软件 evd 工具包[40]。不同模型之间的比选使用的是第 4 章介绍的 AIC 指标，一般 AIC 值越小表明对应的模型越好。15 个合流区不同参数化模型的 AIC 值见表 5-3。需要注意的是，部分参数化模型由于极大似然估计值不存在而没有 AIC 值，主要是因为模型对应的信息矩阵为奇异矩阵。合流区 Woodroffe N-E 所有六个参数化模型均不存在极大似然估计值，这很可能是由该合流区冲突样本数量极为有限所导致的。

表 5-3　参数化模型 AIC 值一览表

合流区	Logistic	asymmetry Logistic	bilogistic	negative Logistic	negative bilogistic	asymmetry negative Logistic
Walkly W-W	**257.7**	NA	NA	270.1	272.1	NA
Innes E-E	**197.4**	NA	NA	198.9	200.9	NA
Vanier N-E	**118.3**	119.7	NA	**118.3**	NA	119.5
Parkdale NS-W	**140.3**	NA	NA	**141.1**	143.1	NA
Maitland NS-E	**167.8**	173.1	170.0	**167.4**	169.4	NA

续表

合流区	Logistic	asymmetry Logistic	bilogistic	negative Logistic	negative bilogistic	asymmetry negative Logistic
Woodroffe NS-W	**125.5**	NA	NA	130.2	132.2	NA
Woodroffe N-E	NA	NA	NA	NA	NA	NA
Richmond S-E	**118.6**	122.6	120.3	**118.4**	120.4	NA
Moodie N-W	**170.8**	NA	NA	174.2	176.2	NA
Eagleson S-E	**128.9**	NA	NA	132.8	134.8	NA
Terryfox N-W	**161.9**	**161.9**	NA	**161.9**	NA	NA
Terryfox S-W	**185.4**	186.5	NA	188.3	190.3	**186.1**
Terryfox N-E	**182.1**	185.8	NA	**181.5**	183.5	185.5
Terryfox S-E	**141.8**	147.4	143.3	**141.8**	143.9	NA
Carp N-E	**210.7**	214.6	NA	**210.6**	NA	NA

注："NA"代表所估计模型 AIC 值不存在；黑体 AIC 值代表所对应的模型可能是最优模型。

对比分析不同模型的 AIC 值可以发现，不同合流区对应的 AIC 值最小的模型不尽相同。然而，绝大部分合流区 AIC 的最小值均来自 Logistic 模型。对于 Maitland NS-E、Richmond S-E 和 Carp N-E 三个合流区，虽然 AIC 值最小的模型不是 Logistic 模型，但 Logistic 模型的 AIC 值与最小值之间的差距都很小。因此，选择 Logistic 模型作为这 14 个合流区的最优二元超阈值模型，具体的模型参数估计结果见表 5-4。

由模型估计结果可以看出，在 14 个合流区中只有 12 个合流区得到了可靠的极大似然估计值。合流区 Walkly W-W 和 Eagleson S-E 模型的两个边缘分布的形状参数极大似然估计值都接近或小于−1，这表明极大似然估计方法的正则条件没有得到满足，同时也意味着违反了极值理论的渐近原则，因此模型极大似然估计值为不可靠估计。此外，在剩余的 12 个合流区中，有 4 个合流区模型的其中一个边缘分布不满足渐近原则，分别为 Innes E-E 的 LPM 边缘分布、Parkdale NS-W 的负 PET 边缘分布、Woodroffe NS-W 的 LPM 边缘分布和 Terryfox S-W 的 LPM 边缘分布。

此外，LPM 和 PET 的极值相关系数为 0.750～0.999，表明两个冲突指标在极值水平上是渐近独立的。换句话说，这也意味着选择在加速车道末端进行合流的车辆驾驶员最终都在主线最右侧车道上找到了可接受的间隙。如果极值相关系数很小，就表明两个冲突指标在极值水平上有很强的相关性，也意味着两个冲突指标同时出现极值的可能性很大，即大的 LPM 值通常伴随着小的 PET 值。在这种情况下，合流车辆驾驶员往往是在没有找到可接受间隙的情况下一直行车至加速车道末端，进而被迫在较小的间隙下强行变道合流，这种现象很可能是由加速车道长度不足所导致的。

表 5-4　Logistic 二元超阈值模型估计结果

合流区	k	阈值		超阈值样本数量/个			估计值					标准差				
		LPM	负 PET/s	LPM	负 PET/s	联合	σ_x	ξ_x	σ_y	ξ_y	r	σ_x	ξ_x	σ_y	ξ_y	r
Walkly W-W	36	0.449	−1.65	35	35	13	0.496	−1.008	1.370	−0.978	0.750	2.08×10^{-8}	2.07×10^{-8}	4.73×10^{-4}	4.73×10^{-4}	0.049
Innes E-E	31	0.407	−1.65	29	30	10	0.198	−0.232	1.509	−0.915	0.750	0.059	0.229	2.00×10^{-4}	2.02×10^{-4}	0.062
Vanier N-E	12	0.638	−0.65	11	10	4	0.121	−0.567	0.382	−0.566	0.856	0.054	0.405	0.185	0.437	0.129
Parkdale NS-W	27	0.531	−1.70	25	26	11	0.226	−0.897	0.765	−0.427	0.750	2.00×10^{-5}	2.00×10^{-4}	0.217	0.227	0.069
Maitland NS-E	31	0.328	−1.65	30	29	6	0.231	−0.267	1.039	−0.599	0.999	0.102	0.494	0.567	0.647	2.00×10^{-6}
Woodroffe NS-W	18	0.486	−1.58	17	17	6	0.223	−0.668	1.280	−1.001	0.750	0.058	0.204	0.003	0.003	0.082
Richmond S-E	21	0.478	−2.50	19	19	7	0.199	−0.640	1.378	−0.663	0.999	0.069	0.274	0.385	0.220	2.00×10^{-6}
Moodie N-W	34	0.360	−2.01	33	34	22	0.241	−0.507	1.119	−0.654	0.903	0.061	0.214	0.342	0.292	0.098
Eagleson S-E	17	0.393	−1.77	16	16	4	0.358	−0.969	1.404	−0.988	0.750	7.54×10^{-9}	2.00×10^{-6}	2.00×10^{-6}	6.29×10^{-9}	0.069
Terryfox N-W	32	0.446	−1.82	29	31	14	0.292	−0.746	1.232	−0.811	0.892	0.068	0.203	0.290	0.215	0.083
Terryfox S-W	30	0.333	−2.16	29	29	14	0.171	−0.190	2.140	−1.001	0.750	0.048	0.199	2.00×10^{-6}	2.00×10^{-6}	0.070
Terryfox N-E	44	0.287	−1.70	43	42	20	0.376	−0.519	1.183	−0.692	0.999	0.055	0.155	0.279	0.203	2.00×10^{-6}
Terryfox S-E	28	0.302	−1.79	27	27	10	0.187	−0.241	0.759	−0.417	0.999	0.061	0.256	0.225	0.238	2.00×10^{-6}
Carp N-E	34	0.338	−2.40	33	33	14	0.351	−0.521	1.138	−0.459	0.999	0.066	0.134	0.350	0.215	2.00×10^{-6}

3) 事故预测结果

由冲突指标的定义可知，负 PET>0 或 LPM>1 时意味着交通事故的发生。因此，事故风险计算公式为

$$R = \Pr\{E_{0,1}^{\vee}\} = \Pr\{\text{negated PET} > 0 \vee \text{LPM} > 1\} = 1 - H(0,1) \tag{5-3}$$

式中，$H(\cdot)$ 为估计得到的 Logistic 二元超阈值模型。

根据式 (5-2) 可分别计算得到基于两个边缘分布和联合分布的各个合流区的预测事故数，其中 T=5×365×24×60=525600min，t=56～88min。需要说明的是，假设约 1h 的观测数据能够代表 5 年的交通条件是很不现实的，因为其并没有考虑高峰或平峰、日出行、周出行、月出行、天气情况等的变化。这里使用这一冲突数据主要是为了说明二元超阈值模型应用于交通安全分析的基本原理和建模过程。当然，即使是很短的观测时段，基于观测数据所建立的极值模型也能提供一定的交通安全信息。除了计算事故数，还利用第 4 章介绍的基于仿真的安全分析指标不确定性衡量方法，计算得到了预测事故数的 95%置信区间。具体事故数预测结果及其置信区间见表 5-5。

表 5-5　预测事故数及其置信区间

合流区	观测事故数/次	预测事故数/次			95%置信区间/次		
		一元 (LPM)	一元 (PET)	二元	一元 (LPM)	一元 (PET)	二元
Innes E-E	0	273	—	—	(0, 6455)	—	—
Vanier N-E	3	0	124	0	(0, 8278)	(0, 18965)	(0, 1226)
Parkdale NS-W	1	—	44	—	—	(0, 7884)	—
Maitland NS-E	8	167	307	83	(0, 13938)	(0, 23759)	(0, 4740)
Woodroffe NS-W	3	0	—	—	(0, 2962)	—	—
Richmond S-E	4	0	0	0	(0, 4005)	(0, 8927)	(0, 292)
Moodie N-W	0	0	0	0	(0, 2359)	(0, 6510)	(0, 1075)
Terryfox N-W	0	0	0	0	(0, 2985)	(0, 7819)	(0, 746)
Terryfox S-W	0	34	—	—	(0, 3338)	—	—
Terryfox N-E	2	12	20	8	(0, 4550)	(0, 9414)	(0, 2589)
Terryfox S-E	0	2	4	1	(0, 3665)	(0, 5533)	(0, 1141)
Carp N-E	3	21	27	10	(0, 5866)	(0, 8682)	(0, 2018)

注："—"是指由于模型估计值不存在而未计算其预测事故数及置信区间。

从表 5-5 可以看出，二元超阈值模型的预测事故数与观测事故数总体较为接近，但合流区 Maitland NS-E 的预测事故数却远远高于观测事故数，且其两个边缘

分布的预测事故数更高，这很可能是因为较短观测时间内的数据不能代表该合流区的平均交通运行状况。观测时段较短引起的另一个重要问题是模型预测的不确定性在事故数计算时会被放大很多倍，这也导致预测事故数存在很大的不确定性。从表 5-5 可以看出，预测事故数的置信区间最小为(0, 292)，而最大的更是高达(0, 23759)。

5.3.3　一元超阈值模型与二元超阈值模型对比

本节从事故预测的准确度、精确度和建模效率三个角度对一元超阈值模型和二元超阈值模型进行对比分析。

1)准确度

事故预测的准确度是指模型预测事故数与观测事故数之间的接近程度。从表 5-5 可以看出，二元超阈值模型所预测的事故数小于任意一个一元超阈值模型预测的事故数，且二元超阈值模型预测的事故数要更接近观测事故数。这表明融合两个冲突指标构建的二元超阈值模型的事故预测结果更加准确。

为了定量描述事故预测结果的准确度，计算得到不同模型预测事故数与观测事故数之间的平均误差。平均误差的绝对值越小，说明模型预测准确度越高；若平均误差值为负，则说明模型总体低估了事故数；反之，则说明模型总体高估了事故数。平均误差计算结果见表 5-6。表 5-6 同时给出了预测事故数与观测事故数之间的相关系数。总体来看，二元超阈值模型和一元超阈值模型的预测事故数与观测事故数之间均存在较强的正相关关系，这说明两种模型的预测事故数均能体现出不同合流区之间的危险程度差异。此外，二元超阈值模型的预测事故数与观测事故数之间的平均误差为 10.3，远低于基于 LPM 和 PET 的两个一元超阈值模型的平均误差，这进一步验证了二元超阈值模型在预测准确度上的优势。然而，无论是一元超阈值模型还是二元超阈值模型，其平均误差均为正值，这说明极值理论模型倾向于高估事故数。

表 5-6　预测事故数与观测事故数之间的相关系数和平均误差

指标	一元(LPM)	一元(PET)	二元
相关系数	0.832	0.846	0.831
平均误差	22.9	57.9	10.3

2)精确度

事故预测的精确度表征的是模型预测事故数的不确定性，一般通过预测事故数的置信区间来衡量。从表 5-5 可以看出，二元超阈值模型预测事故数的置信区间要远小于任意一个一元超阈值模型预测事故数的置信区间。平均来看，二元超阈值模型预测事故数的置信区间约为基于 LPM 的超阈值模型预测事故数置信区间的 1/3，约为基于 PET 的超阈值模型预测事故数置信区间的 1/6。这说明二元超阈值模型预测事故数的精确度要优于一元超阈值模型。事实上，保证预测结果的精确性对极值模型尤为重要，因为其建模过程实现的是从可观测水平到不可观测水平的外推，而这种外推本身就包含较大的不确定性。

虽然二元超阈值模型事故预测结果相较于一元模型更加精确，但它们预测事故数的置信区间仍然较大。大部分合流区预测事故数的 97.5%分位数都超过了 1000。从实际应用的角度来说，如此大的置信区间意味着二元超阈值模型事故预测结果的参考价值较小，因为预测的不确定性导致其可能的预测事故数会高达几十或几百，而现实中的一个合流区基本不可能在 5 年的时间里经历如此多的交通事故。然而，事故预测结果的较大不确定性主要是由冲突观测数据样本的有限性所导致的。具体来说，各个合流区交通冲突的观测时间仅约为 1h，这也就意味着模型计算得到的事故风险的不确定性在转换为预测事故数时均至少会被放大 $T/t=5\times365\times24/1=43800$ 倍。从这个角度来说，如果能够采集更长时间的交通冲突，事故预测结果的不确定性将会显著下降。

3) 建模效率

建模效率是指能否得到可靠的模型参数估计值，即模型参数估计结果能否满足渐近原则要求。本节的模型采用的是极大似然估计法，因此建模效率可以通过估计的超阈值模型的形状参数是否接近或小于−1 来进行判断。

二元超阈值模型是由两个边缘广义帕累托分布（即一元超阈值模型）和一个相关性函数组成的，而所采用的模型估计方法实际上是同时估计了两个一元超阈值模型的模型参数和相关性函数的参数。这也意味着如果任意一个一元超阈值模型得不到可靠的模型参数估计值，那么二元超阈值模型也将得不到可靠的模型参数估计值。因此，二元超阈值模型的建模效率是由对应的一元超阈值模型所决定的。从表 5-5 可以看出，合流区 Innes E-E、Parkdale NS-W、Woodroffe N-E 和 Terryfox S-W 均没有可靠的二元模型估计值，因为它们中的一个一元超阈值模型无法进行可靠估计。

5.3.4　多元极值体系下冲突衡量指标探讨

本节提出的二元超阈值模型提供了一种能将不同的交通冲突指标融合以进行交通事故预测的方法，而高速公路合流区交通冲突的例子证明了这种冲突指标的融合能够得到更好的事故预测结果。然而，正如第 2 章介绍的那样，目前衡量交通冲突的指标多种多样，这就带来了一个问题：哪两个冲突指标结合在一起是最合适的呢？

对于本节介绍的高速公路合流区的交通冲突，使用后侵入时间（PET）和合流长度比（LPM）两个指标进行探讨。其中，PET 是较为常用的冲突指标，而 LPM 则是根据车辆越接近加速车道末端其事故风险越高的论断提出的冲突指标。此外，这两个指标都可以通过人工观测方法较为准确地进行测量。然而，使用这两个指标（尤其是 LPM）衡量合流冲突严重程度的有效性仍有待验证。一方面，如果合流车辆驾驶员由于攻击性驾驶行为在加速车道的前半部分合流，也可能存在与主线车辆碰撞的风险，而这种风险是 LPM 无法体现的。在这种情况下，能够反映冲突过程的距离碰撞时间（TTC）指标会是一个更好的选择。另一方面，如果合流车辆在到达加速车道末端时始终无法在主线上找到一个可接受间隙以安全合流，其也可能考虑刹车以等待可接受间隙的出现。在高速公路合流区的这种紧急制动虽然存在一定的事故风险，但并不是每一次制动都会转化为交通事故。这也意味着 LPM 和交通冲突的严重程度可能不是单调的递增关系，即使 LPM 等于 1 也不一定意味着交通事故的发生，而这也可能是所建立的模型过高估计交通事故的原因。值得注意的是，在这种情况下由于可能并不存在冲突过程，TTC 也可能无法衡量相应冲突的严重程度。

对于一般的交通冲突，最为常用的 TTC 和 PET 指标可以作为二元极值模型构建的首选，因为这两个指标的有效性已经在大量的研究中得到证明。然而，TTC 和 PET 的结合反映的可能仍只是某一个冲突事件严重程度的一部分。例如，TTC 和 PET 都反映相互作用的两个道路使用者的接近程度，却无法反映碰撞发生后事故的严重程度。这也意味着基于上述两个指标构建的模型可以预测事故总数，却不能预测不同严重程度等级的事故数。

目前来看，解决上述问题有两种可能的方法。第一种方法是使用能够直接反映可能事故严重程度的交通冲突指标。这样的冲突指标由于包含道路使用者的碰撞能量信息，在观测时获取难度往往较大。第二种方法是直接将碰撞能量作为一个指标，再将其和其他冲突指标置于二元极值模型中进行建模。这样，不同严重程度的交通事故即可以通过 PET≤0 条件下的不同能量等级出现的概率来进行预测。此外，也可以将碰撞能量指标和其他多个冲突指标置于极值统计模型中，这样预期可以显著提高事故预测的可靠性，但难度在于如何建立一个高维度的多元极值统计模型。

5.4　信号交叉口进口道追尾冲突二元极值建模

针对如何从众多的交通冲突指标中选择两个指标以得到更好的事故预测结果的问题，本节以信号交叉口进口道追尾冲突为例进行探讨，所涉及的交通冲突指标包括距离碰撞时间（TTC）、改进的距离碰撞时间（MTTC）、避免事故减速率（DRAC）和后侵入时间（PET）。

5.4.1 信号交叉口追尾冲突判别

1)数据描述

本节使用的数据来自加拿大不列颠哥伦比亚省 Surrey 市的三个信号交叉口，分别为 72 大街-128 街交叉口、64 大街-乔治国王大道交叉口、弗雷泽路-168 街交叉口。三个信号交叉口的视频截图如图 5-7 所示。

(a) 72大街-128街　　(b) 64大街-乔治国王大道　　(c) 弗雷泽路-168街

图 5-7　信号交叉口进口道视频截图

三个信号交叉口的视频数据采集分别于 2012 年和 2015 年进行，共获得了 5h 的视频，具体采集时间见表 5-7。视频采集时，摄像机设置在信号灯灯杆或临近的路灯灯杆上，并且使镜头聚焦在追尾冲突较多的信号交叉口进口道。此外，为了使视频能尽可能地覆盖整个进口道区域，摄像机安装在足够高的位置上。所选择的进口道基本信息见表 5-7。

表 5-7　调查地点基本信息一览表

编号	交叉口	视频拍摄时间	进口道	车道数
1	72 大街-128 街	2012 年 3 月 28 日 (10:00～11:00) 2012 年 3 月 29 日 (14:00～15:00)	72 大街 (西进口)	1(左转) 1(直右) 1(直行)
2	64 大街-乔治国王大道	2015 年 6 月 10 日 (13:00～14:00) 2015 年 6 月 11 日 (13:00～14:00)	乔治国王大道(北进口)	1(右转) 1(左转) 2(直行)
3	弗雷泽路-168 街	2015 年 6 月 11 日 (9:00～10:00)	弗雷泽路 (北进口)	1(自行车专用) 1(左转) 1(直右) 1(右转)

除了视频数据，本书还从不列颠哥伦比亚省保险公司(Insurance Corporation of British Columbia，ICBC)收集了三个信号交叉口 2013～2015 年的交通事故数据。ICBC 提供的事故记录包括事故发生的地点、日期、时间、事故类型、事故严重程

度、事故经过等信息。其中，事故经过简要地描述了事故发生过程，包括车辆行驶方向、所在车道位置以及涉及车辆数等信息。首先通过事故地点信息，筛选出发生在三个信号交叉口的共 397 起交通事故。为了使这些事故更好地与研究的交通冲突相对应，从中进一步筛选出发生时间仅为白天且发生地点在调查进口道上的交通事故，最终得到 42 起交通事故。各个交叉口历年的交通事故分布见表 5-8。

表 5-8　调查数据一览表

交叉口		72 大街-128 街	64 大街-乔治国王大道	弗雷泽路-168 街
观测样本数/个		612	385	261
TTC/s	均值	1.08	0.93	0.93
	最小值	0.04	0.08	0.11
	最大值	3.80	3.90	3.71
MTTC/s	均值	1.46	1.75	1.37
	最小值	0.13	0.12	0.03
	最大值	3.65	3.66	3.49
PET/s	均值	1.60	1.75	1.60
	最小值	0.19	0.44	0.03
	最大值	4.00	4.00	4.00
DRAC/(m/s^2)	均值	1.36	1.07	1.73
	最小值	0.00	0.00	0.00
	最大值	7.10	6.57	7.32
事故数/次	2013 年	8	9	4
	2014 年	3	7	3
	2015 年	3	2	3

2）追尾冲突判别

从视频数据中提取追尾冲突采用的是 Essa 和 Sayed 提出的基于计算机视觉的追尾冲突判别技术[41]。不同于第 2 章所介绍的交通冲突计算机视觉自动判别技术，这里使用的技术虽然需要借助一定的人工处理，却在更大程度上保证了冲突判别的准确性。需要说明的是，交通冲突判别只是 Essa 和 Sayed 所提出的视频处理系统功能的一部分，其他功能包括时空图的绘制和每个信号周期的动态交通运行参数提取。这些参数是实时事故风险预测的数据基础，将在第 8 章予以介绍。Essa 和 Sayed 提出的视频处理技术中涉及冲突判别的部分包括以下几个主要步骤。

(1) 信号配时检测。

视频处理的第一步是鉴别每个信号交叉口的信号周期。三个交叉口的信号配时方案并不是固定不变的，而是根据交通流量动态变化的。因此，需要通过视频处理提取观测时段内的实际信号配时方案。具体的做法是：通过检测每一帧视频上信号灯的 RGB (red-green-blue) 值以判断信号指示灯的颜色(红、黄、绿)，进而通过对相同 RGB 值的帧数累积获得总体的信号配时方案。

(2) 车辆轨迹提取。

视频处理的第二步是提取车辆运行轨迹并据此绘制车辆运行的时空图。首先，利用信号配时检测结果确定每一个信号周期的开始帧数和结束帧数。其次，在每一个信号周期内，沿车道中心线标注一系列点(50 或 100 个)，并检测这些点在每一帧的 RGB 值。进而创建一个包含点编号、帧数和 RGB 值的五维矩阵，并将这个五维矩阵以二维图像的形式绘制出来，这个二维图像也就代表一个信号周期内车辆的时空图。在二维图像中，x 轴代表的是点编号，y 轴代表的是帧数。然后，对二维图像中的每一列像素(即每一个 x 值)，检测并标注出 RGB 值突变的像素，这些像素代表有车辆到达或离开标注点。最后，在二维图像中将识别出的像素按序重组即可形成车辆轨迹。在轨迹创建过程中，考虑车辆的最大速度、最大加速度、最小车头时距和最大减速度等限制，对轨迹进行人工判别以保证其符合车辆的实际运行状态。

在获得二维图像上的车辆轨迹之后，需要将其转换为现实世界(即三维图像空间)的车辆轨迹，仍采用单应矩阵方法。进而，将转换后的车辆轨迹与视频进行叠加以进一步判断轨迹提取的准确度。在该阶段，每个车辆的长度也被匹配至相应的轨迹中以便进行下一阶段的冲突分析。

(3) 冲突指标计算。

以车辆轨迹数据为基础，根据第 2 章介绍的冲突指标的定义及计算公式，利用 MATLAB 设计了 TTC、MTTC、PET 和 DRAC 的计算程序。对于每一对跟驰行驶的车辆，按帧计算四个冲突指标值，并最终选取 TTC、MTTC 和 PET 的最小值及 DRAC 的最大值作为描述冲突事件的代表值。

利用上述冲突判别技术对三个交叉口的视频进行处理，得到各个交叉口的追尾冲突。由于部分追尾冲突的冲突指标值较大，仅保留其中 TTC＜4s、MTTC＜4s、PET＜4s 或 DRAC＞$0m/s^2$ 的交通冲突。最后得到的三个交叉口的交通冲突观测样本数分别为 612 个、385 个和 261 个，具体的冲突指标值统计情况见表 5-8。

3) 追尾冲突判别结果分析

TTC、MTTC、PET 和 DRAC 指标的定义和类型各不相同，其中，虽然 TTC、

MTTC 和 PET 都属于时间接近度类指标，但它们测量的时间点却有所不同。TTC 和 MTTC 的测量发生在冲突过程中，代表的是作用前的安全裕度；PET 的测量发生在相互作用之后，代表的是作用后的安全裕度。此外，不同于 TTC 假设的不变速度，MTTC 考虑了可能的加减速情况。DRAC 也考虑了车辆的速度差及减速度，但它通过与车辆制动能力的对比来判断冲突的严重程度。

如果选用常用的临界值 TTC=1.5s、MTTC=1.5s、DRAC=3.35m/s^2 和 PET=1.5s 作为判断是否为交通冲突的标准，可以发现不同冲突指标鉴别出的冲突数有很大的不同。这也反映了这些指标界定和衡量交通冲突严重程度的差异。三个交叉口上各个冲突指标鉴别的冲突数如图 5-8 所示。以 72 大街-128 街为例，TTC、PET、MTTC 和 DRAC 所鉴别出的冲突数分别为 283、323、366 和 36，其中只有 26 个事件被四个指标同时鉴别为交通冲突。具体来看，有 85 个 TTC 鉴别出的交通冲突从 PET 的角度来看不是交通冲突，有 125 个 PET 鉴别出的交通冲突从 TTC 的角度来看不是交通冲突；有 21 个 TTC 鉴别出的交通冲突从 MTTC 的角度来看不是交通冲突，有 104 个 MTTC 鉴别出的交通冲突从 TTC 的角度来看不是交通冲突；有 251 个 TTC 鉴别出的交通冲突从 DRAC 的角度来看不是交通冲突，有 4 个 DRAC 鉴别出的交通冲突从 TTC 的角度来看不是交通冲突。

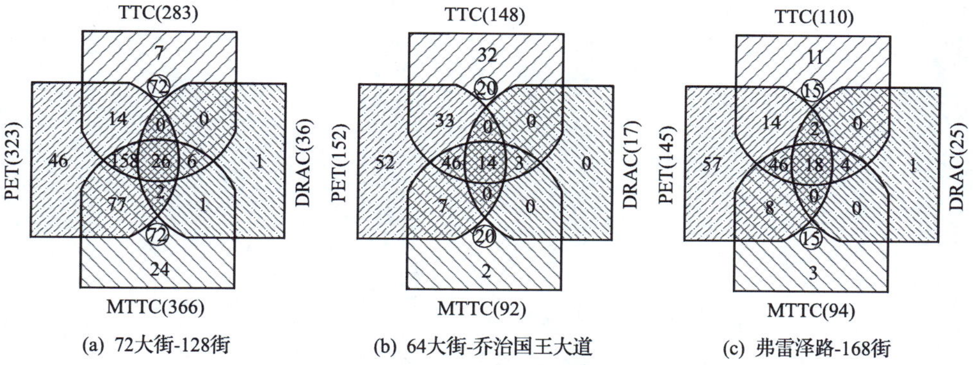

图 5-8　各指标鉴别的冲突数示意图

5.4.2　单指标的一元超阈值模型构建与分析

针对每一个交通冲突衡量指标，首先构建一元超阈值模型。在建模之前，对 TTC、MTTC 和 PET 三个指标的值进行取负处理。指标阈值的选取仍采用的是平均剩余寿命图和阈值稳定性分析图。以 72 大街-128 街的 DRAC 为例，其平均剩余寿命图和阈值稳定性分析分别如图 5-9 和图 5-10 所示。

由这两个图可以看出，DRAC 的剩余寿命线在[3.0, 4.5]区间内近似线性，而修正后的尺度参数和形状参数在[2.6, 3.5]区间内基本不变，因此这两个范围的交集[3.0, 3.5]即为 DRAC 阈值的合理区间。在前文的分析中，仅从该区间选择一个值(最小值或最大值)作为最终的阈值。为了分析事故预测结果对阈值选取的灵敏度，本节从该区间中选取三个值作为最终阈值进行建模，分别为最小值、中间值和最大值。中间值并不是严格意义上该区间的平均值，而是接近平均值且能区分开超阈值样本的一个值。最终各个指标的阈值选取结果见表 5-9。在确定阈值后，采用极大似然估计方法进行广义帕累托分布模型的参数估计，使用的仍为 R 软件中的 in2extRemes 工具包[42]。模型的估计结果见表 5-9。

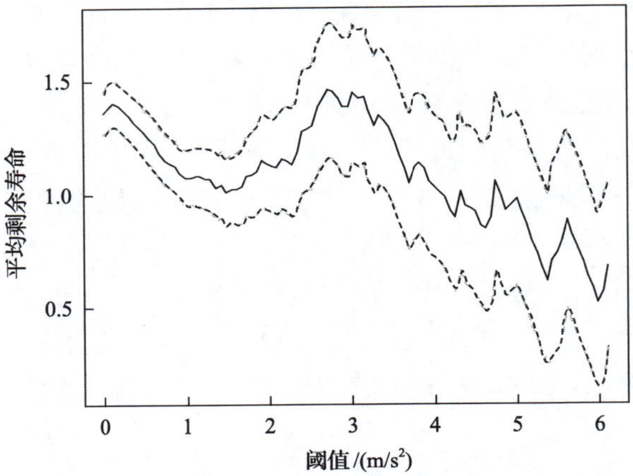

图 5-9　DRAC 平均剩余寿命图

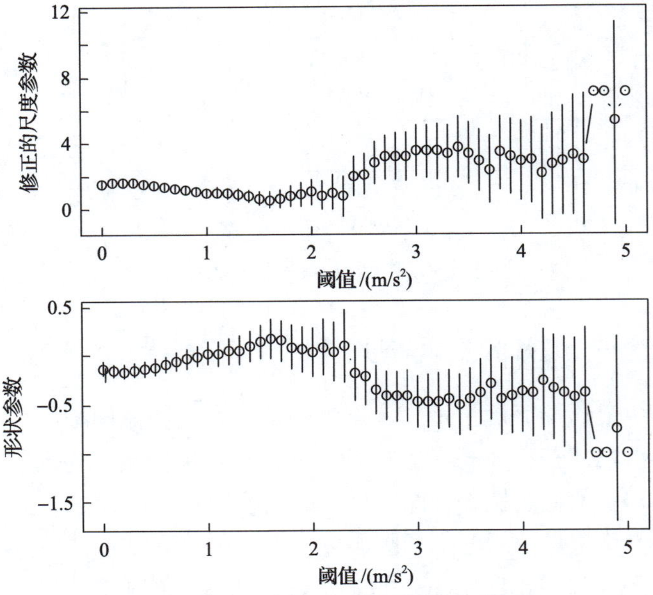

图 5-10　DRAC 阈值稳定性分析图

表 5-9 一元超阈值模型估计结果一览表

交叉口	冲突指标	观测样本数/个	阈值	超阈值样本数/个	估计值和标准差		事故风险	预测事故数/次	
					σ	ξ		预测值	95%置信区间
72 大街-128 街	TTC	419	−0.230	151	0.021 (0.002)	0.223 (0.090)	0.0036	7.9	(0.5, 70.7)
		419	−0.232	155	0.023 (0.003)	0.163 (0.082)	0.0026	5.8	(0.1, 55.3)
		419	−0.234	161	0.025 (0.003)	0.186 (0.077)	0.0044	9.7	(1.1, 71.6)
	PET	572	−0.90	64	0.241 (0.034)	−0.278 (0.079)	0.0000	0.0	(0, 53.0)
		572	−1.00	101	0.253 (0.030)	−0.249 (0.069)	0.0000	0.0	(0, 35.8)
		572	−1.10	145	0.273 (0.027)	−0.242 (0.060)	0.0000	0.0	(0, 24.7)
	MTTC	546	−0.88	72	0.086 (0.031)	0.205 (0.189)	0.0036	7.9	(0, 79.3)
		546	−0.90	83	0.087 (0.027)	0.180 (0.165)	0.0029	6.3	(0, 68.8)
		546	−1.30	295	0.091 (0.026)	0.185 (0.144)	0.0033	7.2	(0, 76.7)
	DRAC	575	3.50	35	1.818 (0.402)	−0.444 (0.161)	0.0149	32.7	—
		575	3.20	40	2.022 (0.406)	−0.467 (0.144)	0.0133	29.1	—
		575	3.00	44	2.118 (0.401)	−0.468 (0.135)	0.0121	26.4	—
64 大街-乔治国王大道	TTC	195	−0.215	58	0.014 (0.003)	0.308 (0.219)	0.0033	14.3	(0, 129.5)
		195	−0.224	82	0.016 (0.003)	0.261 (0.143)	0.0029	12.9	(0, 95.9)
		195	−0.230	90	0.017 (0.003)	0.242 (0.128)	0.0026	11.4	(0, 90.9)
	PET	334	−0.80	28	0.199 (0.044)	−0.193 (0.144)	0.0004	1.9	(0, 248.7)
		334	−0.85	40	0.217 (0.043)	−0.213 (0.123)	0.0002	1.0	(0, 198.1)
		334	−0.90	50	0.224 (0.039)	−0.203 (0.112)	0.0002	1.0	(0, 130.1)
	MTTC	207	−0.99	44	0.377 (0.083)	−0.334 (0.170)	0.0019	8.4	(0, 466.2)
		207	−1.09	58	0.412 (0.074)	−0.337 (0.131)	0.0014	6.2	(0, 332.0)
		207	−1.20	62	0.510 (0.078)	−0.397 (0.108)	0.0011	4.8	(0, 322.0)
	DRAC	308	3.50	16	1.332 (0.471)	−0.354 (0.253)	0.0080	28.9	—

续表

交叉口	冲突指标	观测样本数/个	阈值	超阈值样本数/个	估计值和标准差		事故风险	预测事故数/次	
					σ	ξ		预测值	95%置信区间
64 大街-乔治国王大道	DRAC	308	3.00	23	1.459 (0.417)	−0.304 (0.205)	0.0056	24.3	—
		308	2.70	30	1.574 (0.394)	−0.314 (0.175)	0.0046	20.0	—
弗雷泽路-168 街	TTC	143	−0.216	36	0.018 (0.005)	0.210 (0.207)	0.0027	11.6	(0, 68.1)
		143	−0.218	40	0.018 (0.004)	0.205 (0.195)	0.0023	10.2	(0, 72.6)
		143	−0.220	43	0.018 (0.004)	0.203 (0.179)	0.0020	8.7	(0, 54.7)
	PET	253	−0.80	28	0.199 (0.045)	−0.193 (0.144)	0.0004	1.9	(0, 92.6)
		253	−0.85	40	0.217 (0.043)	−0.213 (0.123)	0.0002	1.0	(0, 79.1)
		253	−0.90	50	0.224 (0.040)	−0.203 (0.112)	0.0002	1.0	(0, 69.9)
	MTTC	149	−0.95	30	0.628 (0.182)	−0.650 (0.258)	0.0021	8.3	(0, 1200)
		149	−0.99	31	0.660 (0.176)	−0.657 (0.235)	0.0017	7.3	(0, 1127)
		149	−1.00	32	0.646 (0.178)	−0.637 (0.234)	0.0011	5.0	(0, 1113)
	DRAC	181	2.30	50	1.823 (0.423)	−0.241 (0.187)	0.0101	44.3	—
		181	2.20	52	1.829 (0.408)	−0.234 (0.179)	0.0097	42.3	—
		181	2.10	55	1.853 (0.394)	−0.234 (0.169)	0.0092	40.2	—

对于 TTC、MTTC 和 PET，在得到其超阈值模型后可按式(4-2)计算每一个指标所对应的事故风险，因为这三个指标的事故与非事故的分界均为 0。然而，对 DRAC 而言，交通事故发生的可能性取决于可达到的最大减速率(maximum available deceleration rate，MADR)，即此时的事故风险 R 为

$$R=\Pr\{\mathrm{DRAC}>\mathrm{MADR}\} \tag{5-4}$$

显然，MADR 由车辆的制动能力决定，而制动能力并不是固定不变的，受到路面条件、车辆条件等诸多因素的影响。通常情况下，假设 MADR 服从均值为 $8.45\mathrm{m/s^2}$、方差为 $1.40^2(\mathrm{m/s^2})^2$、下限为 $4.23\mathrm{m/s^2}$、上限为 $12.68\mathrm{m/s^2}$ 的截尾正态分布，即 $\mathrm{MADR}\sim\mathrm{Normal}(8.45, 1.40^2)\mathrm{I}(4.23, 12.68)$[43]。在该假设条件下，事故发生的概率等于服从广义帕累托分布的 DRAC 概率，大于服从截尾正态分布的 MADR

的概率，即事故风险将位于但又不完全等于图 5-11 所示的阴影区域。

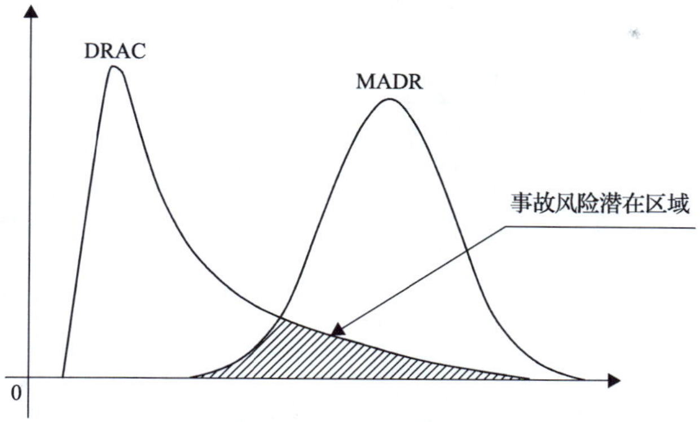

图 5-11　DRAC 的事故风险计算原理示意图

本节采用仿真的方法确定 DRAC 大于 MADR 的概率。首先，从拟合得到的广义帕累托分布中随机抽取 m 个样本，从假设的截尾正态分布中随机抽取 n 个样本。然后，将两组样本结合在一起并按升序排列，进而将每一个样本用其排列后的序号代替。令 DRAC 样本的序号为 $r_1 < r_2 < \cdots < r_m$，如果分析 r_i，那么 MADR 序号小于 r_i 的概率就等于 MADR 样本中序号小于 r_i 的样本数除以 n。由于在 DRAC 和 MADR 的组合样本中，小于 r_i 的样本数为 r_i-1，而其中有 $i-1$ 个来自 DRAC 样本，因此 $\Pr\{\text{DRAC} > \text{MADR} \mid \text{DRAC} = r_i\} = \frac{1}{n}(r_i - i)$。最后，将 m 个 DRAC 值求和即得到 DRAC＞MADR 的概率，即 $\Pr\{\text{DRAC} > \text{MADR}\} = \sum_{i=1}^{m} \Pr\{\text{DRAC} > \text{MADR} \mid \text{DRAC} = r_i\} \Pr\{\text{DRAC} = r_i\} = \frac{1}{mn}\sum_i (r_i - i)$。

在确定了各个指标的事故风险后，可按式(4-3)进一步计算预测事故数，其中 T=365×12=4380h，而 t=1h 或 2h。预测事故数的置信区间依然采用第 4 章介绍的仿真方法确定。由于 DRAC 缺少明确的事故与非事故边界，其预测事故数的置信区间较难确定，所以这里并没有给出。事故数及置信区间的估计结果见表 5-9。由估计结果可以看出，不同阈值对应的预测事故数并不相同，通常小的阈值对应的预测事故数较小。然而，不同阈值的预测事故数之间并不存在实质性差异。虽然预测事故数的差值最高可达 8.9(64 大街-乔治国王交叉口 DRAC 估计的事故数)，但这个差异主要是由风险放大系数(T/t =4380)所引起的，而实际上两个阈值所估计的事故风险的差值仅为 0.0034。如果能够获得更长时间的冲突观测数据，预测事故数对阈值的敏感性预期将会大幅降低。同时，收集更长时间的冲突观测数据也有助于缩小预测事故数的置信区间。

为了对比分析各个指标的事故预测结果，将预测事故数与观测事故数进行对比，结果如图 5-12 所示。同时，假设交叉口的观测事故数服从泊松(Poisson)

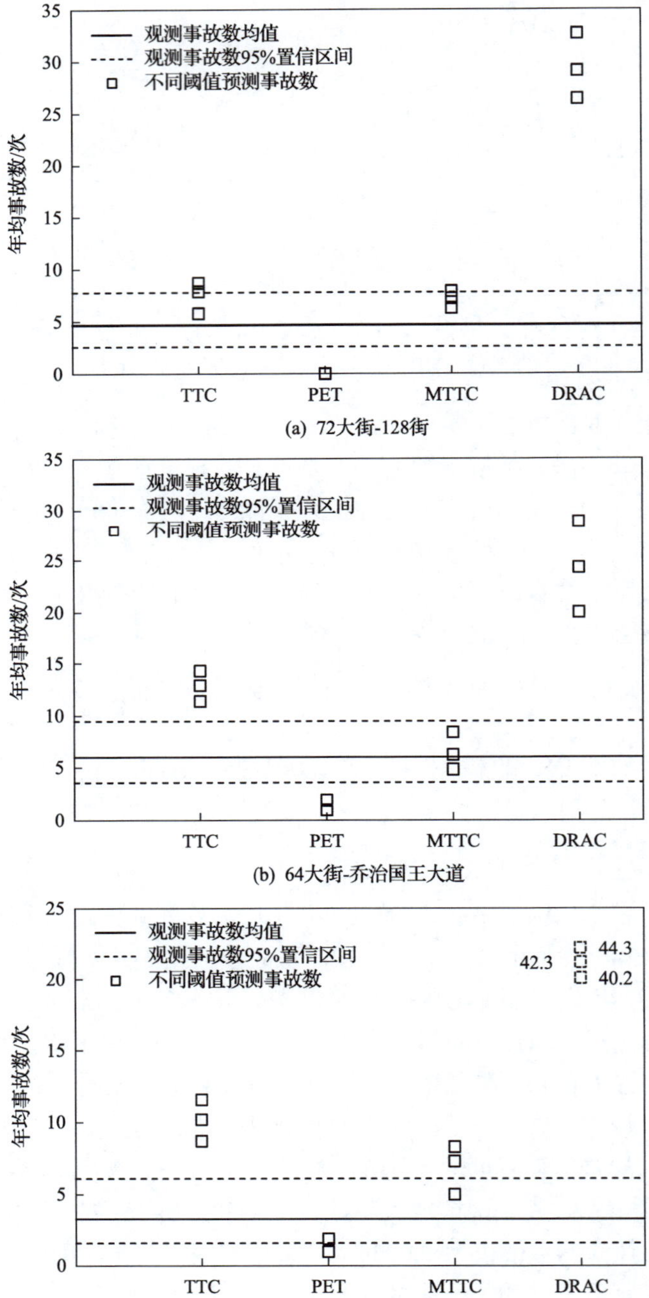

(a) 72大街-128街

(b) 64大街-乔治国王大道

(c) 弗雷泽路-168街

图 5-12　单指标预测事故数与观测事故数对比图

分布，即可得到观测事故数的 95%置信区间，具体计算公式为$\left\{\lambda:\frac{1}{2n}\chi^2_{2y_0,0.975}\leqslant\lambda\leqslant\frac{1}{2n}\chi^2_{2(y_0+1),0.025}\right\}$。其中，$n$=3 为观测事故的时间跨度，$y_0$ 为一个交叉口在 3 年时间内的观测事故总数。最后计算得到的 72 大街-128 街、64 大街-乔治国王大道和弗雷泽路-168 街的 95%置信区间分别为[2.6, 7.8]、[3.6, 9.5]和[1.6, 6.1]。

由图 5-12 可知，同一个交叉口不同指标所预测的事故数有较大的不同。总体来看，MTTC 预测的事故数最接近观测事故数，其次是 TTC 和 PET，而 DRAC 预测的事故数与观测事故数有较大的差别。从这个角度来看，MTTC 是衡量信号交叉口进口道追尾冲突的最好指标。一般情况下，TTC 被认为是衡量追尾冲突的首选指标，但它基于不变速度的假设，因而忽略了冲突过程中可能存在的加减速情况，这也可能是 TTC 过高估计交通事故数的原因之一。相反，三个交叉口的 PET 指标都呈现出过低预测事故数的现象，这可能是因为 PET 测定的是作用之后的安全裕度。由于在观测期间没有发生交通事故，表明所有涉及交通冲突的车辆在冲突过程中都采取了有效的避险措施，这在一定程度上导致 PET 值的增大和 PET 界定的冲突严重程度的降低。

DRAC 估计的事故数明显大于观测事故数且都位于观测事故数的置信区间之外，而这种过高估计很可能是由于采用的 MADR 分布不合适。不同于 TTC、MTTC 和 PET 指标存在明确的事故与非事故分界，DRAC 指标的事故分界由 MADR 或车辆制动能力决定，而确定每一辆车的 MADR 或实际制动能力难度较大，因此本书选用常用的下限为 4.23m/s^2 的截尾正态分布。然而，对于本书所观测得到的 DRAC，其最大值为 6.78m/s^2 且有 15 个事件的 DRAC 大于 4.23m/s^2 但没有最后转变为交通事故。这说明选择的下限偏小，而一个更高的 DRAC 下限可能会带来更合理的事故预测结果，但如何确定下限值及其他 MADR 分布的参数值是一个很大的挑战。

5.4.3　多指标的二元超阈值模型构建与分析

在二元超阈值模型的框架下，如果从四个指标中选择两个来描述同一冲突事件，极值冲突事件可以由 6 种不同的边缘事件组合来界定，分别是{negated TTC＞0}∨{DRAC＞MADR}、{negated TTC＞0}∨{negated MTTC＞0}、{negated TTC＞0}∨{negated PET＞0}、{negated PET＞0}∨{DRAC＞MADR}、{negated PET＞0}∨{negated MTTC＞0}和{DRAC＞MADR}∨{negated MTTC＞0}。与之对应的事故风险计算公式也有 6 种组合，即

$$R_{\text{TTC,DRAC}}=\Pr\{\text{negated TTC}>0\vee\text{DRAC>MADR}\}=1-G_{\text{TTC,DRAC}}(0,\text{MADR})$$

$$R_{\text{TTC,MTTC}} = \Pr\{\text{negated TTC} > 0 \lor \text{negated MTTC}>0\} = 1 - G_{\text{TTC,MTTC}}(0,0)$$

$$R_{\text{TTC,PET}} = \Pr\{\text{negated TTC} > 0 \lor \text{negated PET}>0\} = 1 - G_{\text{TTC,PET}}(0,0)$$

$$R_{\text{PET,DRAC}} = \Pr\{\text{negated PET} > 0 \lor \text{DRAC}>\text{MADR}\} = 1 - G_{\text{PET,DRAC}}(0,\text{MADR})$$

$$R_{\text{PET,MTTC}} = \Pr\{\text{negated PET} > 0 \lor \text{negated MTTC} > 0\} = 1 - G_{\text{PET,MTTC}}(0,0)$$

$$R_{\text{DRAC,MTTC}} = \Pr\{\text{DRAC}>\text{MADR} \lor \text{negated MTTC} > 0\} = 1 - G_{\text{DRAC,MTTC}}(\text{MADR},0)$$

式中，$G(\cdot)$为二元超阈值分布；MADR 为可达到的最大减速率。假设 MADR 仍服从截尾正态分布 $\text{Normal}(8.45, 1.40^2)\text{I}(4.23, 12.68)$，为了便于计算，取该分布的均值 8.45m/s^2 作为事故与非事故的分界值。

为了估计每对指标对应的二元超阈值模型，首先需要选取合理的阈值。本节采用另一种较为常用且简单的阈值选取方法，即主观确定一个较高的分位数并以该分位数对应的指标值作为阈值。当然，为了保证阈值选择的合理性，该方法也需要满足两个条件：一是选取的阈值应能产生足够多的超阈值样本，一般要求样本数不低于 30；二是对每一个指标而言，选取的阈值应处于平均剩余寿命图和阈值稳定性分析图联合确定的阈值范围内。

按照上述两个条件，最终确定前 12%所对应的指标值为合理阈值，以该分位数阈值为基础，估计得到的二元超阈值模型见表 5-10。这些模型的拟合优度都通过 QQ 图和 Pickands 相关性函数图进行检验。图 5-13 给出了 64 大街-乔治国王大道 PET 和 DRAC 的拟合优度检验结果。图 5-13(a)和(b)表明两个指标的边缘分布估计分位数和经验分位数基本一致；而 5-13(c)表明，在 t 趋向于 1 时，两个指标的渐近相关性并不高。这些均说明估计得到的模型具有较好的拟合优度。

根据估计得到的二元超阈值模型和上文所述的事故风险计算公式，计算得到各个指标组合对应的预测事故数，同时利用仿真方法得到预测事故数的 95%置信区间，具体见表 5-10。

二元超阈值模型预测事故数与观测事故数对比如图 5-14 所示。由图可以看出，每一个交叉口都存在预测事故数与观测事故数非常接近的指标组合，并且大部分指标组合的预测事故数都位于观测事故数的 95%置信区间内。这说明基于交通冲突的二元超阈值模型是一个有效的交通事故预测模型。此外，对比图 5-12 和图 5-14 也可以发现，二元超阈值模型的事故预测效果要明显地优于一元超阈值模型。由图 5-14 还可以看出，同一个交叉口不同指标组合预测的事故数存在较大差异。总体来看，三个交叉口的 TTC&PET 组合的预测事故数最接近观测事故数，而 DRAC&MTTC 组合的预测事故数和观测事故数的差异最大。

表 5-10 二元超阈值模型估计结果一览表

交叉口	指标组合	样本数/个	阈值		超阈值样本数/个			估计值及标准差					预测事故数及95%置信区间/次
			x	y	x	y	(x, y)	σ_x	ξ_x	σ_y	ξ_y	α	
72 大街-128 街	TTC&PET	612	−0.213	−0.914	70	70	20	0.014 (0.003)	0.701 (0.200)	0.205 (0.030)	0.072 (0.087)	0.846 (0.041)	5.0 (1.4,11.2)
	TTC&DRAC	612	−0.213	2.497	70	70	11	0.014 (0.003)	0.650 (0.194)	1.557 (0.287)	−0.200 (0.143)	0.954 (0.031)	2.8 (0,9.3)
	TTC&MTTC	612	−0.213	−0.875	70	70	22	0.014 (0.003)	0.700 (0.207)	0.131 (0.029)	0.506 (0.199)	0.801 (0.043)	8.0 (2.5,17.4)
	PET&DRAC	612	−0.914	2.497	70	70	18	0.209 (0.030)	0.063 (0.086)	1.526 (0.292)	−0.159 (0.157)	0.879 (0.040)	2.4 (0,9.3)
	PET&MTTC	612	−0.914	−0.875	70	70	33	0.207 (0.030)	0.098 (0.092)	0.132 (0.029)	0.525 (0.201)	0.691 (0.047)	7.6 (2.4,16.5)
	MTTC&DRAC	612	−0.875	2.497	70	70	37	0.126 (0.028)	0.638 (0.209)	1.290 (0.268)	0.054 (0.194)	0.638 (0.046)	8.2 (0,17.7)
64 大街-乔治国王大道	TTC&PET	385	−0.211	−0.876	46	46	12	0.014 (0.004)	0.757 (0.283)	0.221 (0.041)	−0.196 (0.119)	0.869 (0.049)	8.1 (0,24.7)
	TTC&DRAC	385	−0.211	2.127	46	46	15	0.014 (0.004)	0.792 (0.291)	1.438 (0.302)	−0.171 (0.160)	0.840 (0.054)	9.0 (0,26.4)
	TTC&MTTC	385	−0.211	−0.996	46	46	14	0.014 (0.004)	0.758 (0.293)	0.357 (0.078)	−0.262 (0.176)	0.869 (0.052)	9.3 (0,36.0)
	PET&DRAC	385	−0.876	2.127	46	46	15	0.221 (0.042)	−0.179 (0.042)	1.490 (0.132)	−0.189 (0.159)	0.832 (0.053)	0.3 (0,12.5)
	PET&MTTC	385	−0.876	−0.996	46	46	19	0.222 (0.042)	−0.162 (0.140)	0.339 (0.074)	−0.185 (0.185)	0.763 (0.057)	3.5 (0,27.9)
	MTTC&DRAC	385	−0.996	2.127	46	46	30	0.339 (0.061)	−0.012 (0.175)	1.317 (0.269)	−0.035 (0.167)	0.499 (0.055)	11.5 (0,34.4)
弗雷泽路-168 街	TTC&PET	261	−0.212	−0.867	31	30	3	0.015 (0.005)	0.320 (0.238)	0.192 (0.059)	0.019 (0.249)	0.999 (0.000)	4.0 (0,29.8)
	TTC&DRAC	261	−0.212	2.937	31	31	9	0.015 (0.005)	0.444 (0.282)	2.345 (0.531)	−0.411 (0.170)	0.884 (0.063)	2.5 (0,30.1)
	TTC&MTTC	261	−0.212	−0.944	31	31	12	0.015 (0.005)	0.494 (0.297)	0.758 (0.205)	−0.798 (0.274)	0.831 (0.069)	3.4 (0,76.0)
	PET&DRAC	261	−0.867	2.937	31	31	7	0.157 (0.039)	0.038 (0.177)	2.317 (0.524)	−0.411 (0.166)	0.938 (0.059)	1.5 (0,28.4)
	PET&MTTC	261	−0.867	−0.944	31	31	6	0.158 (0.039)	0.023 (0.172)	0.750 (0.186)	−0.789 (0.226)	0.987 (0.058)	1.7 (0,68.6)
	MTTC&DRAC	261	−0.944	2.937	31	31	20	0.556 (0.210)	−0.349 (0.439)	2.428 (0.606)	−0.408 (0.243)	0.586 (0.070)	17.3 (0,82.1)

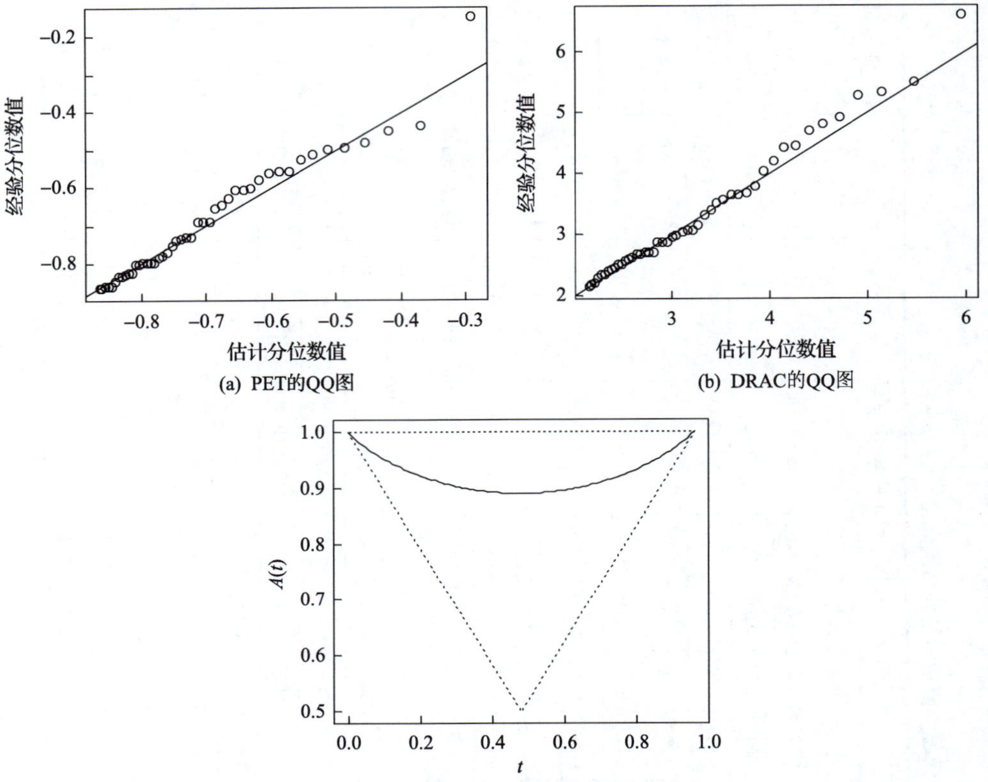

(a) PET的QQ图　　(b) DRAC的QQ图

(c) PET和DRAC的相关性函数图

图 5-13　64 大街-乔治国王大道 PET 和 DRAC 的拟合优度检验图

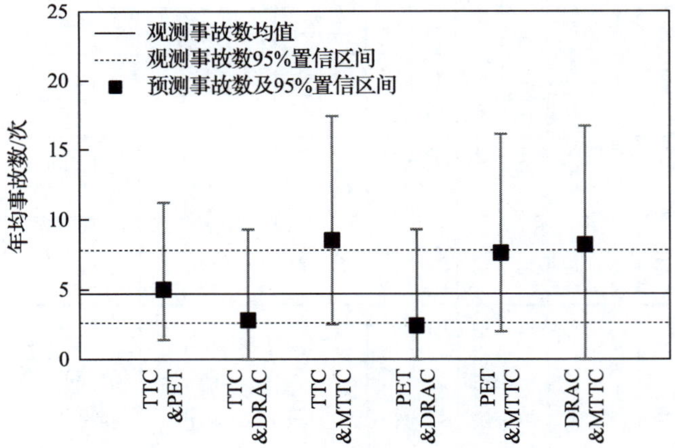

(a) 72大街-128街

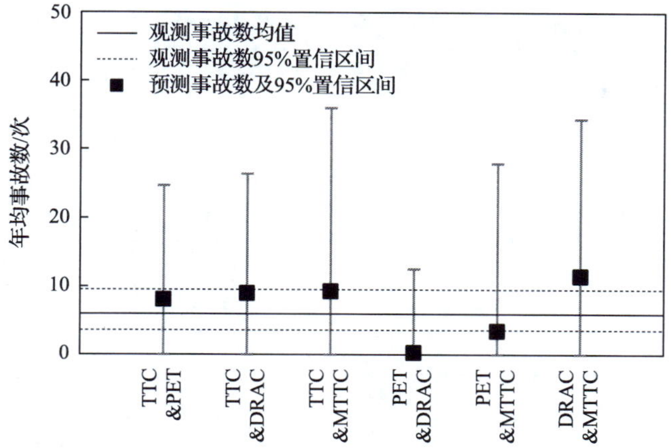

(b) 64大街-乔治国王大道

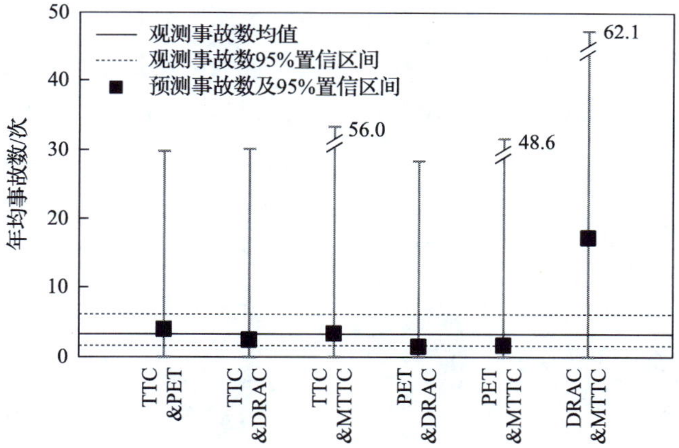

(c) 弗雷泽路-128街

图 5-14　二元超阈值模型预测事故数与观测事故数对比图

为了量化对比不同指标组合之间的差异，计算得到各指标组合预测事故数和观测事故数之间的平均绝对误差，见表 5-11。TTC&PET 组合的平均绝对误差最小，然后依次是 TTC&DRAC、TTC&MTTC、PET&MTTC 和 PET&DRAC，而 MTTC&DRAC 组合的平均绝对误差最大。MTTC&DRAC 组合产生较大的误差可能是由于 MTTC 和 DRAC 之间的相似性较大，两者都考虑了车辆运行过程中的加减速度。图 5-15 展示了各个指标组合关系的散点图，由图也可以看出 MTTC 和 DRAC 之间存在更为明显的负相关趋势。如果从极值相关性的角度来看，MTTC 和 DRAC 的极值相关水平（α=0.609）也是最高的，因为 α 值越小表明极值相关性水平越高。已有的研究表明，构建二元极值模型时，如果变量在可观测水平上相关性较高，那么极值模型也很可能高估在不可观测水平（极值水平）上的相关性，从而导致高估极值事件出现的概率。

表 5-11　预测事故数的平均绝对误差和指标相关性水平一览表

指标组合	平均绝对误差	相关性水平	
		极值水平（α 均值）	观测水平（皮尔逊相关系数）
TTC&PET	1.03	0.898	0.263
TTC&DRAC	1.90	0.884	0.372
TTC&MTTC	2.23	0.838	0.396
PET&DRAC	3.27	0.887	0.159
PET&MTTC	2.33	0.779	0.466
MTTC&DRAC	7.67	0.609	0.429
皮尔逊相关系数	−0.900		−0.610

与 MTTC&DRAC 组合不同的是，TTC&PET 组合的两个冲突指标在反映冲突过程的时间点和代表安全裕度的角度上都存在很大的不同，因此两个指标之间的相关性并不明显，如图 5-15(a) 和表 5-11 所示。TTC 和 PET 在可观测水平的皮尔逊

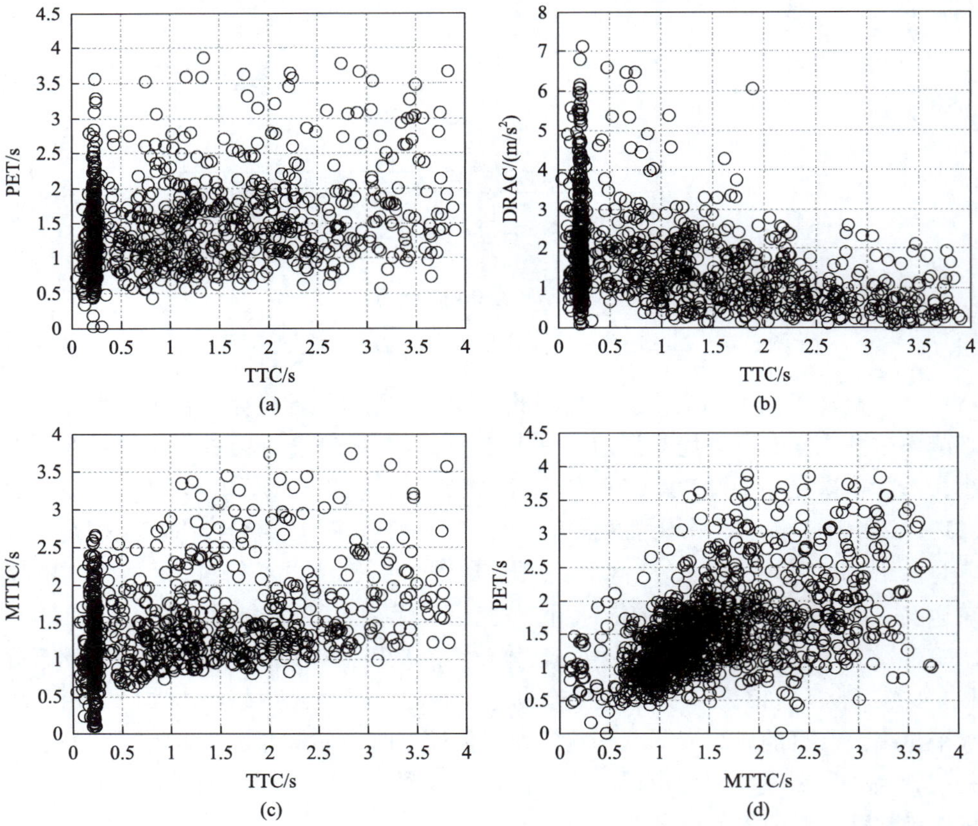

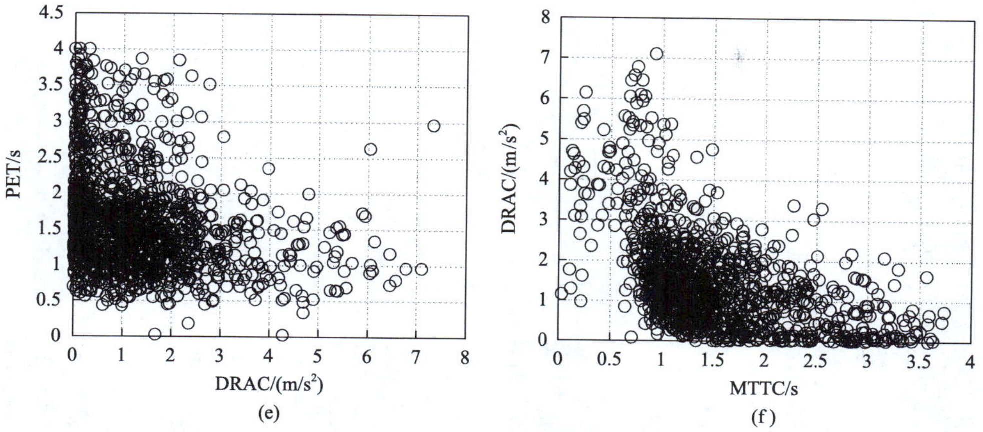

图 5-15　冲突指标组合散点图

相关系数为 0.263，而在极值水平时 α 值高达 0.898，是所有指标组合中事故预测准确度最高的。除这两个组合之外，其他组合之间的相关性水平也比较低，而预测事故的准确度较高。如果进一步分析平均绝对误差和相关性水平之间的相关系数，可以发现平均绝对误差与 α 值之间的相关系数高达–0.900，这也意味着极值相关性越弱的指标组合预测得到事故的准确度越高。这可以作为选择冲突指标组合的一个依据。此外，考虑到极值相关性 α 值和可观测水平之间存在负相关关系(相关系数为–0.610)，在实际应用中应首选在可观测水平上相关性最弱的两个指标进行二元极值模型的构建，这样将会得到更为准确的事故预测结果。

5.5　信号交叉口中心区左转冲突二元极值建模

前两节的例子均使用的是二元超阈值模型，本节将以信号交叉口中心区左转冲突为例介绍二元分量最大值模型(即二元区组极值模型)和二元超阈值模型的构建，并将这两种二元极值模型与其对应的一元极值模型进行系统的对比分析。

5.5.1　信号交叉口中心区左转车辆冲突判别

信号交叉口中心区左转车辆交通冲突的数据采集于加拿大不列颠哥伦比亚省 Surrey 市的 64 大街-乔治国王大道交叉口和 72 大街-乔治国王大道交叉口，这两个交叉口均是有允许性左转相位的信号控制交叉口。在录制视频时，摄像机被安置在交叉口附近的灯杆上并且摄像机聚焦于交叉口中心区域。视频采集时间为 2015 年

6月10日和6月11日的白天，两个交叉口共采集了32h的视频，其中64大街-乔治国王大道交叉口15h、72大街-乔治国王大道交叉口17h。

本节关注的左转冲突流如图5-16所示，分别为64大街-乔治国王大道交叉口乔治国王大道向南行驶的左转车辆与该大道向北行驶的直行车辆(记为KGE)、64大街-乔治国王大道交叉口乔治国王大道向北行驶的左转车辆与该大道向南行驶的直行车辆(记为KGW)、72大街-乔治国王大道交叉口72大街向东行驶的左转车辆与该大街向西行驶的直行车辆(记为STN)、72大街-乔治国王大道交叉口72大街向西行驶的左转车辆与该大街向东行驶的直行车辆(记为STS)。

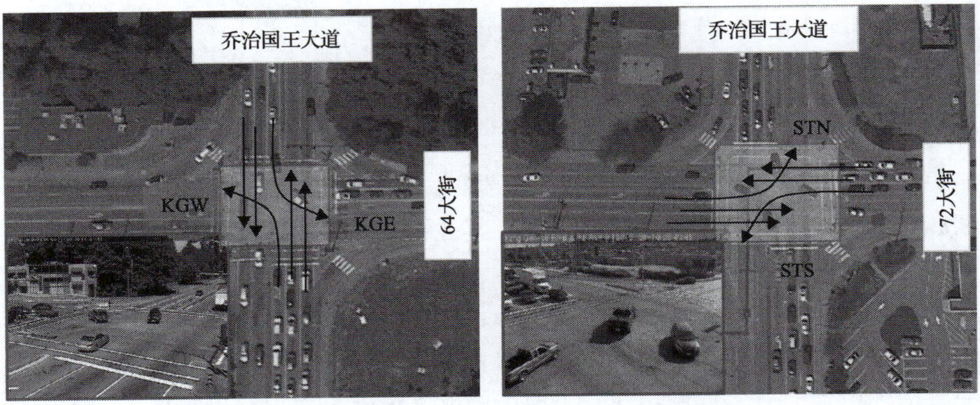

图5-16　信号交叉口布局及调查区域视频截图

视频数据处理及交通冲突提取采用的是第2章介绍的基于计算机视觉的交通冲突自动识别系统，该系统包括摄像机标定、角点跟踪、角点分组、原型生成、事件生成和冲突检测等6个模块。通过该系统，每一个左转冲突对应的TTC和PET指标可以被自动提取。然而，并不是每一个左转冲突都同时有TTC值和PET值，当某一冲突事件至少存在一个冲突指标且该指标值小于4.0s时，这个冲突事件才会用于后面的极值模型构建。最终得到的各个流向的冲突数据信息见表5-12。在相同的观测时间里，PET的样本数要远多于TTC样本数，这主要是因为大部分左转车辆和直行车辆之间并没有冲突过程。

除了交通冲突数据，从ICBC提供的2013～2015年事故记录中提取了64大街-乔治国王大道和72大街-乔治国王大道这两个信号交叉口中心区与左转车辆相关的交通事故数据。为了将交通冲突与交通事故更好地匹配，对交通事故数据进行细致的筛选，包括匹配具体流向、剔除夜间交通事故、剔除雨雪天气条件下的交通事故等。最后，两个交叉口共发生了13起与所调查交通冲突相匹配的左转交通事故，见表5-12。

表 5-12　调查数据基本信息一览表

交叉口及分析点		64 大街-乔治国王大道		72 大街-乔治国王大道	
		KGW	KGE	STN	STS
视频时长/h		15		17	
观测样本数/个	PET	1303	748	894	692
	TTC	170	184	138	107
PET 值/s	最小值	0.09	0.19	0.13	0.19
	均值	1.87	1.80	2.01	1.90
	最大值	4.00	3.98	3.99	3.99
TTC 值/s	最小值	0.06	0.15	0.12	0.08
	均值	2.20	2.01	2.28	1.73
	最大值	4.00	3.99	4.00	3.92
观测事故数/次	2013 年	1	2	1	0
	2014 年	2	1	0	0
	2015 年	3	1	1	1
	均值	2.00	1.33	0.67	0.33

5.5.2　一元极值模型构建与分析

本节利用左转交通冲突的 TTC 和 PET 指标，分别构建区组极值模型和超阈值模型，模型构建思路与第 4 章一致，模型估计依然采用 R 软件 in2extRemes 工具包[42]。

1) 区组极值模型构建与分析

区组大小的选择主要考虑偏差与方差的平衡，还需要保证区组极值样本数量满足统计模型的构建要求。最终，考虑到每个点的观测时间为 15h 或 17h 以及部分区组可能不存在冲突样本的情况，选择 20min 作为区组间隔，这样各个分析点包含的冲突样本区组数为 41～51 个。每个分析点包括两个模型：基于 PET 的区组极值模型 UGEV_PET 和基于 TTC 的区组极值模型 UGEV_TTC，具体的模型估计结果见表 5-13。

结合估计得到的 UGEV 模型参数，即可按照第 4 章介绍的方法计算得到各模型的预测事故数及其 95%置信区间，见表 5-13。QQ 图和概率密度图检验均表明模型具有较好的拟合优度，图 5-17 展示了 KGW 的 UGEV_PET 的模型拟合优度检验图。

表 5-13　区组极值模型估计结果

模型	地点	区组数/个	估计值			标准差			预测事故数及其 95%置信区间/次
			μ	σ	ξ	μ	σ	ξ	
UGEV_PET	KGW	45	−0.780	0.216	−0.219	0.034	0.023	0.061	0.70 (0,13.83)
	KGE	45	−0.896	0.160	−0.090	0.028	0.020	0.106	0.36 (0,7.36)
	STN	51	−0.872	0.252	−0.265	0.039	0.027	0.074	0.07 (0,14.70)
	STS	51	−0.882	0.259	−0.307	0.039	0.027	0.072	0 (0,9.16)
UGEV_TTC	KGW	45	−1.332	1.035	−0.764	0.104	0.114	0.103	4.08 (0,126.05)
	KGE	44	−1.662	0.726	−0.387	0.129	0.102	0.130	3.21 (0,70.46)
	STN	44	−1.700	0.955	−0.544	0.157	0.124	0.097	1.44 (0,89.99)
	STS	41	−1.245	0.971	−0.776	0.152	0.176	0.214	0.95 (0,197.92)

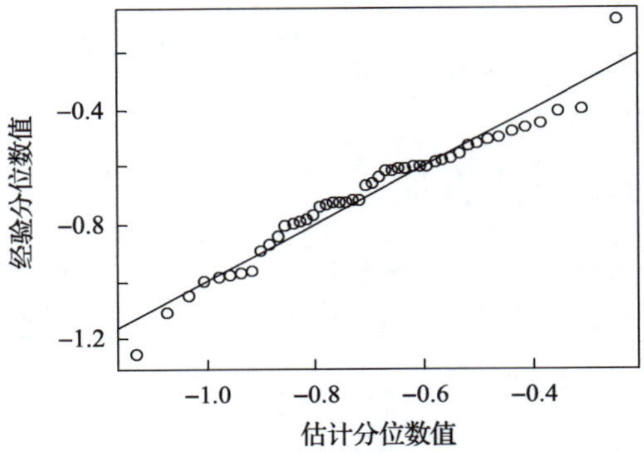

(a) QQ图

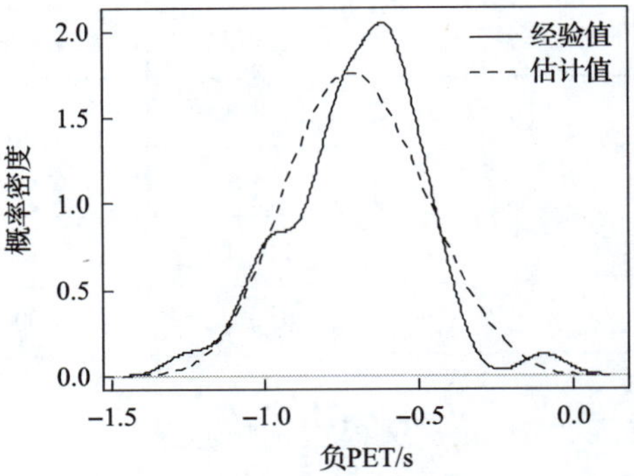

(b) 概率密度图

图 5-17　KGW 的 UGEV_PET 的模型拟合优度检验图

2) 超阈值模型构建与分析

阈值的选取仍采用的是较为常用的平均剩余寿命图和阈值稳定性分析图。通过这两个图解可以确定一个合理的阈值范围，在确定最终阈值时最好保证 PET 和 TTC 指标超阈值数的一致，这样可以在一定程度上方便与后文构建的二元超阈值模型进行对比分析。对于每个地点，分别构建了两个模型，基于 PET 的超阈值模型 UGP_PET 和基于 TTC 的超阈值模型 UGP_TTC。各个模型的阈值和具体的模型估计结果见表 5-14，模型的拟合优度同样通过了 QQ 图和概率密度图的检验。例如，KGW 的 UGP_PET 的模型拟合优度检验如图 5-18 所示。结合估计得到的 UGP 模型参数，即可按照第 4 章介绍的方法计算得到各模型的预测事故数及其 95%置信区间，见表 5-14。

表 5-14　超阈值模型估计结果

模型	地点	阈值/s	超阈值数/个	估计值		标准差		预测事故数及其95%置信区间/次
				σ	ξ	σ	ξ	
UGP_PET	KGW	−0.838	80	0.179	−0.145	0.024	0.077	0.12(0, 3.61)
	KGE	−0.926	79	0.150	−0.055	0.023	0.104	0.16(0, 4.07)
	STN	−0.960	75	0.260	−0.237	0.037	0.088	0.04(0, 5.66)
	STS	−0.953	84	0.256	−0.273	0.033	0.078	0(0, 3.23)
UGP_TTC	KGW	−2.189	80	1.820	−0.805	0.122	0.056	4.14(0, 27.27)
	KGE	−2.000	79	0.876	−0.357	0.153	0.140	2.60(0, 27.95)
	STN	−2.438	75	1.610	−0.634	0.199	0.091	1.62 (0, 30.53)
	STS	−2.438	84	2.125	−0.869	0.057	0.041	0.34(0, 16.58)

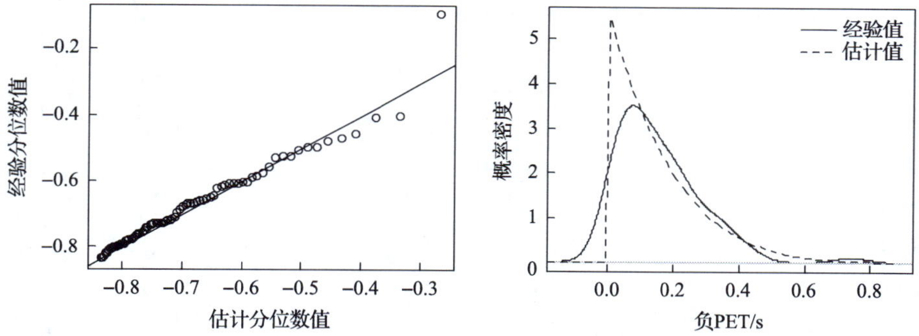

图 5-18　KGW 的 UGP_PET 的模型拟合优度检验图

5.5.3　二元极值模型构建与分析

对应于区组极值模型和超阈值模型，使用相同的区组和阈值分别构建基于 Logistic 函数的二元区组极值模型(BGEV)和二元超阈值模型(BGP)，模型估计使用的是 R 软件 evd 工具包[40]，具体模型估计结果见表 5-15 和表 5-16。结合模型估计参数，利用式(5-1)和式(5-2)计算可得二元极值模型的预测事故数，并通过仿真方法确定预测事故数的 95%置信区间，也分别见表 5-15 和表 5-16。

由模型估计结果可以看出，表示极值相关性水平的 α 取值为 0.856～0.919，说明 PET 和 TTC 在极值水平上存在较弱的渐近相关性。由于在观测时段内没有交通事故发生，这也就意味着存在冲突过程的两辆车通常都采取了有效的避险措施，因而即使 TTC 值很小，避险后的车辆仍会在一个相对较长的时间后才经过冲突点，使得 PET 值往往较大；另一方面，具有较小 PET 值的冲突车辆之间往往又不存在冲突过程，因而没有 TTC 值。PET 值和 TTC 值均很小的交通冲突事件(联合阈值超过数)相对较少，因此两个指标的相关性水平较低。

表 5-15　二元区组极值模型估计结果

地点	区组数/个	估计值							标准差							预测事故数及其95%置信区间/次
		μ_{PET}	σ_{PET}	ξ_{PET}	μ_{TTC}	σ_{TTC}	ξ_{TTC}	α	μ_{PET}	σ_{PET}	ξ_{PET}	μ_{TTC}	σ_{TTC}	ξ_{TTC}	α	
KGW	45	−0.780	0.216	−0.218	−1.341	1.036	−0.762	0.856	0.034	0.022	0.064	0.104	0.114	0.117	0.110	3.83 (0,143.36)
KGE	45	−0.885	0.162	−0.090	−1.663	0.710	−0.385	0.913	0.028	0.020	0.105	0.130	0.101	0.136	0.083	2.47 (0,71.88)
STN	51	−0.861	0.261	−0.276	−1.689	0.961	−0.565	0.909	0.040	0.031	0.092	0.154	0.131	0.115	0.103	0.28 (0,87.55)
STS	51	−0.881	0.259	−0.294	−1.313	0.880	−0.670	0.878	0.039	0.027	0.076	0.152	0.178	0.204	0.150	0.05 (0,146.19)

表 5-16　二元超阈值模型估计结果

地点	阈值/s		超阈值数/个			估计值					标准差					预测事故数及其95%置信区间/次
	PET	TTC	PET	TTC	(PET, TTC)	σ_{PET}	ξ_{PET}	σ_{TTC}	ξ_{TTC}	α	σ_{PET}	ξ_{PET}	σ_{TTC}	ξ_{TTC}	α	
KGW	−0.838	−2.189	80	80	19	0.179	−0.134	1.886	−0.819	0.865	0.025	0.085	0.130	0.114	0.035	1.46 (0, 9.17)
KGE	−0.926	−2.000	79	79	20	0.154	−0.038	0.857	−0.335	0.883	0.024	0.112	0.146	0.136	0.037	0.59 (0, 5.82)
STN	−0.960	−2.438	75	75	14	0.266	−0.233	1.620	−0.639	0.919	0.039	0.095	0.205	0.095	0.034	0.36 (0, 3.63)
STS	−0.953	−2.438	84	84	21	0.263	−0.271	1.994	−0.829	0.909	0.035	0.083	0.156	0.116	0.037	0 (0, 10.53)

5.5.4　极值模型对比分析

1) 冲突指标对比分析

基于 PET 和 TTC 的一元极值模型事故预测结果如图 5-19 和图 5-20 所示。总体来看，PET 的预测事故数均低于观测事故数，并且部分地点上 PET 预测事故数小于观测事故数 95%置信区间的下限；TTC 的预测事故数均高于观测事故数，但它们都位于观测事故数 95%置信区间内。从准确度的角度来看，TTC 指标要优于 PET 指标。然而，无论哪种一元极值模型，TTC 预测事故数的 95%置信区间都要远大于 PET 预测事故数的 95%置信区间。因此，TTC 预测精确度更低，这可能是由 TTC 样本量较小所引起的。当区组大小和阈值一定时，区组极值方法和超阈值方法识别出的 TTC 极值的跨度范围更大。以 KGW 为例，在区组极值模型中 PET 的最小值和最大值分别为–1.111s 和–0.284s，在超阈值模型中 PET 的最小值和最大值

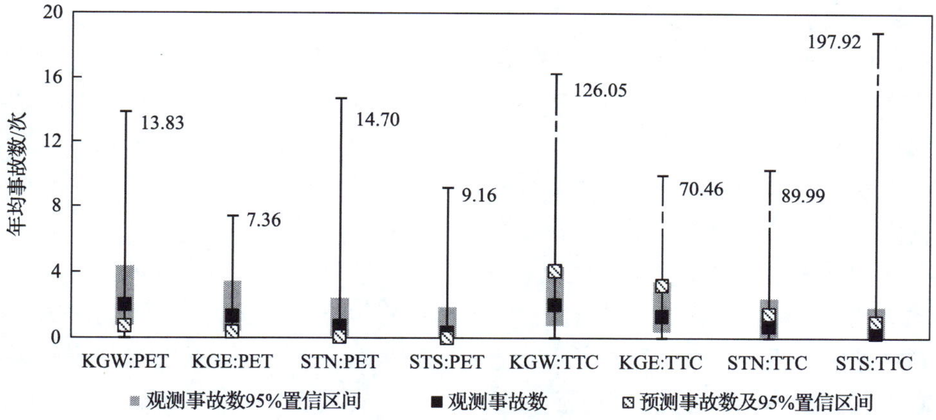

图 5-19　区组极值模型预测事故数与观测事故数对比图

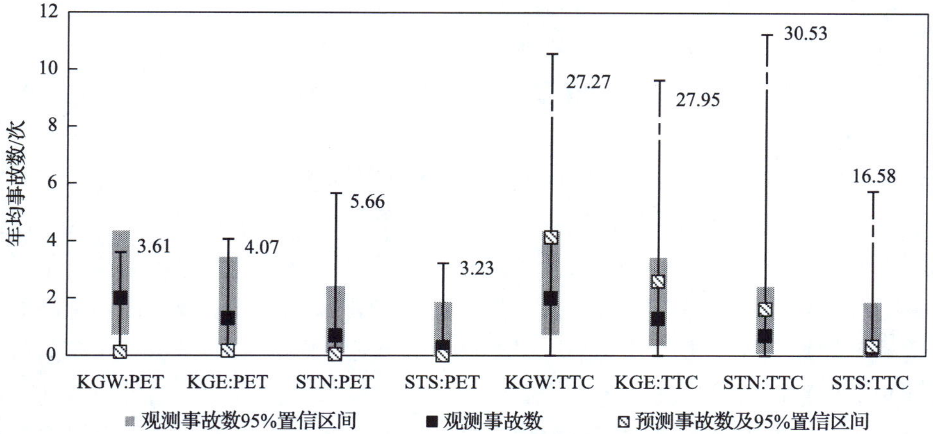

图 5-20　超阈值模型预测事故数与观测事故数对比图

分别为−0.838s 和−0.284s，而在两种模型中 TTC 的最小值和最大值则分别是−2.779s 和−0.149s 以及−2.189s 和−0.149s。更大跨度的 TTC 极值导致了估计模型的尺度参数具有更大的不确定性，见表 5-12 和表 5-13，因此也就导致了预测事故数的较大不确定性。

目前并不清楚 PET 指标低估交通事故数的原因。相较于 TTC，PET 被认为能更好地描述存在轨迹交叉的冲突事件的严重程度。然而，对于本节研究的具有允许性左转相位的交叉口，PET 指标可能会将一些“正常”的事件认定为交通冲突事件。例如，左转车辆通常会驶过停车线并在交叉口中心区停车等待一个可接受的间隙，当可接受间隙出现时左转车辆快速加速，并在直行车辆通过潜在冲突区域后迅速通过。在这种情况下，PET 值通常会很小。尽管此时较小的 PET 值意味着两辆车之间的安全裕度极为有限，但很多人会认为正常的驾驶员都是在确定直行车完全通过后才开始启动左转，因此即使 PET 值很小也不存在事故风险。

2）一元极值模型对比分析

通过图 5-19 和图 5-20 也可以看出，区组极值模型和超阈值模型的同一组“地点：指标”对应的事故预测结果之间有一定的相似性。理论上看，在交通冲突观测时段足够长且区组和阈值的选择都合理的条件下，两种极值模型的预测事故数应该是近乎一致的。因为当样本数量足够大时，两种极值方法鉴别出的极值将趋向一致，并且两种极值模型本身也存在内在联系。

然而，由于本例中交通冲突观测时间较短，两种模型预测事故数尤其是预测事故数的置信区间存在较大差异。进一步分析可以发现，超阈值模型的预测事故数比区组极值模型的预测事故数更接近观测事故数，并且超阈值模型预测事故数的置信区间更窄。这与第 4 章研究结论一致，即在观测时段较短的条件下超阈值模型优于区组极值模型。

3）二元极值模型对比分析

与 5.3 节和 5.4 节例子不同的是，本节利用 TTC 和 PET 指标分别构建了二元区组极值模型和二元超阈值模型，两个模型的预测事故数与观测事故数的对比分别如图 5-21 和图 5-22 所示。

从图中可以看出，两个二元极值模型的预测事故数都位于观测事故数 95%置信区间以内，但二元超阈值模型的预测事故数更接近观测事故数。二元区组极值模型预测事故数与观测事故数的最大绝对误差为 1.83，而二元超阈值模型预测事故数与观测事故数的最大绝对误差仅为 0.71；二元区组极值模型和二元超阈值模型预测事故数与观测事故数的平均误差分别为 0.92 和 0.47；此外，二元超阈值模型预测事故数的置信区间要远小于二元区组极值模型预测事故数的置信区间，即二元超阈值模型事故预测的不确定性更小。综上所述，二元超阈值模型优于二元

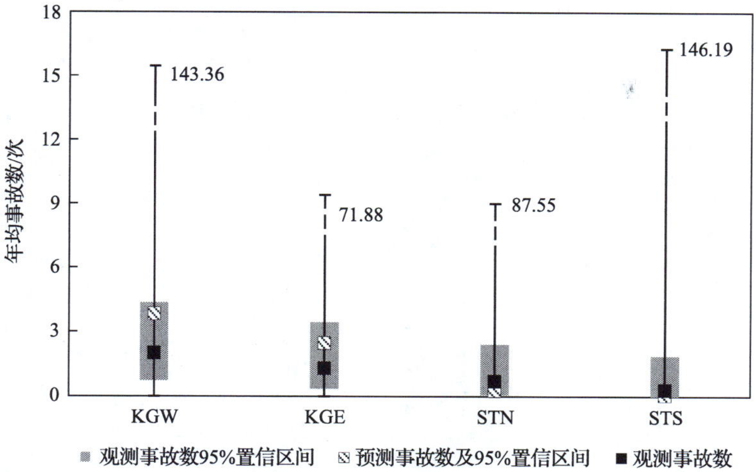

图 5-21　二元区组极值模型预测事故数与观测事故数对比图

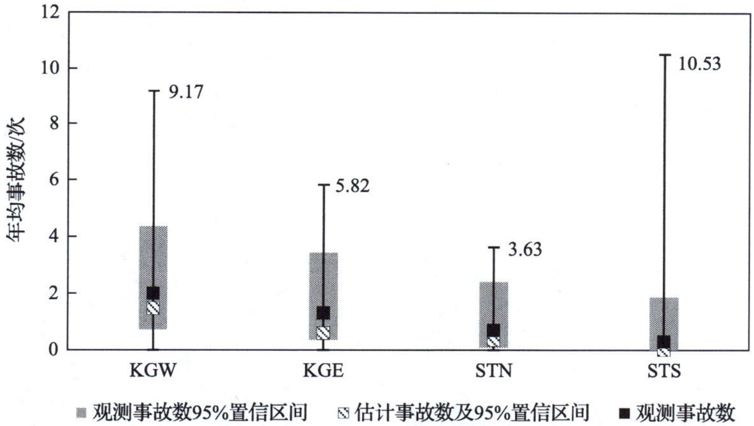

图 5-22　二元超阈值模型预测事故数与观测事故数对比图

区组极值模型，其根本原因在于二元超阈值模型能够更加有效地利用数据，这与一元超阈值模型类似。

4）极值模型综合对比分析

本节一共构建了 6 种极值模型，分别为基于 PET 的区组极值模型（UGEV_PET）、基于 TTC 的区组极值模型（UGEV_TTC）、基于 PET 的超阈值模型（GP_PET）、基于 TTC 的超阈值模型（GP_TTC）、二元区组极值模型（BGEV）和二元超阈值模型（BGP）。

与一元极值模型不同的是，二元极值模型在事故预测的过程中结合了两个冲突指标并考虑了指标之间的极值相关性。从理论的角度来看，不同指标反映冲突严重程度的视角和机理不同，因而指标的结合应能够更加全面地描述一个冲突事件。从本节的实例也可以看出，如图 5-23 和图 5-24 所示，二元极值模型平衡了 TTC

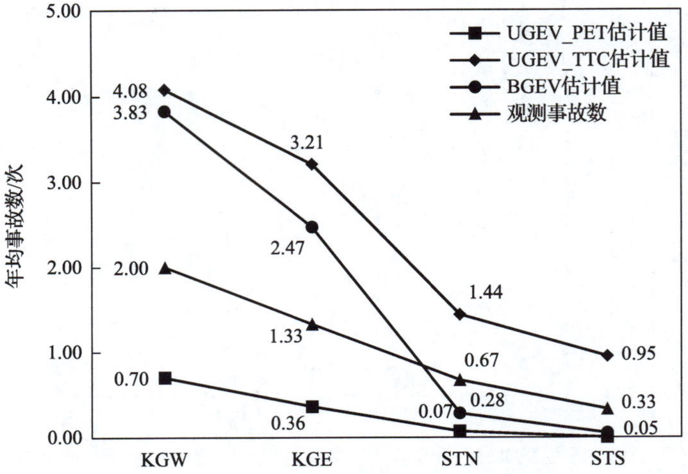

图 5-23　二元区组极值模型和一元区组极值模型预测事故对比图

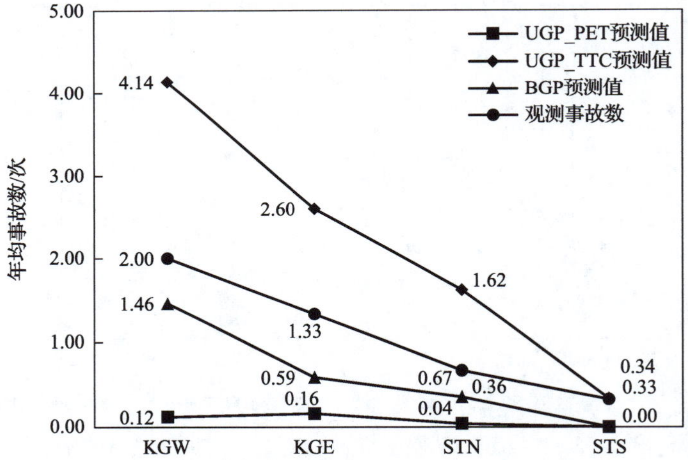

图 5-24　二元超阈值模型和一元超阈值模型预测事故对比图

指标对事故数的过高估计和 PET 指标对事故数的过低估计，因而产生了更为准确的事故估计结果。

为了定量比较，计算得到各个模型预测事故数与观测事故数之间的最大绝对误差和平均绝对误差，见表 5-17。从表 5-17 可以看出，BGP 模型最优，而其他 5 个模型则比较相似。考虑到 BGEV 模型的预测事故数都位于观测事故数的置信区间内，可以判断 BGEV 模型要在一定程度上优于其他四个一元极值模型。

除进一步证明二元极值模型优于一元极值模型外，本节的例子也表明了在冲突观测时间足够长的情况下，预测事故数的不确定性将趋于合理。不同于高速公路合流区每个调查点约 1h 的冲突观测和信号交叉口进口道每个点约 2h 的冲突观测，本节冲突观测的时间跨度为两天并达到 15h 和 17h。正如 5.3 节和 5.4 节探讨的那样，更长的观测时段预期会显著降低极值模型预测事故数的不确定性，而这一推论在本例中也得到了一定的证明。在较长观测时段条件下，本例中极值模型预测事故数的置信区间明显较小，其中二元超阈值模型预测事故数置信区间最大的仅为(0, 10.53)，这与观测事故数的置信区间也较为接近。

表 5-17　模型预测结果对比

	UGEV_PET	UGEV_TTC	UGP_PET	UGP_TTC	BGEV	BGP
KGW	0.70	4.08	0.12	4.14	3.83	1.46
KGE	0.36	3.21	0.16	2.60	2.47	0.59
STN	0.07	1.44	0.04	1.62	0.28	0.36
STS	0.00	0.95	0.00	0.34	0.05	0.00
最大绝对误差	1.30	2.08	1.88	2.14	1.83	0.71
平均绝对误差	0.79	1.35	1.00	1.10	0.92	0.47

第 6 章　交通事件安全连续体模型构建

前文的模型应用与分析表明，基于超阈值理论构建的交通冲突极值模型具有较好的事故预测效果。然而，超阈值方法也存在一定的缺陷，其中一个关键问题是阈值选取的主观性和不确定性。本章将以解决该问题为出发点，应用超阈值理论构建交通事件安全连续体参数化模型，包括特定严重程度指标下和广义严重程度指标下的安全连续体参数化模型。

6.1　概　　述

交通事件安全连续体是一个理论概念，指任何道路使用者之间的相互作用都可以看作交通过程的一个基本事件，而所有基本事件可按严重程度置于同一个维度内，其中无干扰通行事件位于该维度的一端而交通事故位于该维度的另一端，中间是交通冲突。安全连续体的另一个维度为频数/率，用以描述特定道路实体上不同严重程度交通事件的数量。

为了形象地表达安全连续体概念，学者提出了多种安全连续体图形化表征模型，其中最为常见的有 Glauz 和 Migletz 提出的基于碰撞接近度的分布函数模型[44]、Hydén 提出的金字塔模型[12]以及 Svensson 提出的钻石模型[45]。

1) 基于碰撞接近度的分布函数模型

分布函数模型内的交通事件由非交通冲突、轻微交通冲突、中等交通冲突、严重交通冲突和交通事故组成，如图 6-1 所示。其中，交通事件的严重程度通过事故接近程度指标(如 TTC)描述。该模型认为大部分道路使用者之间的相互作用不存在任何事故风险，因此这些事件被定义为非交通冲突。通过选择合适的指标临界值，将小于临界值的交通事件界定为交通冲突，并根据指标值大小细化为轻微交通冲突、中等交通冲突、严重交通冲突。而交通冲突的极端对应的是指标值小于等于 0 的交通事件，即交通事故。随着指标值的减小(即严重程度的增加)，对应交通事件的频率也逐渐减小。

2) 金字塔模型

金字塔模型内的交通事件由无干扰通行事件、潜在交通冲突、轻微交通冲突、严重交通冲突和交通事故组成，如图 6-2 所示。其中，无干扰通行事件是指道路使用者之间相互独立且在通过另一方时不存在任何相互干扰，这类事件严重程度最低而频率最高，位于金字塔的底部；潜在交通冲突的道路使用者相较于

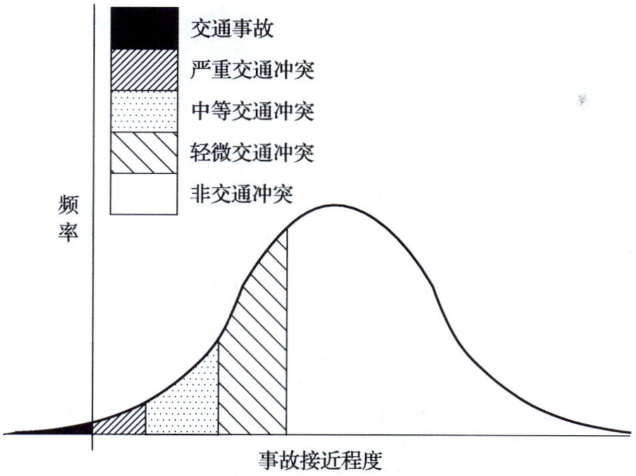

图 6-1　基于碰撞接近度的分布函数模型示意图

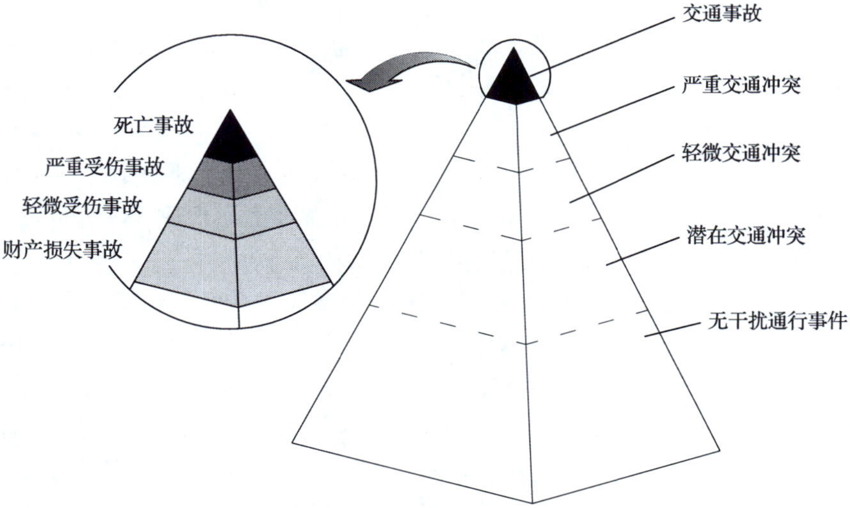

图 6-2　金字塔模型示意图

无干扰通行事件中的道路使用者更为接近且存在运行轨迹交叉，但它们之间的相互作用较为平顺且发生在初始阶段，无需避险行为；轻微交通冲突的道路使用者之间存在冲突过程且有避险行为的发生，该交通冲突被视为轻微的原因是整个冲突过程均处于可控范围，因而避险行为并不像紧急刹车那样激烈；严重交通冲突意味着避险行为启动较晚而导致激烈程度加剧，并且其很可能因避险行为不及时或无效而导致碰撞的发生；交通事故则是因为避险行为启动过晚或根本没有时间采用避险行为而导致了碰撞的发生。显然，交通事故在一系列交通事件中严重程度最高但频率最低，因而其位于金字塔的顶端。根据事故严重程度的不同，交通事故又可以进一步细化为财产损失事故、轻微受伤事故、严重受伤事故和死亡事故。

3）钻石模型

钻石模型是金字塔模型的改进，其核心在于相互作用的道路使用者极少存在绝对安全的情况，都或多或少地存在一定程度的相互干扰，因此无干扰交通事件的频率相对较少，如图 6-3 所示。钻石模型的主体是位于中间的存在一定程度相互作用的交通事件，在这些事件中道路使用者需要根据其他道路使用者的行为调整自己的行为，但这些调整都在可控范围内，因而形成了“正常有序”的交通过程。在这些事件顶部的则是交通冲突和交通事故。

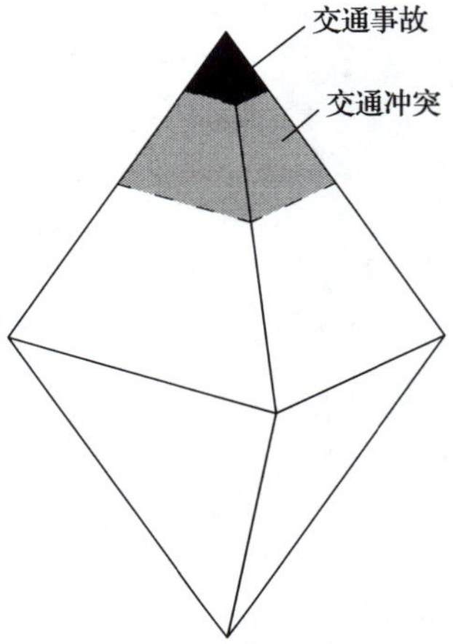

图 6-3　钻石模型示意图

交通事件安全连续体是交通冲突技术体系的一个重要理论分支，同时也是交通冲突技术发展的基础。正是因为在严重程度和频率这个二维体系内不同类型交通事件存在上述模型所示的层级对应关系，学者才建立了较为常用的交通冲突与交通事故关系模型（如第 2 章所介绍的基于不同严重程度等级交通冲突频数的回归模型），这也是验证交通冲突技术预测有效性的关键。

虽然交通事件安全连续体提供了描述交通事件关系的理论框架和图形化表达，目前却没有相应的参数化表达模型，这在很大程度上限制了交通事件安全连续体的应用。此外，在交通事件安全连续体内，需要选择一系列临界值来区分不同等级的交通事件，如交通冲突与交通事故、交通冲突与非交通冲突等，而目前这些临界值的选择多是主观确定的，具有很大的不确定性。本章将以超阈值模型为基础，尝试构建安全连续体参数化模型并解决临界值选取的主观性问题。

6.2　超阈值模型存在问题分析

6.2.1　阈值选取问题再探讨

利用图解法选取阈值的一个核心问题是阈值确定的主观性，即需要根据分析图人为确定阈值范围。不同的人面对同一张图所得到的分析结果不一定相同；即使是同一个人，在不同时间分析同一张图，所得到的结果也不一定完全一致。并且，由于没有进一步判断，即使获得了不同的阈值范围，也不能确定哪一个最优。因此，阈值选取的主观性同时也增加了模型的不确定性。

仍以第 4 章中的路段 KY1Y_L 为例，由于最终选取的阈值范围由阈值稳定性分析图确定，这里主要分析形状参数和尺度参数稳定性分析图，如图 6-4 所示。在第 4 章中，选取的阈值范围是[–1.3,–1.0]，并将 –1.0s 作为该路段的最终阈值。然而，仅根据图 6-4 所确定的阈值范围的上限也可能是–0.9s 或–1.1s。如果考虑阈值在 –1.0s 周围的浮动，得到的模型估计结果见表 6-1。

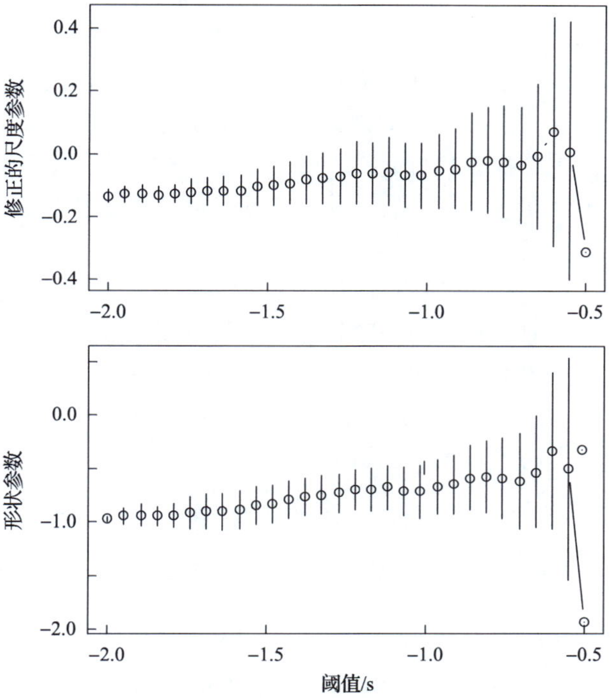

图 6-4　路段 KY1Y_L 阈值稳定性分析图

表 6-1　不同阈值对应的路段 KY1Y_L 的模型估计结果

阈值/s	模型参数		安全分析指标	
	尺度参数	形状参数	事故数/次	事故重现水平
–0.95	0.441	–0.523	0	–0.1230
–1.00	0.575	–0.554	17.9	0.2226
–1.05	0.623	–0.574	17.6	0.2224

由表 6-1 可知，阈值的变化会导致模型参数估计结果的变化，进而导致安全分析指标值的变化，尤其是当阈值从–1.00s 变为–0.95s 时，虽然模型估计参数的变化范围很小，但是对应的安全分析指标值的变化幅度却很大，相当于从危险路段转变为零事故路段。据此，可以发现安全分析指标值对阈值的选取非常敏感，应尽可能消除阈值选取的主观性，减少其不确定性。

6.2.2　PET 映射问题探讨

前文建立的极值理论模型以取负的 PET(NPET)为基础，即建模之前将 PET 进行取负映射以满足极值理论模型的前提要求。取负映射的一个显著缺点是该映射为线性映射，即 PET 和 NPET 之间是同比例转换，无法体现出不同严重程度等级之间的差别。例如，PET=0s 和 PET=0.1s 之间的差值与 PET=1.0s 和 PET=1.1s 之间的差值是相同的，但显然其值所代表的实际严重程度的差别不同，PET=0s 代表的是交通事故，而 PET=0.1s、PET=1.0s 和 PET=1.1s 均代表交通冲突。

由于线性映射无法将 PET 值的差和冲突严重程度差进行很好的对应，需要考虑引入非线性映射的方法，目标是放大较小 PET 值之间的差距而缩小较大 PET 值之间的差距。同时，选用的非线性映射应满足以下两个基本条件：

(1) 非线性映射函数必须是单调函数。

(2) 非线性映射后的值必须保证符号的一致性。

能够实现上述目标并满足基本条件的非线性映射有多种，本书主要比较两种常用的映射：倒数映射和指数映射。映射前后，两种不同方法对应的 PET 映射值及差值如图 6-5 所示。由图 6-5 可知，倒数映射对较小 PET 值的放大倍数要大于指数映射，因此本节将选取倒数映射方法。

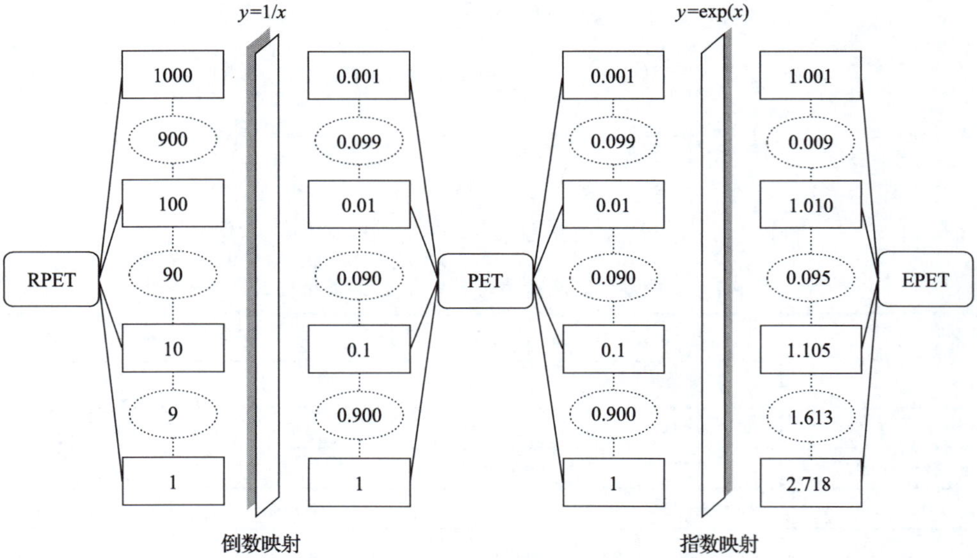

图 6-5　两种映射方法对应的 PET 映射图

倒数映射的核心是将 PET 样本值进行取倒数转换，即 RPET=1/PET。RPET 可以显著地放大映射之前较小 PET 值之间的差距，同时也减小映射之前较大 PET 值之间的差距。倒数映射虽然满足了进行极值模型建立的先决条件，但是取倒数之后却无法确定事故发生的条件，即虽然以 RPET 为基础可建立极值理论模型，但由于取倒数后 PET 不能等于 0，其安全蕴含无法体现。为了解决这一问题，引入了移位倒数映射，即在取倒数之前引入了移位值 $\delta(\delta>0)$。移位倒数映射的概念如图 6-6 所示。

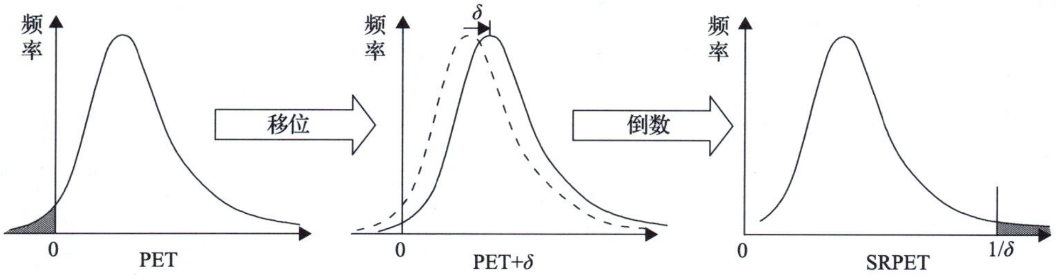

图 6-6　移位倒数映射概念图

当 PET 移位倒数映射为 $\text{SRPET}=1/(\text{PET}+\delta)$ 后可得，当 $\text{PET}+\delta>0$ 时，$1/(\text{PET}+\delta)\geqslant 1/\delta \Rightarrow \text{PET}+\delta \leqslant \delta \Rightarrow \text{PET}\leqslant 0$，即 $1/(\text{PET}+\delta)\geqslant 1/\delta$ 意味着交通事故的发生。

6.3　安全连续体参数化模型的提出与解析

6.3.1　移位 Gamma-GPD 模型

本节提出的移位 Gamma-GPD 模型是以移位倒数映射后的 PET 为数据基础，以消除超阈值模型中阈值选取的主观性为目标而建立的。消除阈值选取主观性的基本思路是将阈值作为一个模型参数和其他模型参数同时估计。传统的超阈值模型建立方法实际上遵循“两步走”的思路，即第一步选取阈值，第二步假设阈值已知进而估计其他两个超阈值模型参数(尺度参数和形状参数)。由于尺度参数和形状参数的值由阈值决定，阈值选取的主观性也就导致了尺度参数和形状参数的不确定性。显然，如果将阈值也作为一个参数并和其他两个参数同时估计，就会将尺度参数和形状参数对阈值的主观依赖性转变为三个参数对数据的依赖性。

从整个观测样本的角度分析，选取的阈值实际上是把观测样本集合划分为两个部分：超出阈值的部分为极值样本，用来拟合极值统计模型；低于阈值的样本为常规样本，属于经典统计研究的范畴。也就是说，超阈值样本服从的是某一极值理论分布，而低于阈值的样本服从的是某一中心分布。因此，阈值实际上是将整个样本分布函数分为两段，如图 6-7 所示。

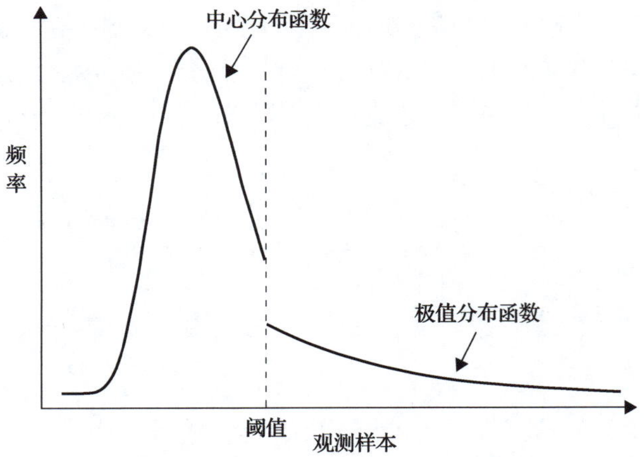

图 6-7　样本总体分布与阈值关系示意图

通过第 3 章的分析可知，超阈值服从广义帕累托分布，即

$$F(x \mid x > u) = G(u, \sigma, \xi) \tag{6-1}$$

式中，u 为阈值；σ 为尺度参数；ξ 为形状参数；$G(\cdot)$ 为广义帕累托分布。

对于低于阈值的样本，其服从某一种中心分布。可供选用的中心分布有多种，例如 Berhrens 等选用了伽马分布[46]，Mendes 和 Lopes 选用了正态分布[47]，Lee 等选用了指数分布[48]。本节参照 Berhrens 等提出的模型构建思路，选用伽马分布，即

$$F(x \mid x \leqslant u) = H(\alpha, \beta) \tag{6-2}$$

式中，α 为伽马分布的形状参数；β 为伽马分布的尺度参数；$H(\cdot)$ 为伽马分布。

联合上述两个分布，得到观测样本的整体分布，称为伽马-广义帕累托分布（Gamma-GPD），由于该分布的拟合样本是经过移位倒数映射后的 PET，最终得到的模型称为移位 Gamma-GPD 模型。模型的结构如下：

$$F(x \mid \alpha, \beta, u, \sigma, \xi) = \begin{cases} H(x \mid \alpha, \beta), & x < u \\ H(u \mid \alpha, \beta) + [1 - H(u \mid \alpha, \beta)] G(x \mid u, \sigma, \xi), & x \geqslant u \end{cases} \tag{6-3}$$

该模型的似然函数为

$$L(\theta; x) = \begin{cases} \prod\limits_{A} b(x \mid \alpha, \beta) \prod\limits_{B} (1 - H(u \mid \alpha, \beta)) \left\{ \dfrac{1}{\sigma} \left[1 + \dfrac{\xi(x_i - u)}{\sigma} \right]^{-\frac{1+\xi}{\xi}} \right\}, & \xi \neq 0 \\ \prod\limits_{A} b(x \mid \alpha, \beta) \prod\limits_{B} (1 - H(u \mid \alpha, \beta)) \left[\dfrac{1}{\sigma} \exp\left(\dfrac{x_i - u}{\sigma} \right) \right], & \xi = 0 \end{cases} \tag{6-4}$$

式中，θ 为参数集合，$\theta=\{\alpha,\beta,u,\sigma,\xi\}$；$A=\{i:x_i<u\}$；$B=\{i:x_i\geqslant u\}$。

通过移位 Gamma-GPD 模型可以实现阈值 u 和其他四个模型参数的同时估计，因此可以消除阈值选取的主观性，减少不确定性。

6.3.2　模型参数解析

移位 Gamma-GPD 模型中，除了 5 个显参数 $(\alpha,\beta,u,\sigma,\xi)$，还有一个隐参数 δ，其中移位值 δ 和阈值 u 尤为重要，因为这两个参数蕴含着重要的安全意义。

本章提出的移位 Gamma-GPD 模型暗含着与钻石模型相同的信息，即随着严重程度向两极移动，所对应事件的频数逐渐降低，如图 6-8 所示。其中，图 6-8(a)是交通事件安全连续体钻石模型。移位 Gamma-GPD 模型中的阈值 u 代表钻石型安全分级模型中交通冲突与无干扰通行事件的分界，而移位 Gamma-GPD 模型中移位值的倒数 $1/\delta$ 对应的是钻石型安全分级模型中交通事故与交通冲突的分界。

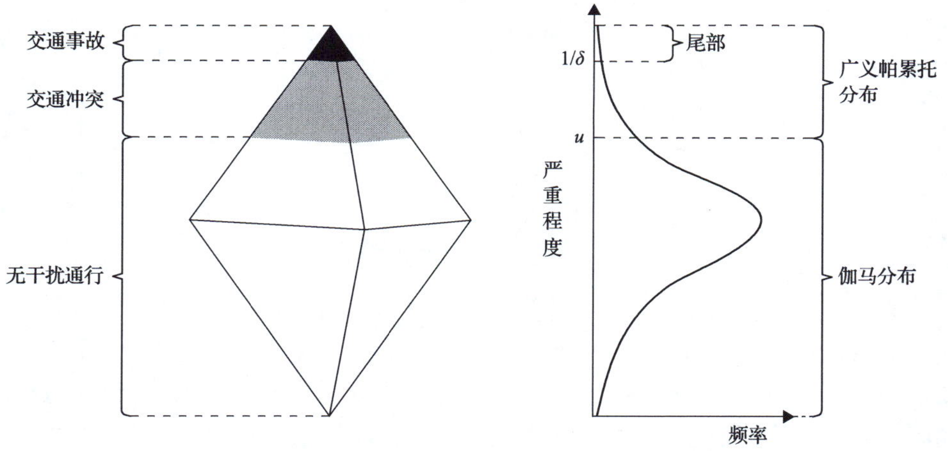

(a) 钻石模型　　(b) SRPET的总体分布

图 6-8　阈值 u 和移位值 δ 解析图

6.4　安全连续体参数化模型的标定方法

6.4.1　移位值 δ 的确定方法

为了标定移位 Gamma-GPD 模型的参数，首先要确定移位值，然后才能用移位倒数映射后的 PET 拟合移位 Gamma-GPD 模型，进而得到模型参数。所以，参数标定的基本流程如图 6-9 所示。

由 6.3 节的分析可知，移位值的倒数 $1/\delta$ 对应的是交通冲突与交通事故的分界。由于进行了移位倒数映射，交通冲突与交通事故的分界不再像原始 PET 那么明显，并且从理论上来讲，移位值 δ 可能是大于 0 的任意一个值。因此，移位值 δ 的直接确定有一定难度。

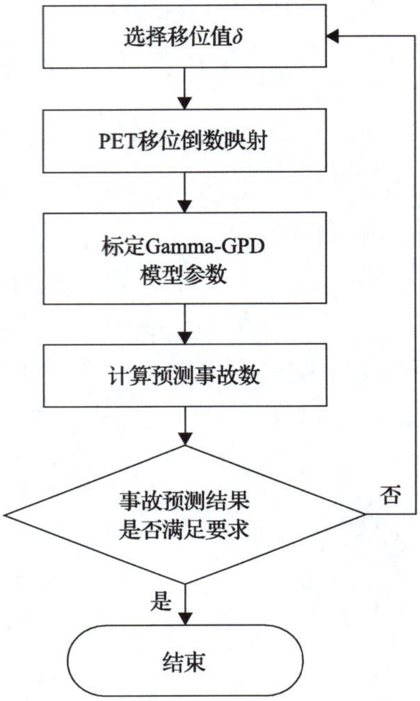

图 6-9　模型参数标定流程图

假设不同路段上交通冲突与交通事故的分界是固定而且相同的，进而依靠观测事故数据进行移位值的确定，即选择的是使模型预测事故数与观测事故数之间误差最小的移位值。从图 6-8(b)的分布来看，当 δ 无限大时，$1/\delta$ 将无限接近 0，此时尾部会覆盖整个分布，意味着所有观测到的交通事件均为交通事故，显然其与实际情况不符。因此，无限大的 δ 会产生较大的事故估计误差。另外，当 δ 接近 0 时，$1/\delta$ 会接近无限大，代表事故发生的分布尾部会无限接近 0。这显然也是不符合实际情况的，因为并不是所有的路段均没有事故发生。

综合上述分析，无论是过大的移位值还是接近 0 的移位值都会产生较大的事故估计误差，而在两者之间可能会存在一个 δ 值使得预测事故数与观测事故数之间的误差最小。考虑到事故的发生是一个小概率事件，该 δ 值应该会较小。

6.4.2　Gamma-GPD 模型参数标定方法

Gamma-GPD 模型的参数包括伽马分布参数 (α,β) 和 GPD 分布参数 (u,σ,ξ)，对于一个给定的移位值，本书采用贝叶斯估计的方法标定 $\psi=\{\alpha,\beta,u,\sigma,\xi\}$，即通过观测数据和参数的先验分布计算后验分布来得到最优的参数估计值。

1) GPD 参数 (σ,ξ) 的先验分布

贝叶斯估计最主要的优势在于能够将专家的经验融入模型参数估计过程中，考虑到极值样本数量本身较为稀少，因此更希望能够借助专家的经验来提高极值模型参数估计的可靠度。然而，专家的经验更多的是关于极值行为的发生，很少能够直接对应到极值模型的参数。因此，这里采用 Coles 和 Tawn 在 1996 年提出的一种方法，即依据模型参数构建专家更为熟悉的指标[49]。根据广义帕累托的分布函数，可以得到其对应的 $1-p$ 分位数，即

$$q = u + \frac{\sigma}{\xi}(p^{-\xi} - 1) \tag{6-5}$$

式中，分位数 q 可以理解为对应于重现期为 $1/p$ 的重现水平。GPD 分布参数的先验分布可以通过重现水平序列 (q_1,q_2,q_3) 来引出。其中，$q_1<q_2<q_3$，与重现水平序列对应的概率 p 满足条件：$p_1>p_2>p_3$。Coles 和 Tawn 认为相邻两个重现水平的差为

$$d_i = q_i - q_{i-1}，\quad i = 1,2,3 \tag{6-6}$$

服从伽马分布，即 $d_i \sim \text{Gamma}(a_i,b_i)$。其中，$q_0$ 经常取值为 0。这样，先验信息就可以通过咨询专家对某一概率 p 对应的 50%、90%或其他分位数的经验值来获取。

以重现期 10、100 和 1000 为例，其对应的概率 p_1=0.1、p_2=0.01、p_3=0.001，根据上述分析，GPD 分布参数可以转化为相应的伽马分布参数。因为这里暂不考虑阈值 u，所以 GPD 分布仅有两个参数：σ 和 ξ。因此，仅需要两个含有超参数的伽马分布：$d_1 = q_1 \sim \text{Gamma}(a_1,b_1)$ 和 $d_2 = (q_2 - q_1) \sim \text{Gamma}(a_2,b_2)$。与之对应的参数 σ 和 ξ 的边缘先验分布为

$$\begin{aligned}\pi(\sigma,\xi) \propto & \left[u + \frac{\sigma}{\xi}(p_1^{-\xi} - 1)\right]^{a_1-1} \exp\left\{-b_1\left[u + \frac{\sigma}{\xi}(p_1^{-\xi} - 1)\right]\right\} \\ & \times \left[\frac{\sigma}{\xi}(p_2^{-\xi} - p_1^{-\xi})\right]^{a_2-1} \exp\left\{-b_2\left[\frac{\sigma}{\xi}(p_2^{-\xi} - p_1^{-\xi})\right]\right\} \\ & \times \left|-\frac{\sigma}{\xi_2}\left[(p_1p_2)^{-\xi}(\log p_2 - \log p_1)\right] - p_2^{-\xi}\log p_2 + p_1^{-\xi}\log p_1\right|\end{aligned} \tag{6-7}$$

对交通安全分析专家来说，由于不同的路段往往会有不同的道路、交通、环境条件以及交通事故发生的强随机性，专家很难直接给出分位数的估计值。一种解决方法是利用经典的事故预测模型来估计对应用不同概率 p 条件的事故数；另一种方法是预先给定一个阈值，进而估计 GPD 分布并计算对应的重现水平，这是本书采用的一种方法。

2) 阈值 u 的先验分布

确定阈值 u 先验分布的方法很多，这里假设其服从参数为(μ_u,σ_u^2)、截尾值为 e_1 的截尾正态分布，形式如下：

$$\pi(u\mid\mu_u,\sigma_u^2,e_1)=\frac{1}{\sqrt{2\pi\sigma_u^2}}\frac{\exp[-0.5(u-\mu_u)^2/\sigma_u^2]}{\Phi[-(e_1-\mu_u)/\sigma_u]} \tag{6-8}$$

式中，μ_u 需设置为较高的分位数且 σ_u^2 也应足够大，从而保证该分布能够覆盖更大的范围；$\Phi(\cdot)$ 为均值为 0、方差为 1 的标准正态分布。

3) 伽马分布参数(α,β)的先验分布

这里同样不直接考虑参数(α,β)的先验分布，而是分析 α 和 $\lambda=\alpha/\beta$。因为 λ 可以视为阈值以下观测样本均值的期望值，其相关先验信息获取相对容易。假设参数 α 和均值 λ 相互独立，进而假设 $\alpha\sim\text{Gamma}(a,b)$ 而 $\lambda\sim\text{Gamma}(c,d)$，其中 a、b、c、d 为超参数，那么(α,β)的联合先验分布为

$$\pi(\alpha,\beta)=\frac{b^a}{\Gamma(a)}\alpha^{a-1}\mathrm{e}^{-b\alpha}\frac{b^c}{\Gamma(c)}\left(\frac{\alpha}{\beta}\right)^{c-1}\mathrm{e}^{-d\alpha/\beta}\left(\frac{\alpha}{\beta^2}\right) \tag{6-9}$$

4) 后验推理

结合移位 Gamma-GPD 模型的似然函数(式(6-4))和各个参数的先验分布函数，可以用贝叶斯理论获得相应的后验分布，即

$$\begin{aligned}\log p(\psi\mid x)=K&+\sum_{i=1}^{n}I(x_i<u)[\alpha\log\beta-\log\Gamma(\alpha)+(\alpha-1)\log x_i-\beta x_i]+\sum_{i=1}^{n}I(x_i\geqslant u)\\&\times\log\left[1-\int_0^u\frac{\beta^\alpha}{\Gamma(\alpha)}t^{\alpha-1}\mathrm{e}^{-\beta t}dt\right]-\sum_{i=1}^{n}I(x_i\geqslant u)\log\sigma\\&-\frac{1+\xi}{\xi}\sum_{i=1}^{n}I(x_i\geqslant u)\log\left[1+\frac{\xi(x_i-u)}{\sigma}\right]+(a-1)\log\alpha-b\alpha\\&+(c-1)\log\left(\frac{\alpha}{\beta}\right)-d\left(\frac{\alpha}{\beta}\right)+\log\left(\frac{\alpha}{\beta^2}\right)-\frac{1}{2}\left(\frac{u-\mu_u}{\sigma_u}\right)-b_1\left[u+\frac{\sigma}{\xi}(p_1^{-\xi}-1)\right]\\&+(a_2-1)\log\left[u+\frac{\sigma}{\xi}(p_2^{-\xi}-p_1^{-\xi})\right]-b_2\left[u+\frac{\sigma}{\xi}(p_2^{-\xi}-p_1^{-\xi})\right]\\&+\log\left|-\frac{\sigma}{\xi^2}\left[(p_1p_2)^{-\xi}(\log p_2-\log p_1)-p_2^{-\xi}\log p_2+p_1^{-\xi}\log p_1\right]\right|\end{aligned} \tag{6-10}$$

式中，K 为常数，其他符号意义同式(6-4)～式(6-9)。该式对应的是 $\xi\neq 0$ 时的后验分布。后验分布贝叶斯推理基于 Metropolis-Hastings 算法的 MCMC 仿真实现。

6.5　安全连续体参数化模型标定结果分析

本节仍以第 4 章高速公路变道冲突为例。由于部分路段样本量较小，在用于标定模型时存在不收敛的问题，本节选用了其中的 21 个路段。

6.5.1　移位值 δ 标定结果

本节选用均方根误差(RMSE)作为预测事故数与观测事故数之间的误差衡量指标。由于原始 PET 的测量精度为 0.04s，选取的 δ 的测量范围为(0, 0.04]。在分析的过程中，随着移位值逐渐增大，有 10 个路段对应的模型部分参数存在不收敛的情况。

因此，首先对全程收敛的 11 个路段进行分析，标定对应于不同移位值的移位 Gamma-GPD 模型并利用模型参数估计对应的事故数，进而计算得出不同移位值条件下预测事故数与观测事故数的 RMSE，如图 6-10(a)所示。由图可知，在(0, 0.04]里，随着 δ 值的增大或减小，RMSE 的值都逐渐增大，这与前文的分析一致，并且 RMSE 的最低点位于[0.001, 0.01]区间内。

进而，对区间[0.001, 0.01]进行进一步细化，测量步长为 0.002，RMSE 计算结果如图 6-10(b)所示。由图可知，移位值为 0.005（$-\log 0.005 = 2.3013$）时所对应的 RMSE 值最小，因此 0.005 被确定为最优的移位值，而以该移位值为基础标定的移位 Gamma-GPD 模型即为最优模型。

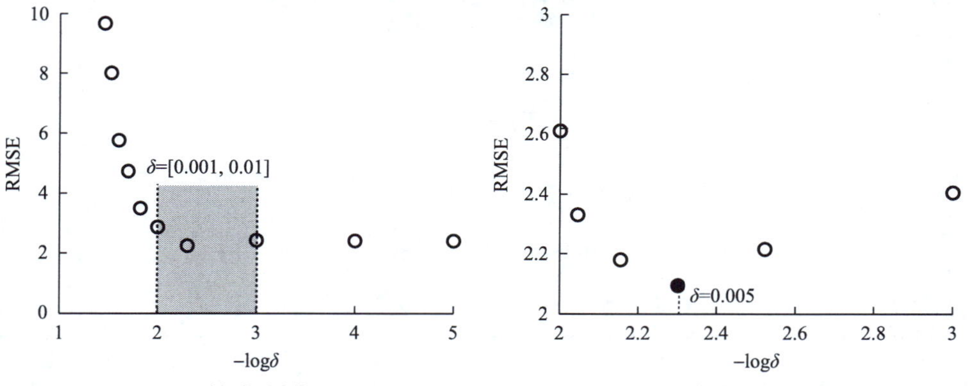

(a) (0, 0.04]　　(b) [0.001, 0.01]

图 6-10　不同移位值对应的 RMSE

6.5.2　Gamma-GPD 模型参数标定结果

Gamma-GPD 模型参数贝叶斯估计的 MCMC 算法是在 Ox 环境下实现的，其程序代码主要从 Behrens 等的程序代码中修正而来[46]。对于每个路段，都进行了 300000 次迭代，而每个参数的估计值从最后 10000 次迭代中计算得出。

图 6-11 给出了路段 KY3K_L 对应模型参数的迭代过程，图中的点代表的是每 10 次迭代后的结果。由该图可以看出，在大约 4000 次迭代后，每个模型参数都在一个固定值附近上下浮动且没有明显的上升或下降趋势。因此，基本可以认为经过 300000 次迭代后所有模型参数均已收敛。

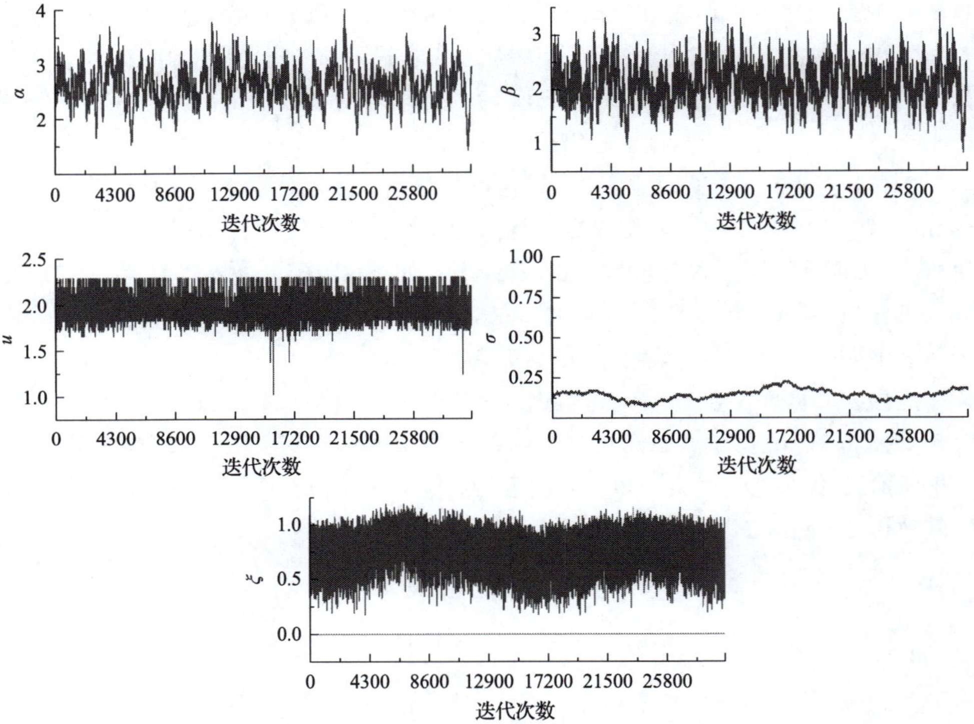

图 6-11　路段 KY3K_L 对应模型参数迭代过程

21 个路段对应的移位 Gamma-GPD 模型的标定结果见表 6-2。

表 6-2　移位 Gamma-GPD 模型标定结果

路段	δ	α 均值（标准差）	β 均值（标准差）	u 均值（标准差）	σ 均值（标准差）	ξ 均值（标准差）
JZ3G_L	0.005	2.104（0.056）	2.615（0.205）	0.835（0.039）	0.226（0.038）	0.811（0.288）
JZ4G_L		1.637（0.125）	2.138（0.257）	1.301（0.201）	0.349（0.017）	0.520（0.174）
KY1Y_R		2.862（0.101）	2.356（0.130）	1.351（0.121）	0.464（0.083）	0.525（0.135）

续表

路段	δ	α 均值(标准差)	β 均值(标准差)	u 均值(标准差)	σ 均值(标准差)	ξ 均值(标准差)
KY1Y_L	0.005	1.909 (0.394)	1.815 (0.546)	0.990 (0.282)	0.381 (0.102)	0.507 (0.182)
KY2K_R		2.768 (0.066)	2.424 (0.134)	1.741 (0.410)	0.554 (0.037)	0.330 (0.208)
KY2Y_R		2.446 (0.447)	1.922 (0.364)	1.392 (0.407)	0.630 (0.163)	0.404 (0.162)
KY2Y_L		1.845 (0.094)	1.807 (0.187)	1.622 (0.514)	0.666 (0.260)	0.434 (0.092)
KY3K_L		2.243 (0.112)	1.962 (0.181)	1.896 (0.081)	0.185 (0.004)	0.705 (0.145)
KY3Y_R		2.567 (0.284)	1.844 (0.275)	1.793 (0.456)	0.634 (0.274)	0.412 (0.174)
KY5K_R		1.591 (0.371)	1.094 (0.372)	1.363 (0.392)	0.552 (0.026)	0.490 (0.138)
KY6K_R		1.595 (0.134)	1.495 (0.157)	2.469 (0.000)	0.053 (0.001)	1.010 (0.117)
KY6K_L		2.798 (0.144)	2.238 (0.183)	2.468 (0.011)	0.016 (0.000)	1.173 (0.131)
KY6Y_R		1.912 (0.250)	1.213 (0.232)	1.565 (0.123)	0.477 (0.035)	0.537 (0.130)
KY6Y_L		1.406 (0.126)	1.157 (0.136)	2.740 (0.000)	0.030 (0.000)	1.166 (0.091)
YG3J_R		1.571 (0.126)	1.453 (0.171)	2.497 (0.107)	0.192 (0.016)	0.736 (0.133)
YG3J_L		1.816 (0.455)	1.618 (0.565)	0.903 (0.031)	0.263 (0.066)	0.662 (0.150)
YG4J_R		3.592 (0.150)	3.805 (0.250)	0.881 (0.090)	0.914 (0.064)	0.185 (0.104)
YG4J_L		2.669 (0.101)	2.183 (0.175)	1.794 (0.479)	0.751 (0.206)	0.073 (0.004)
YG5G_L		2.111 (0.186)	1.903 (0.275)	1.280 (0.265)	0.576 (0.206)	0.454 (0.146)
YG7G_L		1.899 (0.479)	1.980 (0.651)	1.124 (0.443)	0.785 (0.156)	0.437 (0.155)
YG9J_L		2.240 (0.149)	1.903 (0.199)	1.284 (0.129)	0.251 (0.049)	0.719 (0.126)

6.5.3 模型参数值解析

1) 阈值 u 解析

为了消除阈值选取的主观性和不确定性，本章提出了移位 Gamma-GPD 模型，该模型将阈值 u 也作为一个参数并和其他参数一起估计。这样，阈值的选取便由数据决定而不依赖人的主观判断。然而，当把此时所确定的阈值 u 视为交通冲突与无干扰通行事件的分界线时，又会出现新的问题。

在大部分研究中，虽然研究对象不同(路段、交叉口或其他道路设施)，但学者倾向于为某一类型的冲突设定一个固定值。这也相当于假设交通冲突与无干扰通行事件的分界是固定的。然而，本书的分析结果表明，交通冲突与无干扰通行事件的分界会因路段的不同而不同。由表 6-2 可知，各个路段的阈值均不相同，最小为 0.835，最大为 2.740。因此，新的问题是，这种因路段不同而导致交通冲突与无干扰通行事件的不同是否合理?

回到第 2 章探讨的交通冲突的定义，交通冲突通常由道路交通参与者之间的相互作用程度(即时间或空间接近度)或者避险行为的急迫程度决定。在不同的环境中，道路参与者对同一刺激的反应可能不尽相同。即使是同一类型的道路设施，也可能具有不同的特征。例如，道路路段可能具有不同的线形、不同的限速标准或不同的交通标志，而道路交叉口可能具有不同的布局、不同的信号配时方案或不同的周边建筑。1998 年，Svensson 指出所有的道路、交通、环境条件的差异都有可能导致安全分级模型形状的变化，因此也可以推测这些外在因素会导致分级模型中不同级别事件之间分界的变化[45]。瑞典交通冲突技术提出将严重程度的分级与冲突速度相关联，在一定程度上反映了阈值的异质性。

2) 交通冲突与交通事故的分界分析

与阈值 u 不同的是，本书确定移位值之后假设移位值 δ 为一固定值，不因为路段的不同而不同。由于本书将 $1/\delta$ 视为交通冲突与交通事故的分界线，因此假设其为固定值具有一定的合理性。因为从物理学的角度分析，只要两辆车之间 $\mathrm{PET} \leqslant 0$，就意味着两辆车已经碰撞，即交通事故发生。所以，经过移位倒数映射后，各个路段上事故发生的判断依据也应是固定且一致的。

即使知道经过移位倒数映射后，存在这样一个值能够区分交通冲突与交通事故，但找到这样一个值却并不容易。本书采用了一种以观测事故数为基础的确定方法，并以预测事故数与观测事故数之间 RMSE 值最小为确定依据。这种方法虽然具有一定的实用性，但也面临以下两个问题：

(1) 采用基于历史事故数据的确定方法会面临历史事故数据获取难度大以及数据质量较差等常见问题。由于记录的交通事故往往少于实际发生的交通事故，以这样的历史事故数据为基础确定的 δ 值也可能并不可靠。

(2) 衡量预测值与观测值之间误差的指标很多，选用不同指标确定的 δ 值也可能不尽相同。尽管 RMSE 是较为常用的一种误差衡量指标，这种单维度衡量的可信度也有待进一步验证。

尽管 δ 值的确定较为困难，但是引入移位倒数映射却有助于更好地进行交通安全分析。正如前文所分析的，这种非线性映射可以放大较小 PET 值之间的差距而缩小较大 PET 值之间的差距，从而使其描述的严重程度更符合实际。

6.6　广义严重程度指标下的安全连续体模型探索

交通事件安全连续体有严重程度和频数/率两个维度。其中，严重程度维度通常用时空接近度类的交通冲突指标(如 TTC、PET 等)进行描述。然而，时空接近度与交通事件的严重程度并不是严格的对等关系，因此需要对时空接近度指标进行变换以更好地衡量交通事件的严重程度，前文所介绍的取负映射、倒数映射和指数映射就是以此为目的的。更为重要的是，单一的时空接近度指标描述的严重程度并不是一个完整而有效的维度。这些指标通常只能描述非事故事件的严重程度(如无干扰通行、轻微交通冲突、严重交通冲突等)，而对描述交通事故的严重程度则无能为力。交通事故的严重程度通常根据事故所导致的伤害大小予以区分(如死亡事故、受伤事故、财产损失事故等)。无论是何种类型的交通事故，时空接近度指标往往只有一个值(如 TTC=0)。为了能够区分可能交通事故的严重程度，一般需要将时空接近度指标与其他指标相结合，如冲突双方的速度、质量等因素。在瑞典交通冲突技术中，严重程度是通过时空接近度指标和速度的结合进行描述，其中速度就在一定程度上反映了可能事故的严重程度。

为了解决上述两个问题，本节在前文数据的基础上尝试构建一个广义严重程度指标并据此建立安全连续体参数化模型。构建的广义严重程度指标能够融合同类型的映射方式于一体以形成一个统一的映射函数，同时该函数能够结合时空接近度指标和其他潜在反映事故严重程度的指标以形成完整的严重程度维度。

6.6.1　广义严重程度指标构建

映射函数是交通事件严重程度指标的关键组成部分。常用映射函数大致可以分为两类，见表 6-3。类型Ⅰ中的映射函数表明，冲突指标和严重程度指标线性关联，用函数 $f_1(x)$ 表示。同时，该类型映射函数也可以考虑其他因素对严重程度的影响，用函数 $h(\boldsymbol{X})$ 表示，该函数可以是线性的也可以是非线性的。正如 6.2.2 节探讨的那样，冲突指标和严重程度之间的线性映射关系往往并不合理，无法体现不同严重程度等级之间的差别。直观来看，TTC=3s 的交通冲突严重程度并不是 TTC=1.5s 交通冲突的一半。考虑到驾驶员反应时间的有限性，后者的危险程度远大于前者。类型Ⅱ中的映射函数表示冲突指标和严重程度非线性关联，用函数 $f_{nl}(x)$ 表示。这些函数通过放大较小冲突指标值之间的差异和缩小较大冲突指标值之间的差异来体现严重程度维度的非线性特性，而这种放大和缩小也更好地体现了相互冲突的道路使用者在无限接近碰撞时事故的急迫性、人类反应时间的有限性和进行有效避险的困难性。因此，本节将以非线性映射函数为基础构建广义严重程度指标。

现阶段提出的非线性映射函数主要有两种，分别是倒数映射函数和指数映射函数。对倒数映射函数 $\mathrm{SI}=1/\mathrm{PET}$ 而言，当 PET 趋向于 0 时，SI 趋向于无穷大；对(负)指数映射函数 $\mathrm{SI}=\exp\{-\mathrm{PET}\}$ 而言，当 PET 趋向于 0 时，SI 趋向于 1。当然，这两种函数都是从主观的角度构造的，缺乏经验支撑和相应的函数标定方法。

表 6-3　常用映射函数实例

类型	映射函数	实例	备注
类型Ⅰ	SI=$f_1(x)\cdot h(\boldsymbol{X})$	$\text{SI}=-\text{PET}$ [10] $\text{SI}=\text{TA}\left(\frac{-m_2 a}{m_1+m_2}\right)+\frac{m_2(V_1+V_2\cos\alpha)}{m_1+m_2}$ [20]	SI 是严重程度指标；x 是交通冲突指标；$\boldsymbol{X}$ 是质量、速度等其他因素组成的向量；a 是车辆制动时的减速度；V_1、V_2 和 m_1、m_2 分别是冲突双方的速度和质量；α 是冲突角度；$P(\text{Collison}(\text{CP}_n))$ 是碰撞概率；σ 是特定常数
类型Ⅱ	SI=$f_{\text{nl}}(x)\cdot h(\boldsymbol{X})$	$\text{SI}=\exp\{-\text{TTC}/\sigma\}$ [50] $\text{SI}=\sum P(\text{Collision}(\text{CP}_n))\,\text{e}^{-\frac{\text{TTC}^2}{2\sigma^2}}$ [30] SI = 1/PET（6.3 节）	

现阶段对非线性映射函数的使用仍具有很强的主观性和随机性，如果函数形式不当，会使所衡量的严重程度与实际严重程度存在较大偏差，因此导致安全连续体模型并不能反映相应道路实体的安全实际。为了避免随机使用某一个非线性函数造成的不利影响，这里基于指数函数构建了广义严重程度指标，该函数可以将一系列不同参数的指数映射函数融为一体，具体形式为

$$\text{SI}=\kappa\exp\left\{\frac{1-(1+x)^{\theta}}{\theta}\right\} \tag{6-11}$$

式中，SI 为广义严重程度指标；κ 为增益系数，主要用来代表影响可能事故严重程度的相关因素；θ 为广义参数；x 为冲突指标。在该广义映射函数作用下，取值范围为$[0,\infty)$的冲突指标将被映射为$[0,\kappa]$的严重程度指标，其中 κ 代表最严重的交通事故。

6.6.2　安全连续体模型标定

以广义严重程度指标为基础的安全连续体模型共有两类参数，一类是广义严重程度指标的参数 κ 和 θ，又称作外部参数；另一类是安全连续体本身的参数$(\alpha,\beta,u,\sigma,\xi)$，又称作内部参数。

1)外部参数的经验标定

将外部参数 κ 和 θ 引入映射函数是为了使广义严重程度指标能够同时反映事故发生的风险和事故发生后的严重程度。其中，事故发生的风险由时空接近类冲突指标决定，冲突指标值越小发生事故的风险越高；可能事故的严重程度由增益系数 κ 决定，其表示的是可能事故的碰撞能量或造成的物理伤害，受道路使用者类型、速度、质量等因素影响。

显然，标定增益系数 κ 需要收集交通冲突过程中每个道路使用者的物理状态信息，而在实际观测过程中采集得到的信息(包括道路使用者的物理信息和运动状态信息)往往是不完善的，尤其是道路使用者的质量、动态运动过程等信息的获取

难度很大。正因为如此，很少有研究能收集这类信息并据此构建更为精细化的冲突指标。本书也没有采集到相关信息，因此只能假设所有交通冲突的增益系数相同。考虑到在没有 κ 的情况下，SI 值通常较小，如 PET=1.68s、θ=1.2 时 $SI = \exp\{[1-(1+1.68)^{1.2}]/1.2\} = 0.152$，而较大的 SI 值更有利于 6.6.3 节安全连续体模型参数的贝叶斯估计。因此，本书假设 κ=10。

对于外部参数 θ，已有的涉及冲突指标非线性映射的研究表明，θ=1，即 $SI = \kappa\exp\{-x\}$ 是将冲突指标映射为严重程度指标的一个有效选择，但该选择的主观性以及是否为最优选择仍是一个问题。为了解决这个问题，采用一种经验搜索方法，即在已知 θ=1 为有效选择的前提条件下，在 $(1-\theta_l,1+\theta_u)$ 范围内进行逐步搜索。对该范围内的每一个 θ，估计得到其对应的安全连续体模型，并根据模型中广义帕累托函数的参数计算安全指标，最后通过分析不同 θ 值对应的安全指标与观测事故的关系确定最优 θ。根据广义严重程度指标的计算公式(6-11)，可以得到严重程度指标 SI 与冲突指标 PET 以及外部参数 θ 的关系(图 6-12)。从图中可以看出，当 $\theta>2$ 时 θ 的变化对 SI 的影响基本趋于稳定。因此，这里确定 $\theta_l = \theta_u = 1$，即 θ 的搜索范围为(0, 2]，搜索间隔为 0.2。

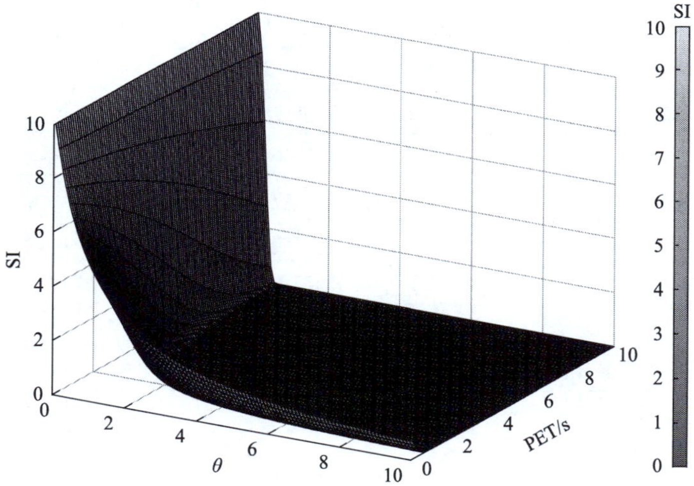

图 6-12　SI 与 PET 和 θ 关系图

2) 内部参数的贝叶斯估计

内部参数(即安全连续体模型的五个参数)仍采用前文介绍的贝叶斯估计方法。首先对每一个路段的交通冲突数据和(0, 2]范围内的每一个 θ 值，采用 MCMC 进行模型函数的后验估计，对每一个参数都进行了 100000 次迭代，并用后 50000 次迭代计算参数估计值。对于每一个路段，根据模型估计结果及第 4 章介绍的事故重现水平计算方法，计算得到了不同 θ 值所对应的事故重现水平。然后，综合各个路段的数据，分析得到不同 θ 值对应的事故重现水平与观测事故数的相关关系，见表 6-4。

表 6-4 不同值 θ 值对应的事故重现水平与观测事故数的相关关系

θ	0.2	0.4	0.6	0.8	1.0	1.2	1.4	1.6	1.8	2.0
相关系数	0.484	0.492	0.491	0.554	0.590	0.635	0.615	0.568	0.494	0.495
显著水平	0.026*	0.024*	0.024*	0.009**	0.005**	0.002**	0.003*	0.007**	0.023*	0.022*

＊相关性在 0.05 水平上显著；** 相关性在 0.01 水平上显著。

由表 6-4 可以看出，不同 θ 值对应的事故重现水平与观测事故数均为正相关关系，意味着事故重现水平越高，对应的路段也就越危险，这与第 4 章的结论一致。此外，相关性最高的两个点为 θ=1.2 和 1.4，相关系数分别为 0.635 和 0.615 且两者均在 0.01 水平上显著；而当 θ=1.0 时相关系数仅为 0.590，这也说明常用的 θ=1.0 时的非线性映射函数并不是最优选择。本书最后选择了相关性最高的点，即 θ=1.2。此时估计得到的模型参数见表 6-5。

表 6-5 模型参数估计结果

路段	α 均值（方差）	β 均值（方差）	u 均值（方差）	σ 均值（方差）	ξ 均值（方差）
JZ3G_L	0.978 (0.037)	9.640 (13.599)	0.480 (0.034)	2.259 (0.186)	0.127 (0.016)
JZ4G_L	1.216 (0.038)	7.742 (7.119)	0.565 (0.037)	2.501 (0.327)	0.170 (0.034)
KY1Y_R	4.070 (0.146)	2.877 (0.164)	2.873 (0.058)	1.975 (0.086)	0.069 (0.006)
KY1Y_L	2.960 (0.389)	5.054 (6.783)	1.611 (0.266)	2.160 (0.317)	0.158 (0.023)
KY2K_R	3.256 (0.302)	3.099 (1.602)	2.011 (0.099)	2.292 (0.218)	0.100 (0.010)
KY2Y_R	4.580 (0.542)	3.157 (0.354)	3.123 (0.102)	1.978 (0.209)	0.098 (0.008)
KY2Y_L	3.836 (1.319)	5.649 (6.325)	1.550 (0.140)	2.711 (0.558)	0.201 (0.039)
KY3K_L	5.197 (3.661)	5.668 (10.412)	1.993 (0.310)	2.556 (0.455)	0.173 (0.027)
KY3Y_R	4.852 (1.614)	3.688 (1.719)	2.562 (0.271)	2.501 (0.522)	0.207 (0.065)
KY5K_R	5.761 (3.731)	5.404 (6.426)	2.161 (0.463)	3.264 (2.166)	0.321 (0.105)
KY6K_R	5.456 (3.362)	4.539 (3.915)	2.487 (0.216)	2.572 (0.568)	0.165 (0.031)
KY6K_L	5.039 (2.663)	4.819 (5.635)	2.205 (0.311)	2.697 (1.050)	0.234 (0.054)
KY6Y_R	5.477 (3.546)	4.903 (7.433)	2.264 (0.367)	3.004 (0.736)	0.173 (0.032)
KY6Y_L	3.556 (1.305)	7.334 (11.234)	1.230 (0.114)	2.690 (0.528)	0.187 (0.029)
YG3J_R	2.968 (0.542)	5.767 (4.555)	1.377 (0.130)	2.653 (0.423)	0.197 (0.045)
YG3J_L	3.323 (1.082)	6.842 (15.562)	1.365 (0.266)	2.533 (0.933)	0.336 (0.139)
YG4J_R	3.918 (0.470)	3.871 (1.205)	2.031 (0.134)	2.416 (0.181)	0.105 (0.010)
YG4J_L	4.025 (0.775)	3.692 (1.164)	2.282 (0.160)	2.416 (0.340)	0.145 (0.021)

续表

路段	α 均值(方差)	β 均值(方差)	u 均值(方差)	σ 均值(方差)	ξ 均值(方差)
YG5G_L	4.003(2.118)	8.208(13.064)	1.340(0.143)	3.089(0.862)	0.204(0.043)
YG7G_L	3.667(1.896)	7.274(10.840)	1.180(0.110)	2.650(1.328)	0.483(0.195)
YG9J_L	3.805(0.782)	4.750(3.817)	2.000(0.094)	2.420(0.338)	0.115(0.013)

3）模型参数解析

安全连续体模型的外部参数是通过经验方法标定的，为了进一步分析这些参数对安全连续体模型的影响，对比分析了不同外部参数条件下的安全连续体模型。

对于外部参数 θ，分别估计得到 θ=1.0、1.2 和 1.4 时路段 KY1Y_R 的安全连续体模型内部参数值，其对应的概率密度函数如图 6-13 所示。正如前文解析的那样，安全连续体模型参数 u 可以看作冲突事件与非冲突事件的分界。当 θ=1.0 时，u=3.322，意味着所有 PET＞1.10s 的事件均为非冲突事件；当 θ=1.2 时，u=2.873，意味着所有 PET＞1.14s 的事件均为非冲突事件。虽然 0.04s 的差距很小，但对路段 KY1Y_R 而言却意味着使用 θ=1.2 能够多 9 个交通冲突样本，而更多的样本可能是其估计的事故重现水平与事故数相关性更高的原因。另外，当 θ=1.4 时，u=2.362，意味着所有 PET＞1.20s 的事件均为非冲突事件。相较于 θ=1.2，这也意味着会多出 11 个交通事件被认为是交通冲突，但是交通冲突样本的进一步增加却没有提高事故重现水平与观测事故数的相关性，这也说明了阈值选取的重要性。此外，θ=1.2 时观测样本对应的 SI 直方图确认了在 SI = 3 附近存在一个突变点，这也验证了估计得到的安全连续体模型具有较好的拟合优度。

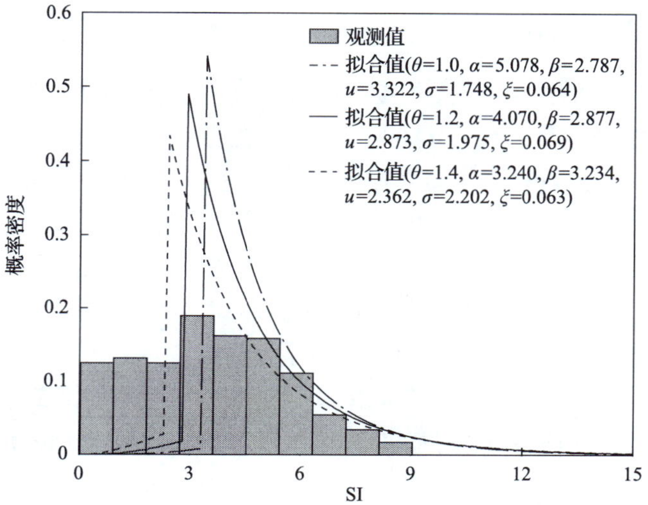

图 6-13　θ=1.0、1.2 和 1.4 时安全连续体的概率密度函数

对于外部参数 κ，分别估计得到 θ=1.2 和 $\kappa\in[1,20]$ 时安全连续体模型内部参数值及其对应的交通冲突临界值(PET_u)，如图 6-14 所示。可以看出，随着 κ 的增大安全连续体模型的内部参数基本单调变化，并且广义帕累托分布的形状参数和交通冲突临界值基本不变。这也就意味着在定值假设下，增益系数只相当于整个安全体模型的一个放大系数，而对安全体模型蕴含的相对安全信息基本没有影响。当然，本书采用定值假设(κ=10)仅是为了方便模型参数的估计，在实际中由于冲突双方的质量、速度差异，κ 值往往不是固定不变的，而将这些信息融合到广义严重程度指标中，也必将对安全连续体模型及其所蕴含的安全信息产生较大影响。

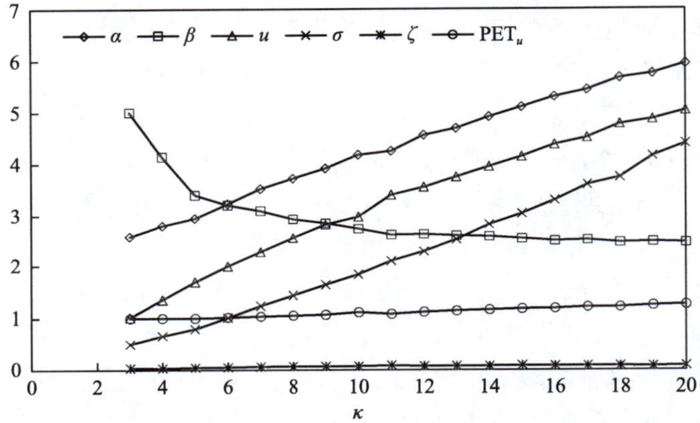

图 6-14　安全连续体模型内部参数与增益系数 κ 的关系

6.6.3　安全连续体图形化表达

交通事件安全连续体通常是用金字塔模型或钻石模型形象化表示的，但在本书提出的非线性映射条件下，所呈现的图形化表达会出现一定的不同(图 6-15)。首先，交通事件的严重程度与频率之间为非线性关系，具体表现为图形边缘为曲线而非直线；其次，安全连续体模型在点 u 处存在一个突变，这是非线性映射放大较小冲突指标值之间的差异和缩小较大冲突指标值之间的差异引起的，即较小 PET 值对应的严重程度范围被拉升(图 6-15(b)的上半部分)而较大 PET 值对应的严重程度范围被压缩(图 6-15(b)的下半部分)。

交通事件安全连续体模型的图形化表达是将安全连续体参数化模型的概率密度函数沿 x 轴(即 SI 轴)旋转得到的。因为旋转后的图形像一个陀螺，所以把它称作陀螺形安全连续体。该安全连续体提供了一个完整的严重程度维度，将描述的交通事件分为无干扰通行(陀螺底部)、交通冲突(陀螺中部)和交通事故(陀螺顶部)，并且在合理确定增益系数 κ 的情况下，还可以将交通事故按严重程度进行进一步的区分。

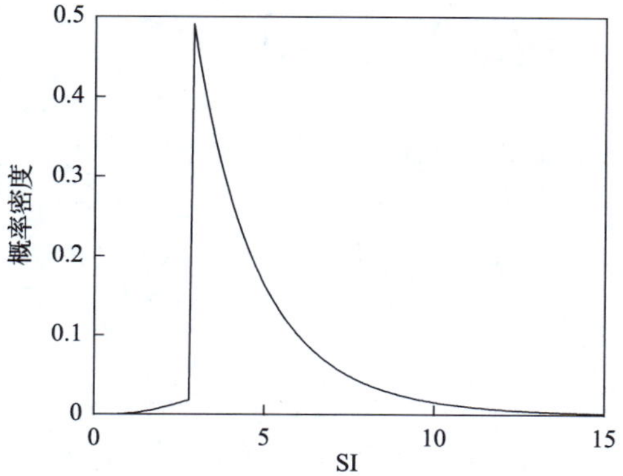

(a) 概率密度函数

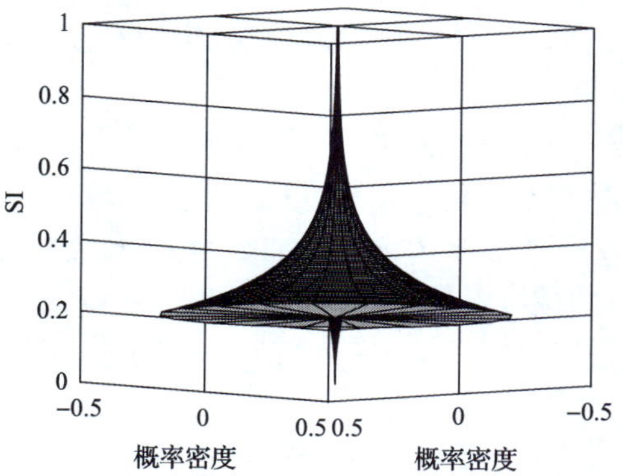

(b) 图形化表达

图 6-15　路段 KY2K_R 安全连续体模型的概率密度函数及图形化表达

第 7 章　交通安全改善效果前后对比分析

交通安全改造方案的改善效果评价是交通安全管理的一个重要组成部分。本章首先将简要介绍传统的以交通事故为基础的交通安全改善效果前后对比分析方法，然后介绍以交通冲突为基础的前后对比分析方法，进而通过“左转专用道加长改造项目”和“Smart Channel（右转专用道）项目”两个案例，说明交通冲突极值模型在安全改善效果前后对比分析中的应用。

7.1　概　　述

交通安全管理的目标是减少道路网络上的交通事故，包括降低交通事故数和减轻交通事故的严重程度，其一般流程如图 7-1 所示。其中，交通安全改造方案的改善效果评价是交通安全管理的一个重要组成部分，在安全改造方案实施之后进行，对评估安全改造资金的使用效果具有重要作用，同时对未来安全改造资金的使用和交通安全政策的制定也有一定的影响。

交通安全改造方案对交通安全的实际影响并不能简单地对比安全改造前后的交通事故率或事故严重程度，需要同时考虑改造方案没有实施的情况下前后时段交通事故的变化情况。很多影响交通事故的因素都会随时间改变，如交通量、天气、驾驶员行为等。交通事故变化的一般趋势也会同时影响改造路段和非改造路段。正因为如此，在改造效果评价时一般都会同时收集改造路段和与改造路段在线形、交通量等方面较为接近的非改造路段的数据。

在研究交通安全改善效果时，通常有三种基本的研究设计：观测性前后对比研究（observational before-after study）、观测性横向对比研究（observational cross-sectional study）和实验性前后对比研究（experimental before-after study）。在观测性研究中，一般并不是针对某一个或一系列特定的改造措施进行分析，而是对道路管理部门实施的安全改造方案进行实施效果评价；在实验性研究中，一般仅考虑特定的安全改造措施，同时需要将候选的改造路段随机分配至改造组和对比组，其中改造组的路段都会进行安全改造而对比组中的路段则均不进行改造。由于道路管理部门一般不会随机选择安全改造路段，观测性前后对比研究更为常见。本章主要关注交通安全领域最为常用的观测性前后对比研究，并定义被改造的道路设施为“改造设施”，用于对照的非改造道路设施为“对照设施”，改造前的分析时段为“前时段”，改造后的分析时段为“后时段”。

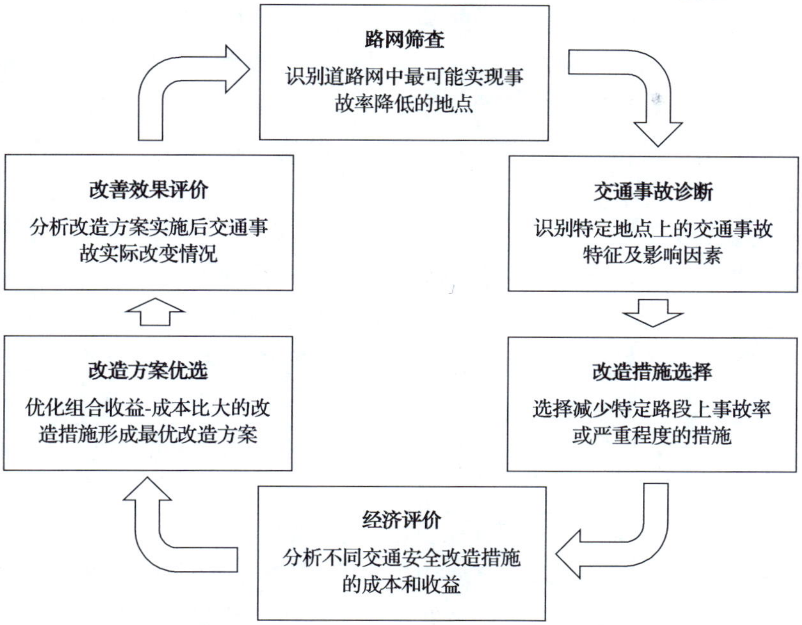

图 7-1　交通安全管理流程图

7.2　基于交通事故的前后对比分析

7.2.1　前后对比分析的考虑要点

道路设施(如基本路段、交叉口等)的交通安全水平可以用交通事故来进行评价，而在评价过程中必须考虑交通事故本身具有的随机性。总体来说，即使影响交通安全的因素(如环境、道路使用者、交通量等)在某一时间段内保持不变，道路设施上的观测事故数也会发生变化，但该设施的安全水平在相应的时段内理应不变。因此，交通安全水平通常通过某一时段内预期(而不是实际)发生在道路设施上的交通事故数量进行界定。

然而，道路设施上交通事故类型多种多样，交通事故的严重程度也各有不同。交通安全改造措施可能只会影响某一类型的交通事故或只会影响交通事故的严重程度。例如，安装路侧振荡标线主要影响驶出路外交通事故，对其他类型的交通事故影响甚微；强制安全带的使用不会减少交通事故的发生，只会降低事故发生的严重程度。因此，任何前后对比研究都需要根据所采取的改造措施进行交通事故的分类：一类是受改造措施实质影响的目标交通事故，另一类是不受改造措施影响的对比交通事故。在实际应用中，这两类交通事故的划分并不容易，通常需要对交通事故诱因进行深入分析。

交通事故的诱因通常可以分为两类：一类是能够被识别、衡量和通过模型解释的因素；一类是无法被识别、衡量或无法被理解的因素。对于第二类因素，在前后对比研究中也需要给予有效的考虑。根据这两类诱因，交通安全改造措施实施前后的安全水平变化可以归纳为四个部分：改造措施作用、交通量作用、趋势作用和随机作用。

1）改造措施作用

改造措施作用是指由特定的交通安全改造措施带来的某一道路设施交通安全水平的变化。在前后对比研究中，改造设施作用必须与其他三种作用隔离开，这样才能确定安全改造措施的实际效果。为了达到这个目的，通常需要回答以下两个问题：

(1)假设安全改造措施没有实施，那么在后时段改造道路设施的交通安全预期会是什么水平？

(2)改造措施实施后，改造道路设施的安全水平如何？

要回答第一个问题，除改造措施作用之外的其他三个作用都需要被完全量化并从改造措施作用中分离出来；要回答第二个问题，需要能够准确识别并分析前文提到的目标交通事故。

2）交通量作用

交通量作用是指因道路设施上的交通量变化而引起的交通安全水平的变化。交通量和交通事故之间存在直接关系，因此交通安全水平会随着交通量的变化而变化。如果交通安全改造措施改变了道路设施的运行方式或通行能力，那么交通量作用对交通安全水平的影响将会十分明显。

3）趋势作用

趋势作用是指那些无法被识别、衡量或被理解的因素对交通安全水平的影响，通常包括：交通组成（如大型车比例增加或减少），根据年龄、驾龄、驾驶行为确定的驾驶员组成，执法水平，天气条件等。这些因素在改造前和改造后都可能发生变化。

4）随机作用

随机作用的出现主要是统计过程中出现的趋均值回归现象（regression to the mean）所导致的。在实践中，道路主管部门通常会选择对具有较高事故数或事故率的道路设施进行安全改造。然而，如果这种选择是基于较短时间内出现的高事故数，那么即使在不进行任何安全改造的情况下该设施的交通事故数（率）预期也会降低。

上述四种作用的界定和分析表明，即使没有安全改造措施，道路设施上的交通事故数也会发生变化。因此，在进行前后对比研究时，必须识别出这些作用对分析结果的影响并采用合适的方法来最小化或解释改造措施作用之外的作用影响。

7.2.2　前后对比分析方法

前后对比分析方法主要有五种，分别是朴素前后对比方法、配对前后对比分析方法、使用对照组的前后对比方法、经验贝叶斯前后对比方法和全贝叶斯前后对比分析方法[51]。

1）朴素前后对比方法

朴素前后对比方法是观测性前后对比研究中最简单的一种方法，该方法利用改造设施前时段的交通事故数来预测在没有改造情况下后时段的事故率及事故数，进而通过对比改造设施后时段的实际事故数与预测得到的事故数来确定改造措施的实施效果。该方法无法考虑趋势作用和随机作用的影响，因此在实际工程项目中很少使用。

2）配对前后对比方法

配对前后对比方法首先需要选择一组对照设施，使得每一个改造设施都有一个对应的非改造设施。对照设施需要与改造设施相似。例如，如果改造的道路设施是一个交叉口，那么与之配对的非改造设施也应是一个与被改造交叉口在区域类型（商业区、城区、郊区）、交叉口类型（三支、四支）、控制方式（信号控制、非信号控制）、线形条件、交通量等方面相似的交叉口。此外，配对的非改造设施在所分析的时段内不应存在任何改造。

该方法的基本假设是“未知的影响交通事故的因素对对照设施和对改造设施的影响相同”。因此，如果改造措施没有实施，拟被改造的设施和对照设施在分析时段的交通事故数变化应相同。在这种假设条件下，首先可以计算得到每一个对照设施后时段与前时段的事故数比值，进而在假设改造没有实施的条件下，改造设施后时段的预测事故数等于前时段事故数乘以对照设施的事故数比值，对比改造设施后时段的实际事故数与预测得到的事故数即可确定改善效果。实际改善效果可以用比值比（odds ratio，OR）进行量化，计算公式为

$$\mathrm{OR}_i = \frac{D_i / B_i}{C_j / A_j} \tag{7-1}$$

式中，OR_i 为改造设施 i 的比值比；A_j 为对照设施 j 前时段的事故数，次；B_i 为改造设施 i 前时段的事故数，次；C_j 为对照设施 j 后时段的事故数，次；D_i 为改造设施 i 后时段的事故数，次。一般用（1−OR）×100%表示改善效果（treatment effects，TE），如果该值为正，则表明改造后交通事故减少，交通安全得到改善；反之，改造后交通事故增加、交通安全水平恶化。

与朴素前后对比方法相比，配对前后对比方法的理论基础更好。然而，该方法也存在以下三个主要问题：

(1) 每个改造设施仅有一个配对的对照设施，而对照设施选择的不同可能导致不同的事故预测结果。因此，安全改善效果的分析结果也会随着配对选择的变化而变化，具有较大的不确定性。

(2) 无法处理随机作用，即该方法不能解释可能出现的趋均值回归现象。如果道路管理部门选择的改造设施是短时段内事故数较高的道路设施，那么即使在没有改造措施的情况下该设施后时段的交通事故数也可能会降低。配对前后对比方法无法判别这种降低是由于改造措施的作用还是交通事故的随机性本质。

(3) 在对照设施没有历史事故记录的情况下该方法无法实施。

3) 使用对照组的前后对比方法

使用对照组的前后对比方法的基本原理与配对前后对比方法基本一致，最大的不同在于使用对照组的前后对比方法不再要求对照设施与改造设施一一对应，而是将所有对照设施看作一个对照组。该方法认为对照组内的对照设施数量越多，评价的结果就越可靠。此时，比值比 OR 的计算公式为

$$\mathrm{OR}_i = \frac{D_i / B_i}{\sum_{j=1}^{n} C_j / A_j} \tag{7-2}$$

式中，n 为对照组中对照设施的数量，其他符号意义同式(7-1)。

此外，这种方法对对照设施和改造设施硬件条件的相似性要求并不是特别高，其要求两组设施在前时段交通事故历史方面要具有一定的一致性。使用对照组的前后对比方法避免了配对前后对比方法的第一个问题，但该方法仍然无法处理趋均值回归问题，同时在对照组前时段或后时段事故为 0 时也无法使用。

4) 经验贝叶斯前后对比方法

经验贝叶斯前后对比方法是现阶段北美地区工程实践中最常用的一种方法，其最为突出的优势在于能够处理趋均值回归问题。该方法将贝叶斯理论引入前后对比研究中，通过统计分析方法确定历史观测事故数和预测事故数的权重来预测改造设施的期望事故数。利用贝叶斯理论的前后对比方法(包括全贝叶斯前后对比方法)与前文介绍的传统方法有以下三方面的不同：

(1) 在传统方法中，某一个道路设施的交通安全水平是由历史事故数据(如使用对照组的前后对比方法)或交通特性(如观测性横向对比方法)两者之一所决定的。贝叶斯前后对比方法则是利用统计手段将这两方面信息进行了有效结合。

(2) 传统方法利用点估计得到的某一个设施的事故数或事故率作为衡量安全水平的指标；贝叶斯方法将设施的事故数或事故率视为服从某一分布的一个变量，

因而预测得到的不仅是期望值，还包括衡量预测不确定性的方差。

(3) 传统方法主要依靠改造设施或对照设施；贝叶斯方法则引入了参照设施（包括参照设施的事故数据和交通量数据等），并利用参照设施数据构建安全性能函数(safety performance function，SPF) 或事故预测模型来预测交通事故数。通常情况下，参照设施与对照设施的要求基本一致，但为了建立 SPF 或事故预测模型其数量会比较大。

在经验贝叶斯前后对比方法中，比值比的计算公式同式(7-2)，唯一的不同在于 B_i 是假设改造设施没有实施条件下改造设施后时段事故数的经验贝叶斯估计值(EB)，该值计算公式为

$$\mathrm{EB} = \alpha E(\Lambda) + (1-\alpha)B \tag{7-3}$$

$$\alpha = \frac{1}{1+\dfrac{\mathrm{var}(E(\Lambda))}{E(\Lambda)}} \tag{7-4}$$

式中，α 为权重；$E(\Lambda)$ 为 SPF 或事故预测模型预测事故数，次；$\mathrm{var}(E(\Lambda))$ 为预测事故数的方差；B 为改造设施前时段观测事故数，次。

5) 全贝叶斯前后对比方法

全贝叶斯前后对比方法是近年研究领域的一个热点。在经验贝叶斯方法中，先验信息来自参照设施，主要是利用参照设施的相关数据构建 SPF 以计算预测事故数的期望值和方差，进而结合该期望值和方差以及改造设施前时段的观测事故数来估计期望事故数。在全贝叶斯方法中，上述过程被整合为一体，即利用参照设施和改造设施前时段的数据构建 SPF，而假设改造设施没有实施条件下后时段的期望事故数可以直接利用该 SPF 和后时段的交通量计算得到。此时，安全改造设施的改善效果可按式(7-5)计算：

$$\mathrm{TE} = 1 - \frac{\sum\limits_{i=1}^{\mathrm{NT}} \sum\limits_{t=t_Y+1}^{t_Y+t_Z} Y_{i,t}}{\sum\limits_{i=1}^{\mathrm{NT}} \sum\limits_{t=t_Y+1}^{t_Y+t_Z} \pi_{i,t}} \tag{7-5}$$

式中，$Y_{i,t}$ 为改造设施 i 上第 t 年的观测事故数，次；$\pi_{i,t}$ 为改造设施 i 上第 t 年的期望事故数，次；t_Y 为改造实施前最后一年的年份数；t_Z 为改造后的年份数；NT 为改造设施的总数。

与经验贝叶斯方法相比，全贝叶斯方法有很多优势，如能够更好地反映数据中的不确定性，对数据样本量要求较低，SPF 的分布形式选择更灵活等。

上述五种前后对比方法的总结见表 7-1。

表 7-1　各种前后对比分析方法对比情况

方法	是否考虑作用影响				数据要求	优点	缺点
	改造措施作用	交通量作用	趋势作用	随机作用			
朴素前后对比方法	是	可能	否	否	改造设施改造前后的事故数	数据要求低 易实行	无法处理趋势作用和随机作用
配对前后对比方法	是	是	可能	否	与改造设施一一对应的非改造设施 两组设施改造前后的事故数	数据要求较低 较易实行	改造设施与非改造设施必须配对 无法处理随机作用
使用对照组的前后对比方法	是	是	是	否	与改造设施改造前条件相似的一组非改造设施 两组设施改造前后的事故数	数据要求中等 不需要改造设施和非改造设施一一对应	无法处理随机作用 需保证对照组设施与改造设施改造前条件的相似性
经验贝叶斯前后对比方法	是	是	是	是	改造设施和非改造设施改造前后的交通事故数、交通量	具有坚实的理论基础 能够处理所有四种作用影响	数据要求高 可能需要建立事故预测模型
全贝叶斯前后对比方法	是	是	是	是	改造设施和非改造设施改造前后的交通事故数、交通量	数据要求比经验贝叶斯低 能够更好地表征不确定性 事故预测模型灵活性更高	模型构建过程较复杂 对统计分析技术和方法要求更高

7.3　基于交通冲突的前后对比分析

随着交通冲突技术的有效性得到广泛验证，交通冲突作为一种安全分析替代指标也得到越来越广泛的应用，其中，利用交通冲突进行安全改善效果前后对比分析是其中的一个重要方面。

交通事故本身是强随机和极稀少交通事件。因此，为了能够得到较为可靠的前后对比分析结果，往往需要收集改造前后 1～3 年的交通事故数据和对应的交通量等其他数据。这也意味着以交通事故数据为基础的前后对比分析的时效性往往较差。与交通事故不同的是，交通冲突发生的频率往往较高，因此开展基于交通冲突的前后对比分析可能只需要采集几天甚至几小时的数据，具有很高的时效性。例如，Brown 使用交通冲突技术分析了在交叉口安装信号灯对交通安全的影响[52]；Tarrall 和 Dixon 使用基于交通冲突的前后对比方法分析了左转信号相位改变的安全改善效果[53]；Ismail 等使用基于交通冲突的前后对比分析方法分析了设置全红相位的安全改善效果[23]；Autey 等和 Reyad 等分别使用交通冲突技术分析了 Smart Channel 改造项目和信号灯视认性提升项目的交通安全改善效果[54,55]。

目前，基于交通冲突的前后对比分析方法与传统的前后对比方法思路基本相同，即使用对照组和比值比方法计算改造前后交通冲突数的变化，具体计算公式为[54]

$$\mathrm{OR}_i = \frac{\mathrm{Conflict}_{\mathrm{D}i} / \mathrm{Conflict}_{\mathrm{B}i}}{\mathrm{Conflict}_{\mathrm{C}j} / \mathrm{Conflict}_{\mathrm{A}j}} \tag{7-6}$$

式中，$\mathrm{Conflict}_{\mathrm{A}j}$ 为对照设施 j 前时段的交通冲突数，次；$\mathrm{Conflict}_{\mathrm{B}i}$ 为改造设施 i 前时段的交通冲突数，次；$\mathrm{Conflict}_{\mathrm{C}j}$ 为对照设施 j 后时段的交通冲突数，次；$\mathrm{Conflict}_{\mathrm{D}i}$ 为改造设施 i 后时段的交通冲突数，次。

如果同时有多个改造设施，为了评估总体的改善效果，需要将每个设施的比值比 OR 综合起来得到一个总值，同时需要确定该值的显著性水平。由于 OR 始终为正值，可以假设其服从对数正态分布。各个改造设施 OR 的对数值可以用来计算权重及总体 OR 值。每个改造设施 OR 对数值的标准差 SE_i 近似为

$$\mathrm{SE}_i = \sqrt{\frac{1}{\mathrm{Conflict}_{\mathrm{A}j}} + \frac{1}{\mathrm{Conflict}_{\mathrm{B}i}} + \frac{1}{\mathrm{Conflict}_{\mathrm{C}j}} + \frac{1}{\mathrm{Conflict}_{\mathrm{D}i}}} \tag{7-7}$$

相应地，有

$$z_i = \frac{\ln(\mathrm{OR}_i)}{\mathrm{SE}_i} \sim N(0,1) \tag{7-8}$$

各个改造设施的权重 w_i 为

$$w_i = \left(\frac{1}{\mathrm{Conflict}_{\mathrm{A}j}} + \frac{1}{\mathrm{Conflict}_{\mathrm{B}i}} + \frac{1}{\mathrm{Conflict}_{\mathrm{C}j}} + \frac{1}{\mathrm{Conflict}_{\mathrm{D}i}} \right)^{-1} \tag{7-9}$$

结合各个设施 OR 的权重，即可计算得到总的 OR 值，即

$$\ln(\mathrm{OR}) = \frac{\sum_{i=1}^{n} w_i \times \ln(\mathrm{OR}_i)}{\sum_{i=1}^{n} w_i} \tag{7-10}$$

在满足式(7-8)的条件下，可以得出

$$z=\ln(\mathrm{OR})\sqrt{\sum_{i=1}^{n} w_i} \sim N(0,1) \tag{7-11}$$

据此，可以设定零假设或不存在改善效果的假设：H_0=OR=1。当标准正态概率密度函数的尾部概率小于特定的显著性水平时，原假设不成立，即存在显著性改善效果。

需要注意的是，前文所述的基于交通冲突的安全改善效果前后对比分析是以分析前后时段的交通冲突数为基础的，而交通冲突数一般通过选定某一冲突指标的冲突临界值(如 TTC=1.5s)确定。从目前的研究来看，现阶段并不存在一种明确的冲突临界值确定方法，因此在实际判别交通冲突时临界值的选择存在较大的随机性和主观性，而安全分析结果则可能因临界值选择的不同而出现较大差异。此外，即使可以通过某种方法选择一个合理的临界值，也会存在无法考虑不同严重程度等级的交通冲突的问题。最后，虽然交通冲突被证明是一个较为有效的安全评价指标，但交通事故始终是使用最为广泛的评价指标。因此，使用交通事故或逻辑上与交通事故较为接近的严重交通冲突，理论上将得到更为可靠的评价结果。然而，无论是交通事故还是严重交通冲突，其发生概率都比较小。

为了克服上述缺陷，本章提出将极值理论应用至基于交通冲突的前后对比研究。通过前文对极值理论的介绍可知，通过极值统计方法可以将不同严重程度等级的交通冲突统一纳入建模过程中以得到一个极值分布，并通过该分布预测得到交通事故数或严重交通冲突数，进而就可以利用比值比方法分析安全改造措施的改善效果。

在估计得到极值分布模型后，目标交通事件(交通事故或严重交通冲突)的发生概率 R 可以通过下式计算：

$$R=\Pr\{z \geqslant \delta\}=1-G(\delta) \tag{7-12}$$

式中，$G(\cdot)$为估计得到的极值分布；δ 为目标事件临界值，当 δ=0 时 R 为交通事故概率，当 δ 为一特定较小值时 R 为严重交通冲突概率。同样，假设冲突观测时段能够反映样本总体的基本特征，那么对于一个较长的时间 T，可以计算得到该时段的预测事故数或严重交通冲突数，其计算公式为

$$N_T=\frac{T}{t}R \tag{7-13}$$

式中，N_T为 T 时段内的目标交通事件次数，次。

除了利用预测得到的交通事故数或严重交通冲突数定量分析安全改善效果，改造前后极值分布的变化本身也可以用来解析安全改善效果，具体将结合左转专用车道加长项目予以说明。

7.4 左转专用车道加长项目安全改善效果评价

7.4.1 左转专用车道加长项目概况

交叉口上的左转交通流通常是所有流向中风险性最高的一支。为了提高交叉口的安全性，在左转需求较大的交叉口一般需设置专门的信号控制相位和左转专用车道。其中，设置左转专用车道可以为左转车辆提供安全减速和排队等候的空间。当左转车道长度不够时，交叉口会出现左转车道溢流及阻塞直行交通的现象，导致交通事故发生风险的提高。因此，在有限的道路用地空间内适当加长左转专用车道长度，能在一定程度上改善交叉口的道路交通安全状况。

加拿大不列颠哥伦比亚省 Surrey 市对其市区范围内的三个信号控制交叉口进行了左转专用车道加长改造。这三个交叉口分别为 72 大街-乔治国王大道交叉口、64 大街-乔治国王大道交叉口、弗雷泽路-168 街交叉口。三个交叉口的所有被交道路均为城市干道，限速为 50km/h。对于每一个交叉口，仅选择其中一条左转车道进行加长。为了评价改善效果，项目采集得到改造左转车道和与之配对的对照左转车道所在进口道改造前后的交通运行视频数据。三个交叉口的改造路段和对照路段情况如图 7-2 所示。

交通运行视频数据利用设置在灯杆或信号灯杆上的高清摄像机采集。为了覆盖整个交叉口进口道，通常同时使用 1 或 2 台摄像机。其中，72 大街-乔治国王大道交叉口改造进口道和对照进口道较长，同时使用 2 台摄像机，而其他进口道均

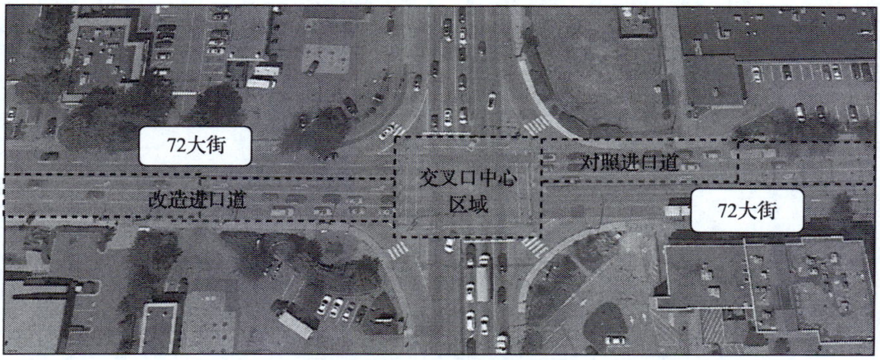

(a) 72大街-乔治国王大道交叉口

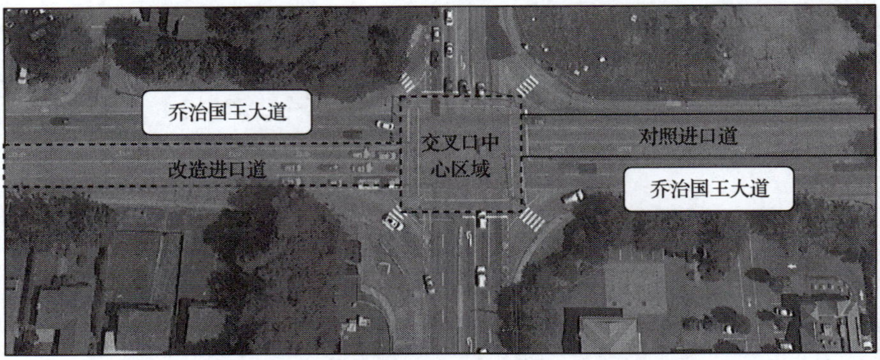

(b) 64大街-乔治国王大道交叉口

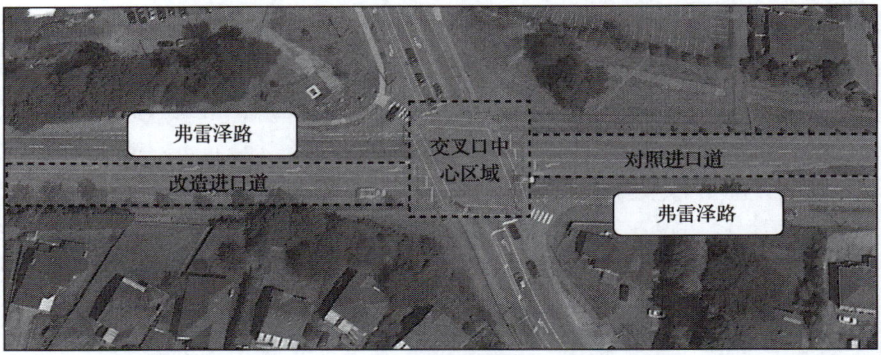

(c) 弗雷泽路-168街交叉口

图 7-2　改造进口道与对照进口道及视频覆盖范围(虚线部分)示意图

使用 1 个摄像机。此外，三个交叉口中心区域的交通运行情况视频通过各个交叉口上设置的永久性监控设备获得。各个交叉口视频覆盖范围示意图如图 7-2 所示。

改造前视频采集自当地时间 2015 年 6 月 10 日(星期二)和 6 月 11 日(星期三)，改造后视频采集于 2016 年 6 月 1 日(星期二)和 6 月 2 日(星期三)。视频采集时间选择在相同的季节和相同的星期，从而尽可能避免交通运行时变等混杂因素对评价结果的影响。具体视频数据采集信息见表 7-2。

表 7-2　视频数据采集信息

交叉口	改造进口道/对照进口道	前时段				后时段			
		左转专用车道长度/m	视频采集时间	平均交通量/(辆/h)		左转专用车道长度/m	视频采集时间	平均交通量/(辆/h)	
				直行	左转			直行	左转
弗雷泽路-168 街	改造	75	D1 08:38～20:26 D2 08:34～13:52	520	141	155	D1 07:52～19:33 D2 07:45～12:31	555	136
	对照	85	D1 08:41～20:30 D2 08:35～13:29	451	66	85	D1 08:49～19:17 D2 08:41～11:54	485	68

续表

交叉口	改造进口道/对照进口道	前时段				后时段			
		左转专用车道长度/m	视频采集时间	平均交通量/(辆/h)		左转专用车道长度/m	视频采集时间	平均交通量/(辆/h)	
				直行	左转			直行	左转
64 大街-乔治国王大道	改造	80	D1 07:49～19:32 D2 07:35～19:25	466	226	135	D1 07:18～19:03 D2 06:58～11:27	470	231
	对照	130	D1 07:52～19:45 D2 07:37～19:10	457	95	130	D1 07:15～18:39 D2 06:47～18:31	490	91
72 大街-乔治国王大道	改造	75	D1[a] 06:35～13:33 D1[b] 06:50～18:20 D2[a] 06:35～18:23 D2[b] 06:46～18:30	283	230	180	D1[a] 06:11～18:09 D1[b] 06:31～18:12 D2[a] 06:09～09:14 D2[b] 06:21～16:34	328	219
	对照	85	D1 07:07～18:44 D2 07:00～18:30	352	128	85	D1 06:45～18:34 D2 06:33～10:56	380	158

注：D1 和 D2 分别表示第一天和第二天。

a 表示视频覆盖范围为进口道前半段。

b 表示视频覆盖范围为进口道后半段。

7.4.2　基于交通冲突数的安全改善效果分析

结合采集得到的视频数据，利用基于计算机视觉的交通冲突自动识别技术提取得到研究区域内与左转车辆相关的交通冲突，包括左转专用道上的交通冲突和交叉口中心区域的交通冲突。交通冲突严重程度的衡量指标为 TTC，冲突临界值为 3.0s。具体交通冲突数据见表 7-3。

根据改造车道和对照车道的交通冲突数，利用 7.3 节介绍的比值比 OR 计算方法，即可计算得到各个交叉口的 OR，见表 7-3。由该表可以看出，改造后无论是左转专用车道还是交叉口中心区，各个交叉口的交通冲突均有明显下降。下降幅度最大的是弗雷泽路-168 街，降幅达 76.7%，其次是 64 大街-乔治国王大道和 72 大街-乔治国王大道，降幅分别为 59.1%和 58.7%。

表 7-3　各交叉口交通冲突率及 OR 计算结果

交叉口	指标	改造车道		对照车道		OR 值	OR 标准差	改善效果 (1−OR)×100%
		前时段	后时段	前时段	后时段			
弗雷泽路-168 街	专用道冲突率/(次/h)	421	66	191	134	0.223	0.173	77.7%
	中心区冲突率/(次/h)	110	22	3	4	0.150	0.798	85.0%
	总冲突率/(次/h)	531	88	194	138	0.233	0.160	76.7%

续表

交叉口	指标	改造车道		对照车道		OR 值	OR 标准差	改善效果 (1−OR)×100%
		前时段	后时段	前时段	后时段			
64 大街-乔治国王大道	专用道冲突率/(次/h)	722	68	638	164	0.366	0.157	63.4%
	中心区冲突率/(次/h)	241	0	318	0	—	—	—
	总冲突率/(次/h)	963	68	956	165	0.409	0.151	59.1%
72 大街-乔治国王大道	专用道冲突率/(次/h)	966	360	322	274	0.438	0.102	56.2%
	中心区冲突率/(次/h)	94	24	95	91	0.267	0.272	73.3%
	总冲突率/(次/h)	1060	384	417	365	0.413	0.093	58.7%

综合三个交叉口的比值比 OR 计算结果，利用式(7-7)～式(7-11)可计算得到整个左转专用车道加长项目的总体改善效果，结果见表 7-4。总体来看，左转车道加长使三个交叉口改造车道的交通冲突减少 63.2%且对应的 $p<0.05$，这说明该项目显著提高了三个交叉口的交通安全水平。

表 7-4　左转专用道加长项目总体改善效果计算结果

交叉口	OR 值	个体改善效果/%	权重	总体 OR 值	总体改善效果/%	p 值
弗雷泽路-168 街	0.233	76.7	38.99	0.368	63.2	<0.05
64 大街-乔治国王大道	0.409	59.1	43.76			
72 大街-乔治国王大道	0.413	58.7	115.13			

7.4.3　基于交通冲突广义极值分布的安全改善效果分析

由于交叉口中心区交通冲突样本较少，无法满足统计模型构建的样本量要求。因此，本节主要基于左转专用车道上的交通冲突构建广义极值分布模型，并利用建模结果分析安全改善效果。

考虑到各个点交通冲突观测的最短时间为 13h，本节最终选取的区组间隔为 20min，该区组间隔一方面保证了足够多的区组极值样本数量，另一方面也在一定程度上保证了方差-偏差的平衡。此外，为了处理区组极值的非静态问题，本节引入三个变量，分别为每个区组中 TTC⩽3.0s 交通冲突数（$N_{\text{TTC}\leqslant 3}$）、每个区组中 TTC⩽1.5s 交通冲突数（$N_{\text{TTC}\leqslant 1.5}$）和每个区组中左转车辆的数量(LT)。这三个变量均通过线性关联函数连接至广义极值分布的位置参数，从而形成一系列广义极值模型。模型采用 R 软件 in2extRemes 工具包进行估计，模型比选以 AIC 为评价指标。广义极值模型的估计结果见表 7-5。

表 7-5　广义极值模型估计结果

交叉口	状态	编号	估计值(标准差)						AIC
			μ				σ	ξ	
			β_0	$\beta_1(N_{TTC<3})$	$\beta_2(N_{TTC<1.5})$	β_3(LT/10)			
弗雷泽路-168街	改造_前时段	$\boldsymbol{M_0}$	**−0.389 (0.067)**	—	—	—	**0.354 (0.018)**	**−0.906 (0.105)**	**12.4**
		M_1	−0.406 (Na)	0.007 (Na)	—	—	0.397 (Na)	−1.263 (Na)	−10.8
		M_2	−0.398 (Na)	—	0.011 (Na)	—	0.301 (Na)	−1.013 (Na)	−2.2
		M_3	−0.463 (Na)	—	—	0.019 (Na)	0.372 (Na)	−0.903 (Na)	14.2
	改造_后时段	$\boldsymbol{M_0}$	**−1.307 (0.290)**	—	—	—	**1.127 (0.315)**	**−0.863 (0.290)**	**51.6**
		M_1	−1.114 (Na)	−0.025 (Na)	—	—	1.184 (Na)	−1.054 (Na)	49.6
		M_2	−1.990 (0.461)	—	0.276 (0.177)	—	0.806 (0.214)	−0.321 (0.373)	53.3
		M_3	−1.984 (Na)	—	—	0.190 (Na)	0.835 (Na)	−1.000 (Na)	41.3
	对照_前时段	$\boldsymbol{M_0}$	**−0.656 (0.118)**	—	—	—	**0.611 (0.073)**	**−0.931 (0.051)**	**53.4**
		M_1	−0.626 (Na)	−0.002 (Na)	—	—	0.639 (Na)	−1.000 (Na)	54.8
		M_2	−0.620 (Na)	—	−0.002 (Na)	—	0.664 (Na)	−1.048 (Na)	52.5
		M_3	−0.985 (0.610)	—	—	0.127 (0.244)	0.533 (0.108)	−0.691 (0.275)	55.7
	对照_后时段	$\boldsymbol{M_0}$	**−0.924 (0.164)**	—	—	—	**0.822 (0.179)**	**−0.904 (0.221)**	**55.6**
		M_1	−1.406 (0.324)	0.099 (0.074)	—	—	0.657 (0.101)	−0.531 (0.152)	59.9
		M_2	−1.647 (0.207)	—	0.201 (0.056)	—	0.558 (0.077)	−0.412 (0.102)	54.1
		M_3	−0.824 (Na)	—	—	−0.033 (Na)	0.873 (Na)	−1.020 (Na)	58.8
64大街-乔治国王大道	改造_前时段	M_0	−0.214 (0.026)	—	—	—	0.190 (0.006)	−0.075 (0.047)	−65.6
		M_1	−0.171 (Na)	−0.002 (Na)	—	—	0.194 (Na)	−1.024 (Na)	−63.9
		$\boldsymbol{M_2}$	**−0.303 (0.014)**	—	**0.010 (0.001)**	—	**0.179 (0.004)**	**−0.802 (0.054)**	**−72.4**
		M_3	−0.274 (Na)	—	—	0.009 (Na)	0.189 (Na)	−1.065 (Na)	−69.7

续表

交叉口	状态	编号	估计值(标准差)						AIC
			μ				σ	ξ	
			β_0	$\beta_1(N_{TTC<3})$	$\beta_2(N_{TTC<1.5})$	β_3(LT/10)			
64大街-乔治国王大道	改造_后时段	M_0	−1.601 (0.227)	—	—	—	1.157 (0.253)	−0.689 (0.300)	132.5
		M_1	−1.323 (Na)	−0.036 (Na)	—	—	1.399 (Na)	−1.043 (Na)	131.8
		M_2	**−2.510 (0.166)**	—	**0.631 (0.151)**	—	**0.687 (0.085)**	**0.364 (0.136)**	**109.3**
		M_3	−1.614 (0.240)	—	—	0.007 (0.001)	1.174 (0.282)	−0.714 (0.337)	134.5
	对照_前时段	M_0	−0.999 (0.106)	—	—	—	0.778 (0.107)	−0.794 (0.136)	122.2
		M_1	−2.231 (0.192)	0.129 (0.020)	—	—	0.491 (0.049)	−0.269 (0.093)	102.3
		M_2	**−1.727 (0.086)**	—	**0.135 (0.018)**	—	**0.420 (0.039)**	**−0.299 (0.071)**	**78.8**
		M_3	−2.111 (0.380)	—	—	0.334 (0.012)	0.604 (0.062)	−0.447 (0.097)	115.3
	对照_后时段	M_0	−1.566 (0.203)	—	—	—	0.957 (0.209)	−0.492 (0.342)	151.3
		M_1	−2.451 (0.153)	0.265 (0.040)	—	—	0.600 (0.086)	0.093 (0.199)	136.4
		M_2	**−2.100 (0.091)**	—	**0.416 (0.058)**	—	**0.536 (0.061)**	**−0.258 (0.124)**	**111.4**
		M_3	−2.120 (0.463)	—	—	0.153 (0.013)	0.871 (0.131)	−0.345 (0.214)	151.9
72大街-乔治国王大道	改造_前时段	M_0	−0.158 (0.018)	—	—	—	0.120 (0.003)	−0.748 (0.034)	−93.9
		M_1	−0.201 (0.012)	0.003 (Na)	—	—	0.117 (0.012)	−0.931 (Na)	−104.5
		M_2	**−0.323 (0.013)**	—	**0.014 (0.001)**	—	**0.097 (0.002)**	**−0.820 (0.046)**	**−117.0**
		M_3	−0.201 (Na)	—	—	0.006 (Na)	0.122 (Na)	−1.092 (Na)	−92.3
	改造_后时段	M_0	−1.078 (0.100)	—	—	—	0.763 (0.099)	−0.758 (0.101)	100.3
		M_1	−1.307 (0.205)	0.063 (0.049)	—	—	0.725 (0.091)	−0.704 (0.099)	99.9
		M_2	**−1.439 (0.161)**	—	**0.181 (0.074)**	—	**0.610 (0.076)**	**−0.564 (0.120)**	**90.2**
		M_3	−0.860 (0.108)	—	—	−0.031 (0.001)	0.742 (0.093)	−0.730 (0.089)	100.6

续表

交叉口	状态	编号	估计值(标准差)						AIC
			μ				σ	ξ	
			β_0	$\beta_1(N_{TTC<3})$	$\beta_2(N_{TTC\leqslant 1.5})$	β_3(LT/10)			
72 大街-乔治国王大道	对照_前时段	M_0	−1.122 (0.111)	—	—	—	0.712 (0.093)	−0.618 (0.121)	95.0
		M_1	−1.756 (0.284)	0.082 (0.035)	—	—	0.592 (0.072)	−0.405 (0.122)	90.3
		$\boldsymbol{M_2}$	**−1.821 (0.134)**	—	**0.132 (0.030)**	—	**0.485 (0.051)**	**−0.337 (0.074)**	**73.0**
		M_3	−1.379 (0.347)	—	—	0.055 (0.068)	0.695 (0.092)	−0.590 (0.134)	96.2
	对照_后时段	M_0	−1.461 (0.170)	—	—	—	1.009 (0.150)	−0.690 (0.119)	104.2
		M_1	−1.435 (Na)	0.038 (Na)	—	—	1.203 (Na)	−1.103 (Na)	95.7
		$\boldsymbol{M_2}$	**−2.464 (0.193)**	—	**0.406 (0.070)**	—	**0.605 (0.083)**	**−0.256 (0.150)**	**87.6**
		M_3	−1.436 (1.043)	—	—	−0.005 (0.216)	1.006 (0.180)	−0.686 (0.217)	106.2

注："Na"表示估计值的方差不存在；"—"表示对应变量未纳入模型中；黑体对应的是最优模型。

模型拟合优度指标 AIC 表明：对于 64 大街-乔治国王大道和 72 大街-乔治国王大道交叉口，包含变量的 $N_{TTC\leqslant 1.5}$ 模型(M_2)为最优模型，其 AIC 值与其他模型 AIC 值的差的最小值为 8.1；对于弗雷泽路-168 街交叉口，不包含任何变量的模型(M_0)为最优模型。需要指出的是，虽然该交叉口对照设施后时段的 AIC 最小值来自模型 M_2，但其与 M_0 的 AIC 差值小于 2，所以 M_0 被视为最优模型。

结合各个条件下的最优广义极值分布模型，可以计算得到各种条件对应的预测事故数，进而计算得到比值比 OR 和改善效果见表 7-6。计算结果表明，三个交叉口的总体改善效果为 63.9%且 p 值为 0.002，这表明左转车道加长显著提高了交通安全水平。这一结论与基于冲突数的分析结论一致。具体来看，64 大街-乔治国王大道的预测事故数降低了大约 53.5%，72 大街-乔治国王大道的预测事故数降低了约 70.3%，而弗雷泽路-168 街因改造后事故数为 0 而无法计算 OR 值。需要说明的是，72 大街-乔治国王大道较大幅度的降低部分是由于左转专用车道加长，另一部分原因是该交叉口的信号控制方式进行了调整，从允许性-保护性左转变成了保护性左转。

表 7-6　基于预测事故数的改善效果

交叉口	预测事故数/次				OR	p 值	改善效果 TE/%
	改造_前时段	改造_后时段	对照_前时段	对照_后时段			
弗雷泽路-168 街	19.8	0	5.9	0	—	—	—
64 大街-乔治国王大道	39.6	14.5	33.5	26.3	0.465	0.058	53.5
72 大街-乔治国王大道	33.6	9.2	6.9	6.4	0.297	0.067	70.3
总体	93.0	23.7	46.3	32.7	0.361	0.002	63.9

通过表 7-6 也可以发现，由于后时段改造设施和对照设施的预测事故数为 0，弗雷泽路-168 街交叉口的 OR 值和改善效果无法计算(OR 计算公式中分母不能为 0)。

事实上，由于交通事故发生的极稀少性，在一定的时段内有零起交通事故的发生是一种常见现象，但 0 值的出现却限制了比值比方法的使用。为了克服这一缺陷，将预测得到的严重交通冲突数加入比值比计算中。严重交通冲突可以通过一个非常小的临界值予以界定，该临界值的选取具有一定的灵活性，需要在保证交通冲突是严重交通冲突的同时，所界定的严重交通冲突数不能为 0。本节选用 $\delta=-0.03$ 作为严重交通冲突的临界值，其中 TTC=0.03s 是观测数据中的最小值。基于严重交通冲突的改善效果计算结果见表 7-7。左转车道加长后，三个交叉口的严重交通冲突数显著下降，降幅为 73.2%。

表 7-7　基于预测严重交通冲突数的改善效果

交叉口	预测严重交通冲突数/次				OR	p 值	改善效果 TE/%
	改造_前时段	改造_后时段	对照_前时段	对照_后时段			
弗雷泽路-168 街	780.4	156.9	477.1	138.0	0.695	0.005	30.5
64 大街-乔治国王大道	621.2	16.5	42.6	31.3	0.036	0.000	96.4
72 大街-乔治国王大道	700.4	15.0	9.8	8.0	0.026	0.000	97.4
总体	2102.0	188.4	529.5	181.9	0.261	0.000	73.2

为了进一步分析改善效果对不同临界值的灵敏性，以 0.03 为间隔计算得到了 $\delta=-0.30\sim-0.03$ 时对应的改善效果值，如图 7-3 所示。由图可见，不同临界值对应的预测冲突数计算得到的改善效果基本一致，为 73.2%～88.9%。图 7-3 同时给出了以不同临界值对应的观测冲突数为基础的改善效果，该结果同样表明了改造项目实施显著降低了交通冲突数。不同之处在于，基于观测冲突数的改善效果值波动更大，其主要原因在于交通冲突尤其是严重交通冲突的发生是相对随机和稀少的，而较小临界值所对应的冲突样本则更少且随机性更大。

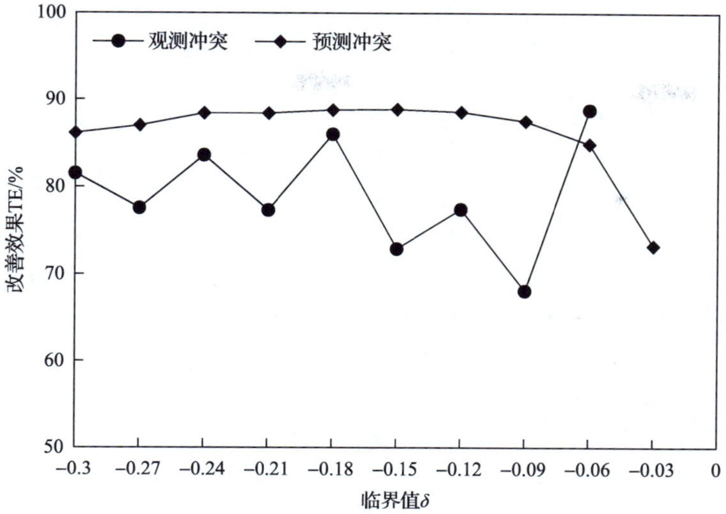

图 7-3　改善效果灵敏性分析图

除了利用比值比方法定量分析改造措施的改善效果，将极值方法应用至前后对比研究也为分析改善效果提供了一种更加形象化的方法，即对比改善前后估计得到的广义极值分布的变化并从中解析改造措施的影响。三个交叉口改造车道和对照车道改善前后的广义极值分布如图 7-4 所示。其中，对于含有变量的非静态模型(即 64 大街-乔治国王大道和 72 大街-乔治国王大道的模型)，其广义极值分布是在变量 $N_{\mathrm{TTC}\leqslant 1.5}$ 取均值情况下计算得到的。对比分析改造前后广义极值分布的形状变化可以发现，改造车道的广义极值分布在改造前后有较为明显的变化，而对照车道的广义极值分布的变化则相对较小。这两者之间的差别说明改造措施对广义极值分布有显著影响。

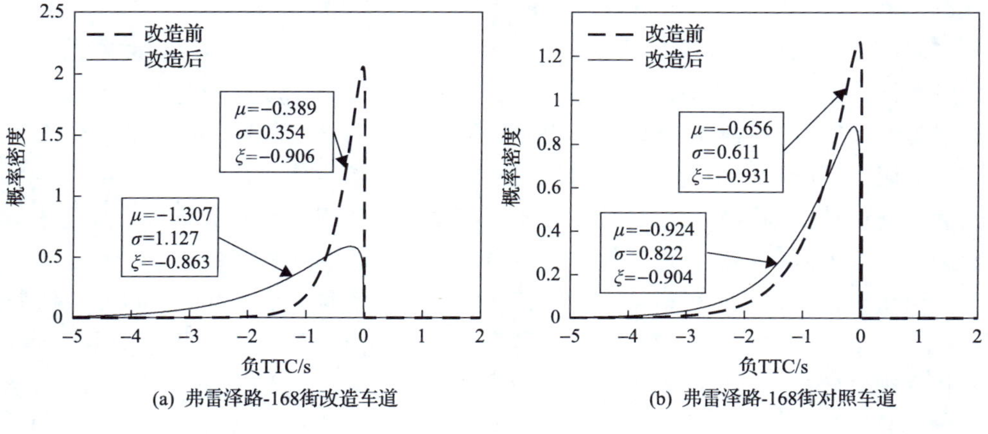

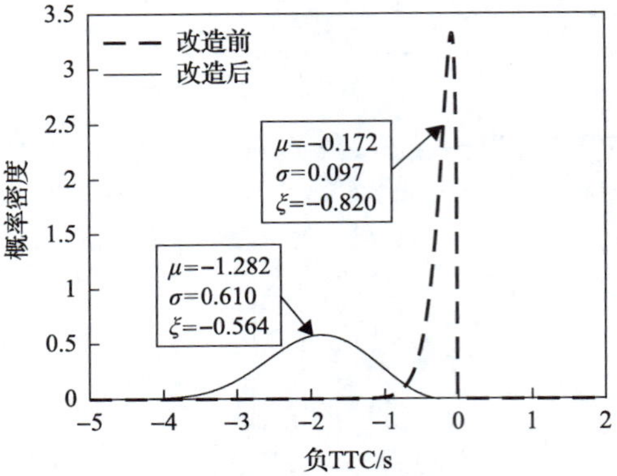

(c) 64大街-乔治国王大道改造车道

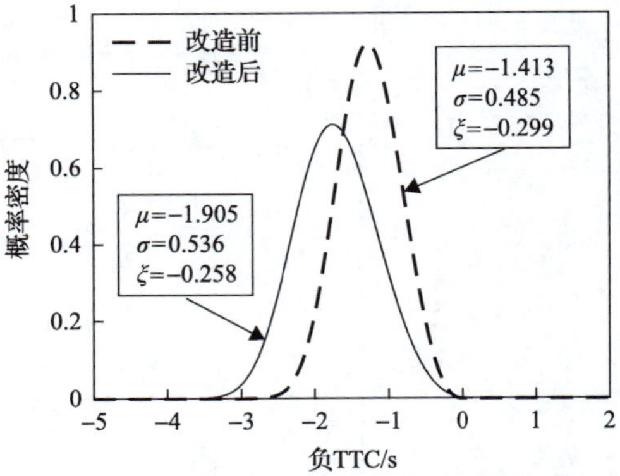

(d) 64大街-乔治国王大道对照车道

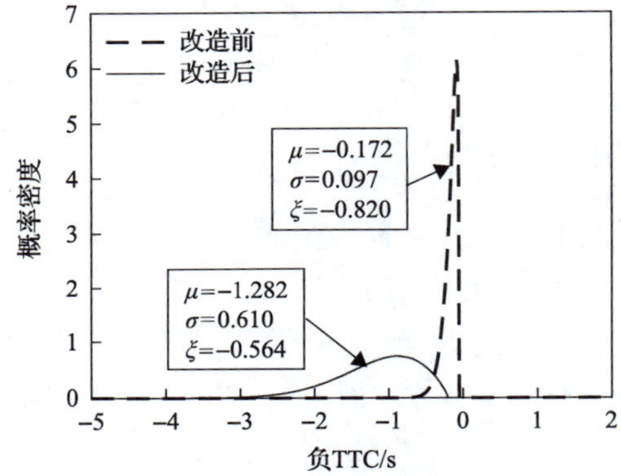

(e) 72大街-乔治国王大道改造车道

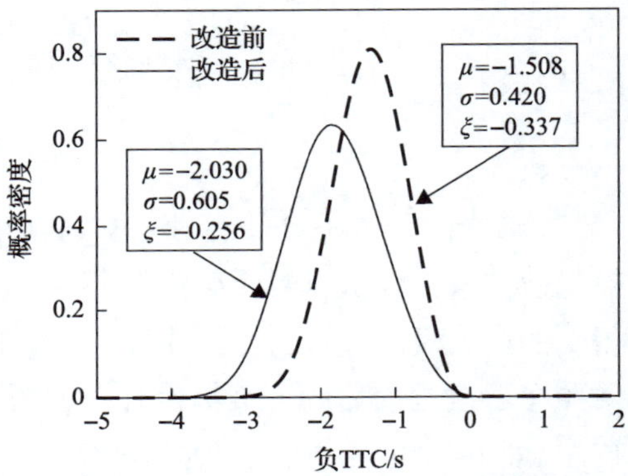

(f) 72大街-乔治国王大道对照车道

图 7-4　三个交叉口改造车道和对照车道改造前后广义极值分布对比图

广义极值分布的形状取决于其位置参数、尺度参数和形状参数。其中，位置参数和尺度参数决定的是分布形状的聚集性，即大部分事件分布的位置和幅度。从图 7-4 中可以看出，改造后改造车道对应的广义极值分布都远离 TTC=0 的点，与之对应的对照路段虽然也有相似的变化，但其分布远离 TTC=0 的程度要远小于改造车道。此外，改造前改造车道上的交通冲突都聚集于严重程度较高的区域，这意味着大部分交通冲突虽然没有最终转换为交通事故，但这些事件的安全裕度极为有限，可能一个小的交通状态波动或驾驶失误都会将其转化为交通事故。改造后，交通冲突则更为广泛地分布在不同严重程度等级上且严重交通冲突数量明显减少。以上两个特征均可以视为改造措施有明显的安全改善效果。

形状参数反映的是极值分布的尾部特性。当形状参数小于 0 时，广义极值分布属于 Weibull 族，意味着广义极值分布存在上限点。从估计结果可以看出，所有估计得到的广义极值分布模型的形状参数均小于 0。而形状参数大小的不同反映的则是广义极值分布右侧尾部的衰减率，形状参数值越小其衰减就越快。如果尾部在 TTC=0 之前衰减为 0，则意味着该设施在预测时段内不会有交通事故发生。

但是，形状参数本身并无法说明改善效果的好坏。以弗雷泽路-168 街交叉口上的改造车道为例，改造前的形状参数为−0.906，但其右侧尾部在跨过 TTC=0 之后才衰减为 0，因此其在改造前的预测事故数为 19.8；改造后的形状参数变为−0.863，但其右侧尾部在 TTC=0 之前衰减为 0，此时事故数为 0。因此，形状参数可以表明广义极值分布右侧尾部的变化，但更小的形状参数并不意味着更安全，其需要和其他两个参数一起综合分析。

7.5　Smart Channel 项目安全改善效果评价

7.5.1　Smart Channel 项目概况

1）Smart Channel 项目概况

渠化交叉口的右转专用车道通常设置在右转交通量较大的渠化交叉口，以减少车辆延误并提高交叉口运行效率。近年来，北美提出了一种改进的右转专用道设计方案，该方案又称为 Smart Channel（图 7-5）。Smart Channel 方案将右转车道与主线的夹角减小至 70°，从而减少行人的通行距离及行人与车辆发生冲突的概率。虽然 Smart Channel 秉承的是行人友好的设计理念，但其对交叉口的安全改善作用也可以延伸至机动车。Smart Channel 方案的主要优点体现如下：

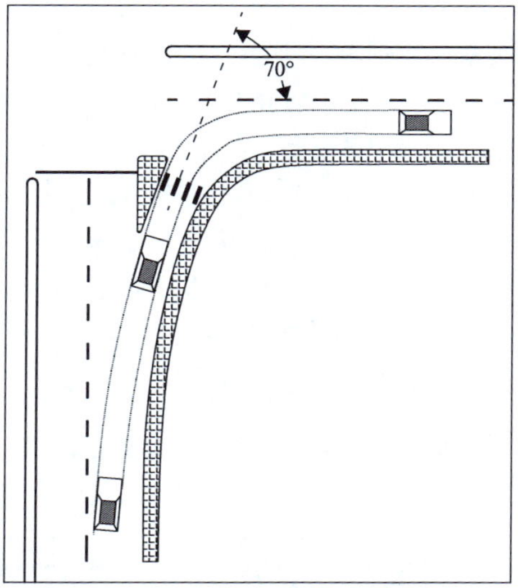

图 7-5　Smart Channel 方案设计示意图

（1）通过减小右转车道与主线的夹角，为机动车驾驶员提供了更好的视野范围，从而减轻了驾驶员转头检查视觉盲点的驾驶工作压力（图 7-6）。在传统的右转车道上，驾驶员最大可能需要转头 150°才能看清主线的交通情况，而 Smart Channel

方案中驾驶员转头角度要求大幅降低。

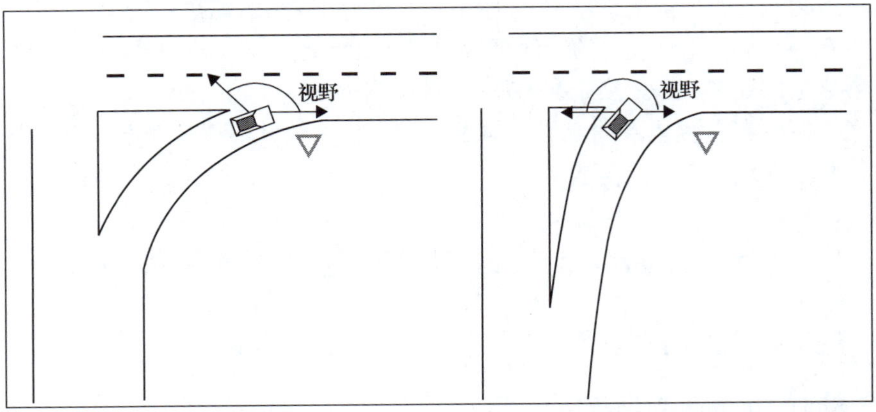

图 7-6　传统右转车道与 Smart Channel 方案上的驾驶员视野范围对比

(2)增加了行人的可见性，减少了行人的通行距离，从而提高了行人过街的安全性。

(3)通过右转车道线形的改变，降低了右转车辆的速度，从而使车辆能够及时刹车，这也更符合右转让直行的基本通行规则，从而提高了车辆通行的安全。

2)安全改造项目概况

本节以加拿大不列颠哥伦比亚省 Penticton 市 97 号公路上三个交叉口的 Smart Channel 项目为例，使用基于交通冲突极值分布的前后对比方法分析 Smart Channel 项目的安全改善效果。97 号公路是 Penticton 市境内穿城区而过的一条南北向干线公路，年平均日交通量约为 11000 辆/日。具体改造的三个交叉口分别是 Duncan 大街、Warren 大街和 Green 大街与 97 号公路的交叉口。97 号公路限速为 70km/h，而三条被交次要道路的限速均为 50km/h。历史数据显示，三个交叉口的被交次要道路进口道上发生了较多的交通事故，且事故类型以追尾事故和合流事故为主。为了改善其交通安全状况，对这三个交叉口被交道路进口道的右转专用车道进行了 Smart Channel 项目改造，改造前后的对比情况见表 7-8。

表 7-8　Smart Channel 项目改造前后对比

交叉口	改造前	改造后
Duncan 大街		

续表

交叉口	改造前	改造后
Warren 大街		
Green 大街		

3）视频数据采集

改造效果分析以从视频中提取的交通冲突数据为基础。视频数据是通过专门安装在交叉口附近灯杆或电线杆上的摄像机采集获得的。三个交叉口安全改造项目是在 2010 年初夏实施并完成的，因此前时段视频采集时间选择的是 2010 年 3 月 29 日～4 月 1 日，后时段选择的是 9 月 27 日～9 月 30 日。前时段和后时段的天气条件及交通条件基本相似，从而排除了这些因素对评价结果的影响。为了进一步排除其他混杂因素的影响，项目选取 97 号公路上与这三个交叉口临近的 W. Bench 路-Eckhardt 大街交叉口作为对照交叉口，采集了该交叉口 W. Bench 路右转进入 Eckhardt 大街的右转专用道同时段的交通运行视频数据。四个交叉口视频数据均采集于白天时段，具体见表 7-9 和表 7-10。

表 7-9　前时段视频数据采集时间一览表

交叉口	摄像机	第一天			第二天		
		日期	开始时间	结束时间	日期	开始时间	结束时间
Duncan 大街	1	2010 年 3 月 29 日	08:35	18:00	2010 年 3 月 30 日	10:55	18:00
	2	2010 年 3 月 29 日	08:35	18:00	2010 年 3 月 29 日	10:55	18:00
Warren 大街	1	2010 年 3 月 29 日	09:26	18:00	2010 年 3 月 29 日	09:05	18:00
	2	2010 年 3 月 29 日	09:26	18:00	2010 年 3 月 29 日	09:05	18:00
Green 大街	1	2010 年 3 月 29 日	11:49	18:00	2010 年 3 月 29 日	13:00	18:00
	2	2010 年 3 月 29 日	11:49	18:00	2010 年 3 月 29 日	13:00	18:00
W. Bench 路	1	2010 年 3 月 31 日	10:00	18:00	2010 年 4 月 1 日	09:00	14:30

表 7-10　后时段视频数据采集时间一览表

交叉口	摄像机	第一天			第二天		
		日期	开始时间	结束时间	日期	开始时间	结束时间
Duncan 大街	1	2010 年 9 月 27 日	09:15	18:00	2010 年 9 月 29 日	09:06	18:00
	2	2010 年 9 月 27 日	09:15	18:00	2010 年 9 月 29 日	09:06	18:00
Warren 大街	1	2010 年 9 月 27 日	11:04	18:00	2010 年 9 月 28 日	08:33	18:00
	2	2010 年 9 月 27 日	11:04	18:00	2010 年 9 月 28 日	08:33	18:00
Green 大街	1	2010 年 9 月 27 日	10:19	18:00	2010 年 9 月 28 日	09:44	18:00
	2	2010 年 9 月 27 日	10:19	18:00	2010 年 9 月 28 日	09:44	18:00
W. Bench 路	1	2010 年 9 月 28 日	12:00	16:00	2010 年 9 月 29 日	10:20	16:30

每一个交叉口都使用了两台摄像机，其中一台摄像机覆盖右转车辆出右转车道进入主线的区域，该区域内右转车辆合流至主线时易与主线上的车辆发生合流冲突；另一台摄像机覆盖右转车道，该车道上车辆由于需要让行主线交通，车辆频繁刹车，易发生追尾交通冲突。以 Warren 大街-97 号公路交叉口为例，摄像机布设如图 7-7 所示。在改造前后，摄像机布设位置一致；为了更好地覆盖右转专用车道，覆盖追尾冲突区域的 1 号摄像机角度在改造前后有所调整。

图 7-7　Warren 大街-97 号公路交叉口摄像机布设示意图

7.5.2　基于交通冲突数的安全改善效果分析

结合采集得到的视频数据，利用基于计算机视觉的交通冲突自动识别技术提取得到研究区域内的交通冲突，包括追尾冲突区域的追尾交通冲突和合流冲突区域的合流交通冲突。两种类型交通冲突严重程度的衡量指标均为 TTC，同样以 3.0s 作为界定交通冲突的临界值。最终得到的三个交叉口交通冲突的分布情况，如图 7-8～图 7-10 所示。

图 7-8～图 7-10 表明：改造后三个交叉口的追尾冲突、合流冲突及总冲突的频率均有明显下降。为了量化改善效果，计算得到各个交叉口的 OR 值，见表 7-11。Smart Channel 改造项目实施后，Duncan 大街交通冲突总体降低 54.8%，Warren 大街交通冲突总体降低 56.5%，Green 大街交通冲突总体降低 32.9%。从交通冲突类型来看，改造后追尾冲突降低幅度略高于合流冲突，分别为 67.4%和 48.2%。

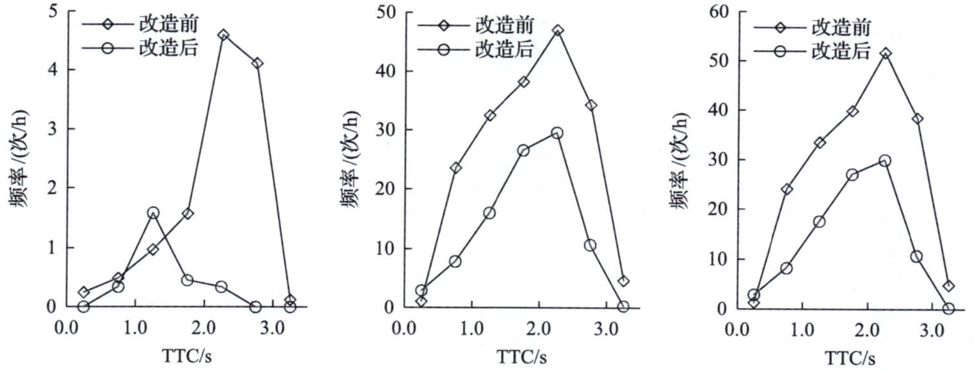

(a) 追尾冲突　(b) 合流冲突　(c) 总冲突

图 7-8　Duncan 大街改造前后交通冲突对比

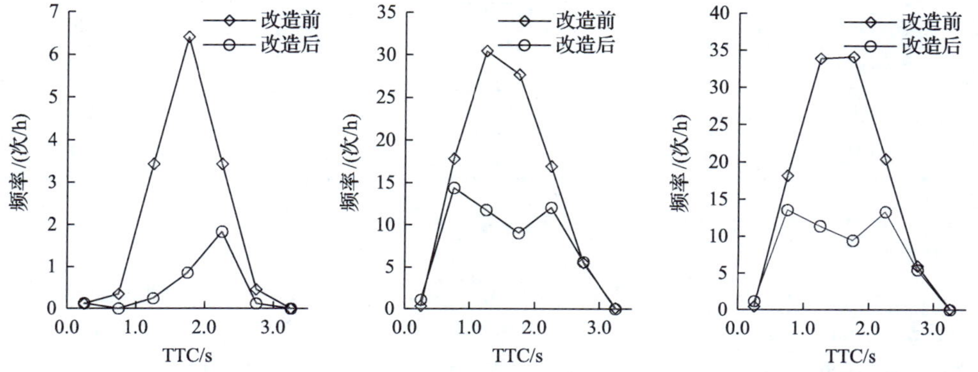

(a) 追尾冲突　(b) 合流冲突　(c) 总冲突

图 7-9　Warren 大街改造前后交通冲突对比

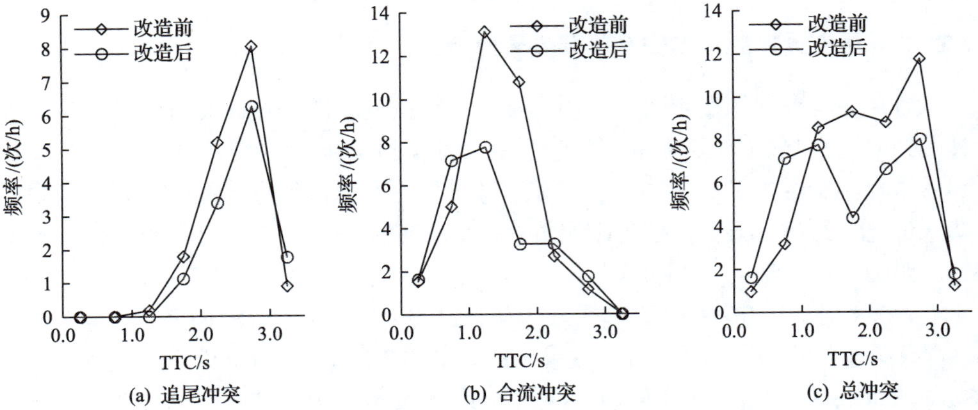

图 7-10　Green 大街改造前后交通冲突对比

表 7-11　各个交叉口改善效果一览表

交叉口		改造前冲突率/(次/h)			改造后冲突率/(次/h)			OR			改善效果 TE/%		
		追尾	合流	总冲突	追尾	合流	总冲突	追尾	合流	总冲突	追尾	合流	总冲突
改造组	Duncan 大街	6.1	90.9	96.9	1.4	47.1	48.4	0.185	0.474	0.452	81.5	52.6	54.8
	Warren 大街	7.1	49.4	56.5	1.6	27.0	27.1	0.185	0.500	0.435	81.5	50.0	56.5
	Green 大街	8.0	17.2	25.2	6.3	12.4	18.7	0.643	0.662	0.671	35.7	33.8	32.9
对照组	W. Bench 路	3.4	29.9	33.3	4.1	32.7	36.8	—	—	—	—	—	—

三个交叉口所有交通冲突总和降低了 50.8%，且其对应 p 值为 0.0002，这说明改造项目实施后对安全水平有显著且较大的改善效果。Smart Channel 项目总体改善效果见表 7-12。

表 7-12　总体改善效果一览表

冲突类型	OR	权重	改善效果 TE/%	p 值
追尾冲突	0.326	2.7	67.4	0.0665
合流冲突	0.518	23.5	48.2	0.0014
总冲突	0.492	26.9	50.8	0.0002

7.5.3　基于交通冲突广义帕累托分布的安全改善效果分析

本节基于观测得到的交通冲突数据建立广义帕累托分布模型，进而利用该模型分析 Smart Channel 项目的安全改善效果。建模的第一步为选取合适的阈值 u，仍然采用平均剩余寿命图和阈值稳定性分析图(图 7-11 和图 7-12)。按照前文的分析，两个分析图通常产生的是两个合理的阈值范围并取其交集而得到最终的阈值范围。从平均剩余寿命图和阈值稳定性分析图解析得到的 Duncan 大街改造前的阈值范围为[–1.60, –2.10]，改造后的阈值范围为[–1.20, –1.60]。为了便于改造前后的对比分析，建议取两个范围的交集，即–1.60 为 Duncan 大街改造前后的阈值。如果两个范围的交集为一个取值区间，则取该区间的最小值为最终阈值。

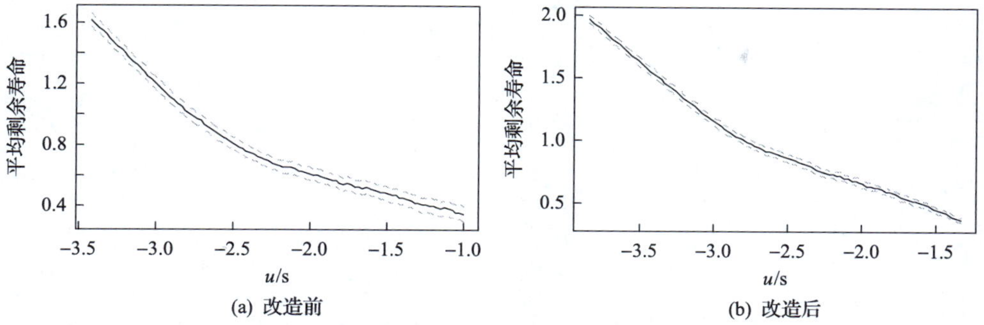

图 7-11　Duncan 大街改造前和改造后平均剩余寿命图

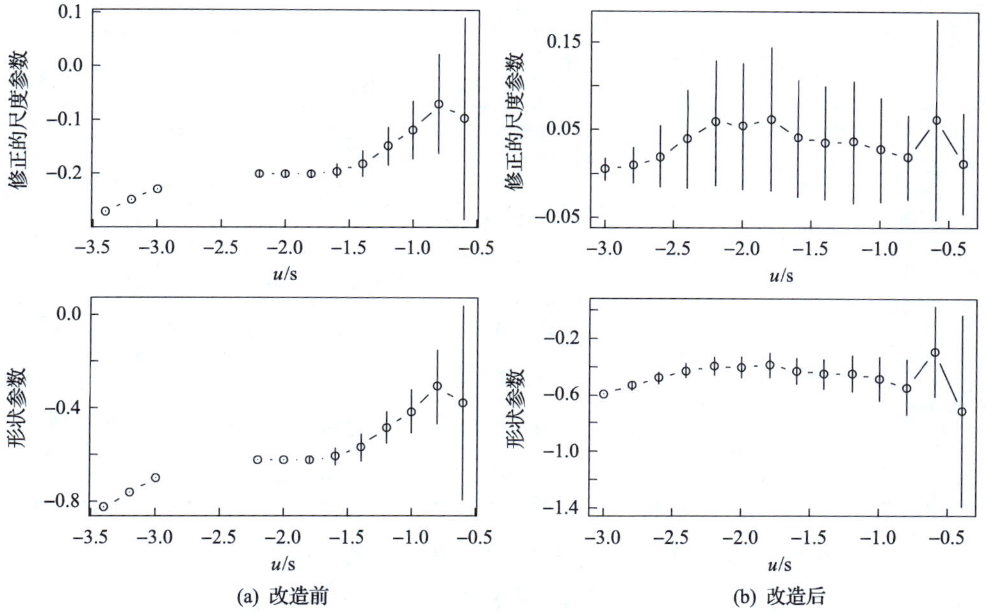

图 7-12　Duncan 大街改造前和改造后阈值稳定性分析图

在确定阈值后，利用 R 软件 in2extRemes 工具包进行广义帕累托分布模型估计，估计结果见表 7-13。结合估计得到的模型参数值和式(7-10)及式(7-11)，可以计算得到年均严重交通冲突数(AECF)和年均交通事故数(ACF)。

预测 ACF 中存在的零事故路段，因此主要采用预测的严重交通冲突 AECF 计算改善效果，具体计算结果见表 7-14。Smart Channel 项目实施后，预期总的严重交通冲突下降了 33.9%，且该下降在 0.05 水平上显著，这表明改造项目具有良好的安全改善效果。具体来看，改造后严重追尾冲突降低幅度较大，达 79.2%，而严重合流冲突仅降低 11.6%。

表 7-13　广义帕累托分布模型估计结果

交叉口	冲突类型&时段	u/s	超阈值数/个	参数估计值(标准差)		安全指标(95%置信区间)/(次/h)	
				σ	ξ	AECF	ACF
Duncan 大街	合流&前时段	−1.60	520	0.781(0.050)	−0.601(0.069)	11.74(0,32.57)	0(0,0.99)
	合流&后时段	−1.60	273	0.731(0.057)	−0.431(0.067)	21.93(4.01,40.10)	0.32(0,9.56)
	追尾&前时段	−1.60	16	0.640(0.284)	−0.198(0.369)	32.51(0,112.06)	8.42(0,80.08)
	追尾&后时段	−1.60	18	0.623(0.212)	−0.439(0.219)	8.31(0,68.81)	0(0,34.06)
Warren 大街	合流&前时段	−1.60	478	0.692(0.035)	−0.480(0.054)	12.45(1.03,25.79)	0(0,1.72)
	合流&后时段	−1.60	212	0.973(0.045)	−0.707(0.058)	30.86(6.23,52.18)	0(0,1.69)
	追尾&前时段	−2.10	101	0.688(0.086)	−0.157(0.093)	13.88(0.74,32.60)	3.93(0,16.80)
	追尾&后时段	−2.10	16	0.882(0.322)	−0.473(0.291)	4.26(0,77.54)	0(0,51.08)
Green 大街	合流&前时段	−1.60	62	0.691(0.119)	−0.512(0.191)	31.15(0,179.09)	0(0,70.08)
	合流&后时段	−1.60	139	1.083(0.070)	−0.761(0.081)	42.66(4.45,71.65)	0(0,11.84)
	追尾&前时段	−2.10	17	0.393(0.128)	−0.171(0.221)	0.37(0,36.16)	0(0,20.19)
	追尾&后时段	−2.10	16	0.325(0.123)	−0.096(0.258)	0.35(0,27.08)	0.01(0,16.75)
W. Bench 路	合流&前时段	−1.60	86	0.342(0.215)	0.009(0.269)	13.61(0,94.39)	3.31(0,59.88)
	合流&后时段	−1.60	76	0.565(0.084)	−0.267(0.213)	27.59(0,88.95)	2.18(0,46.42)
	追尾&前时段	−2.00	18	0.909(0.219)	−0.401(0.239)	21.72(0,88.76)	1.54(0,55.78)
	追尾&后时段	−2.00	32	0.723(0.207)	−0.200(0.170)	29.54(0,102.98)	7.66(0,63.57)

表 7-14　基于预测严重交通冲突(AECF)与观测交通冲突(AHC)的改善效果分析结果对比　(单位：%)

交叉口	AECF			AHC		
	追尾	合流	总和	追尾	合流	总和
Duncan 大街	81.2*	7.8	57.7*	81.5	52.6*	54.8*
Warren 大街	77.5*	−22.3	17.5	81.5	50.0*	56.5*
Green 大街	31.5	32.4	15.6	35.7	33.8	32.9
总和	79.2*	11.6	33.9*	67.4	48.2*	50.8*

* 表明该值在 0.05 水平上显著。

对比基于预测的严重交通冲突的安全改善效果和 7.5.2 节基于观测的一般交通冲突的安全改善效果可以发现，虽然两者都表明改造后安全水平有明显改善，但基于不同类型交通冲突的改善效果并不一致。尤其是合流交通冲突，改造后该类型一般冲突(TTC＜3.0s)数下降幅度较大，但严重冲突数下降幅度较低且并不显著。具体来看，三个交叉口的一般合流冲突在改造后均有大幅下降，但 Duncan 大街改造后严重合流冲突仅下降了约 8%，而 Warren 大街改造后严重合流冲突更是增加了 22%。这一显著差别也正好说明基于冲突极值分布的安全改善效果分析方法与传统的基于交通冲突数的安全改善效果分析方法不同。基于冲突极值分布的分析方法关注的是在逻辑上与交通事故更为接近的严重交通冲突，该类冲突虽然也具有一定的随机性和稀少性，但极值理论为其发生概率提供了较为可靠的估计方法；相反，传统交通冲突分析方法关注的是所有 TTC＜3.0s 的交通冲突。

图 7-13 给出了三个改造交叉口和一个对照交叉口改造前后合流冲突的 TTC 均

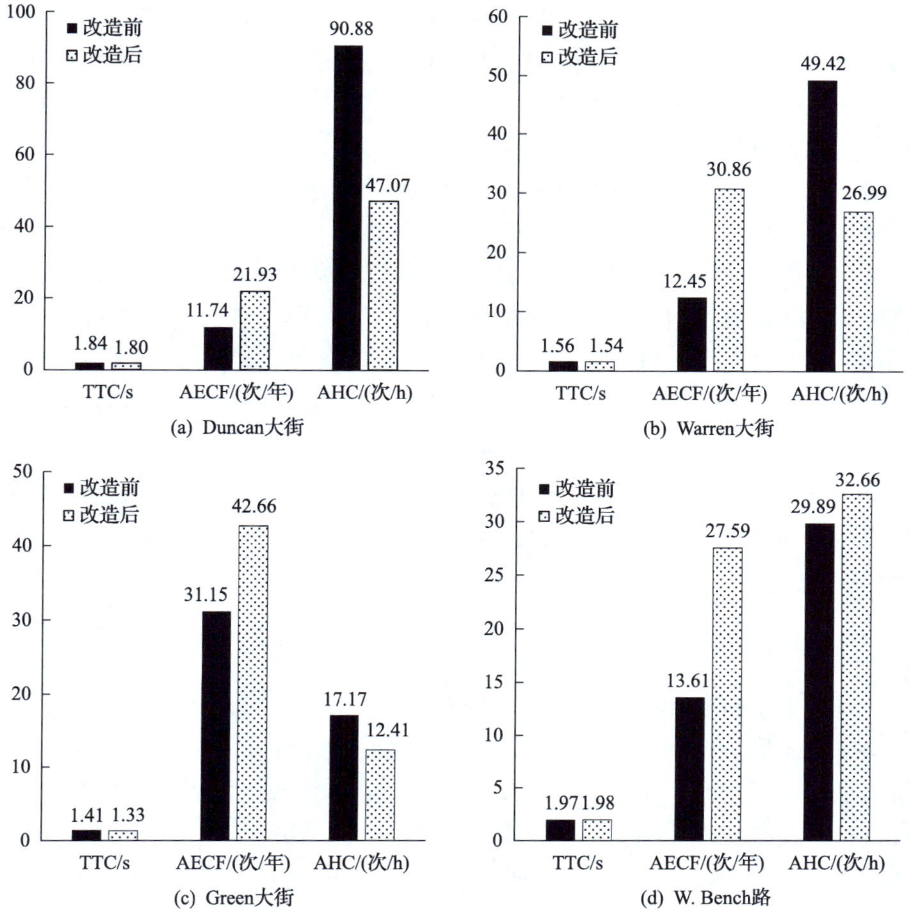

图 7-13　四个交叉口合流冲突 TTC 均值、AECF 和 AHC 对比

值、预测严重冲突数（AECF）和观测冲突数（AHC）的变化情况。对三个改造交叉口而言，改造后 AHC 均大幅下降，但 AECF 却有不同程度的增加。AECF 对应的是 TTC 值极小的严重交通冲突，而三个交叉口改造后 TTC 均值均减小，说明改造后更多的合流冲突的 TTC 值变小，因而导致 AECF 增加。这也意味着 Smart Channel 项目的设置可能导致合流交通事故增加。一个可能的原因是，Smart Channel 项目为右转车辆驾驶员提供了更加良好的视野，而这可能导致驾驶员更加自信并因此更容易采取激进的驾驶行为，如选择在较小可接受间隙条件下合流至主线。除这个原因外，也可能是其他未知因素导致 TTC 值减小。通过引入对照交叉口控制这些未知因素后，可以得出 Smart Channel 项目的设置对合流冲突/事故的影响较小。

7.6 基于贝叶斯层级广义极值分布模型的前后对比分析方法

7.4 节和 7.5 节介绍了利用极值理论方法进行安全改善效果评价的应用实例。应用结果表明，这类方法不仅能够基于预测的事故数或严重冲突数定量描述改善效果，还可以基于极值分布定性分析改善前后的安全水平变化。因此，相较于原有的基于观测冲突数的分析方法具有较大的优势。然而，应用极值事件进行安全评价也面临一个问题，即极值事件的稀少性导致极值样本数量有限。虽然交通冲突的发生频率要远高于交通事故，但交通冲突极值（即严重交通冲突）发生频率要低很多。因此，在一个观测点上可能只能得到数量有限的极值样本，这也就导致极值模型估计具有有限的准确性和较大的不确定性。为了克服这个缺陷，本节提出一种贝叶斯层级广义极值分布模型构建法。首先，将不同地点和不同时段冲突样本结合在一起进行模型构建，这样就能够保证足够数量的极值样本；其次，通过路段和时段的结合，某一个路段&时段对应的广义极值分布模型估计可以借助其他路段&时段上的样本信息，从而提高模型估计的可靠性；再者，全贝叶斯估计方法本身在处理小样本问题、估计不确定性问题和复杂模型结构问题方面具有较大的优势。

7.6.1 贝叶斯层级广义极值分布模型及其应用方法

1）贝叶斯层级广义极值分布模型构建

为了将不同地点和不同时段的冲突极值进行结合建模，本节采用一种具有三层结构的贝叶斯层级广义极值分布模型。第一层是数据层，即用广义极值分布拟合交通冲突极值样本数据；第二层是过程层，将广义极值分布的参数与极值特性的影响因素用关联函数连接；第三层是先验信息层，为过程层里的参数分配先验分布函数。

(1)数据层。

根据广义极值理论，区组极值服从的是广义极值分布 $\mathrm{GEV}(\mu,\sigma,\xi)$。由于尺度参数 σ 非负，所以将 $\mathrm{GEV}(\mu,\sigma,\xi)$ 转变为 $\mathrm{GEV}(\mu,\phi,\xi)$，其中 $\phi=\log\sigma$。假设 z_{ij} 是路段 j 上的第 i 个区组极值，其中 $i=1,2,\cdots,n_j$ 而 $j=1,2,\cdots,s$，那么该极值可以用对应于该路段参数的广义极值分布进行描述，即

$$G(z_{ij}<z\mid\mu_{ij},\phi_{ij},\xi_{ij})=\exp\left\{-\left[1+\xi_{ij}\left(\frac{z-\mu_{ij}}{\exp\phi_{ij}}\right)\right]^{-1/\xi_{ij}}\right\} \tag{7-14}$$

式中，μ_{ij}、ϕ_{ij} 和 ξ_{ij} 分别为路段 j 上区组 i 的广义极值分布的位置参数、变换的尺度参数和形状参数。

(2)过程层。

过程层通过关联函数将影响极值行为的变量与广义极值分布模型的参数连接，本节使用的是线性关联函数。实际上，将变量与广义极值分布模型参数连接也是处理极值分布非静态特性的常用方法。过程层的基本结构如下：

$$\begin{cases}\mu_{ij}=\alpha_{\mu 0}+\boldsymbol{\alpha}_{\mu}\boldsymbol{X}\\ \phi_{ij}=\alpha_{\phi 0}+\boldsymbol{\alpha}_{\phi}\boldsymbol{X}\\ \xi_{ij}=\alpha_{\xi 0}+\boldsymbol{\alpha}_{\xi}\boldsymbol{X}\end{cases} \tag{7-15}$$

式中，$\alpha_{\mu 0}$、$\alpha_{\phi 0}$ 和 $\alpha_{\xi 0}$ 为常数项；$\boldsymbol{\alpha}_{\mu}$、$\boldsymbol{\alpha}_{\phi}$ 和 $\boldsymbol{\alpha}_{\xi}$ 为回归系数向量；$\boldsymbol{X}$ 为解释变量向量。在实际应用中，由于采集到的变量信息有限，可能存在所采集变量无法反映的异质性。因此，在式(7-15)的基础上进一步引入随机误差项，即

$$\begin{cases}\mu_{ij}=\alpha_{\mu 0}+\boldsymbol{\alpha}_{\mu}\boldsymbol{X}+\varepsilon_{\mu j}\\ \phi_{ij}=\alpha_{\phi 0}+\boldsymbol{\alpha}_{\phi}\boldsymbol{X}+\varepsilon_{\phi j}\\ \xi_{ij}=\alpha_{\xi 0}+\boldsymbol{\alpha}_{\xi}\boldsymbol{X}+\varepsilon_{\xi j}\end{cases} \tag{7-16}$$

式中，$\varepsilon_{\mu j}$、$\varepsilon_{\phi j}$ 和 $\varepsilon_{\xi j}$ 分别为与位置参数、尺度参数和形状参数对应的随机误差项。该误差项反映的是不同路段之间的差异，而对于同一路段则相同。因此，式(7-16)可以进一步改写为随机截距模型，即

$$\begin{cases}\mu_{ij}=\alpha_{\mu j}+\boldsymbol{\alpha}_{\mu}\boldsymbol{X}\\ \phi_{ij}=\alpha_{\phi j}+\boldsymbol{\alpha}_{\phi}\boldsymbol{X}\\ \xi_{ij}=\alpha_{\xi j}+\boldsymbol{\alpha}_{\xi}\boldsymbol{X}\end{cases} \tag{7-17}$$

(3) 先验信息层。

先验信息层为式(7-17)中的模型参数分配先验分布。由于并不知道模型参数的任何先验信息，大部分参数均采用了无信息先验分布，即假设 $\alpha_{\mu j}$ 、$\alpha_{\phi j}$ 、$\boldsymbol{\alpha}_{\mu}$ 和 $\boldsymbol{\alpha}_{\phi}$ 服从均值为 0、方差为 10^6 的正态分布，即 Normal$(0,10^6)$。对于形状参数的先验分布，考虑到广义极值分布对其形状参数比较敏感，而不恰当的先验分布很可能导致模型估计无法收敛。分析已有的交通安全领域的极值模型可以发现，所有估计得到的参数均为–1.5～1.5，因此形状参数的 $\alpha_{\xi j}$ 和 $\boldsymbol{\alpha}_{\xi}$ 采用均匀分布，即 Uniform$(-1.5,1.5)$。

在这种三级层级结构下，根据贝叶斯理论可以求得层级广义极值分布模型参数的后验分布，即

$$p(q\,|\,Z) \propto \underbrace{p_1(Z\,|\,\theta_1)}_{\text{数据}}\underbrace{p_2(\theta_1\,|\,\theta_2)}_{\text{过程}}\underbrace{p_3(\theta_3)}_{\text{先验信息}} \tag{7-18}$$

式中，p_j 为第 j 层的概率密度函数；Z 为数据集合；θ 为模型参数集合。贝叶斯层级广义极值分布模型的后验分布通过基于吉布斯抽样的 MCMC 仿真求解。

考虑不同的变量组合及将变量连接至不同的分布模型参数，可以得到一系列不同的贝叶斯层级广义极值分布模型。最优模型依据偏差信息量准则(deviance information criterion，DIC)进行选择。与前文介绍的 AIC 原理相同，DIC 也是权衡模型复杂度和模型拟合优度的指标，计算公式为

$$\text{DIC} = \bar{D} + p_D \tag{7-19}$$

式中，$\bar{D}$ 为表示模型拟合优度的后验均值偏差，p_D 为模型中有效参数的数量。一般而言，DIC 值越小，模型越好。

2) 贝叶斯层级广义极值分布模型应用方法

使用贝叶斯层级广义极值分布模型进行前后对比分析的基本思路如图 7-14 所示。首先将改造组和对照组前时段、后时段的区组极值数据结合形成统一数据集。然后，利用该数据集构建贝叶斯层级广义极值分布模型。模型中除常用的影响极值行为的变量(如交通量、交通组成等)之外，引入路段指示变量(0 为对照组路段；1 为改造组路段)和时间指示变量(0 为前时段；1 为后时段)。在估计得到贝叶斯层级广义极值分布模型之后，即可以通过路段指示变量和时间指示变量得到每一个路段&时间组合条件下的广义极值分布。最后，通过广义极值分布估计各种条件下的交通事故数或严重交通冲突数，并以此计算反映改善效果的 OR 值；此外，同样可以通过对比改造前后极值分布形状的变化定性分析改善效果。

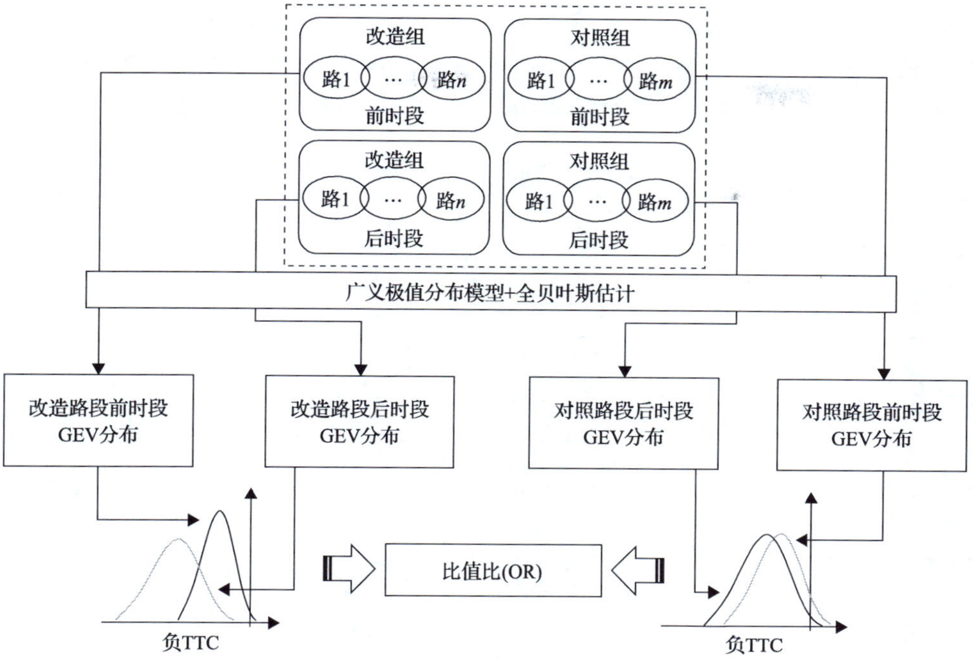

图 7-14　贝叶斯层级广义极值分布模型应用思路示意图

7.6.2　贝叶斯层级广义极值分布模型应用

本节以 7.4 节左转专用车道加长项目中的追尾冲突为例说明贝叶斯层级广义极值分布模型在前后对比分析中的应用。同样以 20min 为区组，将 12 种情况((3 个改造路段+3 个对照路段)×2 个时段)下的区组极值整合为一个数据集合，用以构建贝叶斯层级广义极值分布模型。模型考虑四个影响变量，分别是路段指示变量(Treat=0 为对照组路段；Treat=1 为改造组路段)、时间指示变量(Time=0 为前时段；Time=1 为后时段)、交互作用指示变量(Interact=Treat×Time)以及每个区组中 TTC⩽1.5s 的交通冲突数量(TTC1.5)。考虑不同变量组合和连接的广义极值分布参数的不同，共构建了 17 个模型(表 7-15)。模型参数估计采用 MCMC 仿真方法，通过 WinBUGS 软件编程实现。对于每一个模型参数，设置了初始值不同的两个马尔可夫链，并分别迭代 50000 次。模型参数的后验分布通过后 30000 次迭代值计算。此外，Gelman-Rubin 统计值和两个链条的混合情况验证了所建立的模型均得到了收敛估计[56]。不同模型的 DIC 值见表 7-15。

模型估计结果表明，将 Interact 变量引入广义极值分布模型的三个参数，同时将 TTC1.5 引入广义极值分布模型的位置参数，将显著提高模型的拟合优度，与之对应的模型为 M_5。在 M_5 的基础上继续引入其他变量对模型的拟合优度并没有明显提高，因为这些模型的 DIC 值与 M_5 的差值均小于 5（一般 DIC 差值大于 5 时，DIC 值较小的模型显著优于另一个模型；否则，两个模型没有实质性差别）[57, 58]。因此，模型 M_5 被视为最优模型，其具体的参数估计结果见表 7-16。

表 7-15　模型结构及其 DIC 值

编号	模型结构	DIC
M_0	无变量	797.6
M_1	在 M_0 的位置参数 μ 上加入 Interact 变量	790.2
M_2	在 M_0 的尺度参数 ϕ 上加入 Interact 变量	793.0
M_3	在 M_0 的形状参数 ξ 上加入 Interact 变量	792.0
M_4	在 M_0 的三个参数上均加入 Interact 变量	625.1
$\boldsymbol{M_5}$	**在 $\boldsymbol{M_4}$ 的位置参数 $\boldsymbol{\mu}$ 上加入 TTC1.5 变量**	**595.7**
M_6	在 M_4 的尺度参数 ϕ 上加入 TTC1.5 变量	616.6
M_7	在 M_4 的形状参数 ξ 上加入 TTC1.5 变量	619.8
M_8	在 M_4 的三个参数上均加入 TTC1.5 变量	592.3
M_9	在 M_5 的位置参数 μ 上加入 Time 变量	595.5
M_{10}	在 M_5 的尺度参数 ϕ 上加入 Time 变量	592.8
M_{11}	在 M_5 的形状参数 ξ 上加入 Time 变量	596.9
M_{12}	在 M_5 的三个参数上均加入 Time 变量	610.3
M_{13}	在 M_5 的位置参数 μ 上加入 Treat 变量	609.1
M_{14}	在 M_5 的尺度参数 ϕ 上加入 Treat 变量	606.0
M_{15}	在 M_5 的形状参数 ξ 上加入 Treat 变量	632.6
M_{16}	在 M_5 的三个参数上均加入 Treat 变量	596.5

注：黑体为最优模型。

表 7-16　最优模型参数估计结果

参数	均值	标准差	2.50%	中位数	97.50%
$\mu_0[1]$	−0.2605	0.0263	−0.3083	−0.2628	−0.2134
$\mu_0[2]$	−1.3060	0.0957	−1.4890	−1.2950	−1.1120
$\mu_0[3]$	−0.2395	0.0302	−0.2900	−0.2429	−0.1785
$\mu_0[4]$	−1.3450	0.1015	−1.5560	−1.3420	−1.1520
$\mu_0[5]$	−0.2481	0.0232	−0.2864	−0.2511	−0.1939
$\mu_0[6]$	−0.5876	0.0609	−0.7029	−0.5859	−0.4692

续表

参数	均值	标准差	2.50%	中位数	97.50%
μ(TTC1.5)	0.0051	0.0019	0.0018	0.0056	0.0080
μ(Interact)	−0.9643	0.1039	−1.1720	−0.9630	−0.7653
$\phi_0[1]$	−1.6540	0.1070	−1.8470	−1.6630	−1.4230
$\phi_0[2]$	−0.0545	0.0999	−0.2348	−0.0596	0.1546
$\phi_0[3]$	−2.0890	0.0994	−2.2250	−2.0380	−1.8410
$\phi_0[4]$	−0.1273	0.0966	−0.3009	−0.1321	0.0755
$\phi_0[5]$	−1.5770	0.0886	−1.5410	−1.3750	−1.2210
$\phi_0[6]$	−0.4008	0.1329	−0.6578	−0.3867	−0.1789
ϕ(Interact)	1.7060	0.1079	1.5490	1.7340	1.9710
$\xi_0[1]$	−1.0240	0.1448	−1.4120	−1.0060	−0.7944
$\xi_0[2]$	−0.7168	0.1070	−0.9045	−0.7227	−0.4923
$\xi_0[3]$	−0.8058	0.1162	−1.0440	−0.7940	−0.6140
$\xi_0[4]$	−0.6500	0.0784	−0.8006	−0.6508	−0.4937
$\xi_0[5]$	−1.1730	0.0904	−1.4930	−1.3930	−1.1630
$\xi_0[6]$	−1.2290	0.1158	−1.4320	−1.2330	−1.0030
ξ(Interact)	0.1614	0.1336	−0.0733	0.1511	0.4401

根据估计的贝叶斯层级广义极值分布模型，可以得到每一个“路段&时段”组合条件下具体的广义极值分布，进而可以计算得到各种组合条件下的目标事件数。本节选用 δ=0、−0.03、−0.15、−0.30 四个临界值界定目标事件，计算得到三组左转专用车道目标事件数总和，进而可以计算得到比值比 OR 和改造效果 TE，具体见表 7-17。

表 7-17　不同目标事件对应改善效果一览表

临界值	改造组/(次/年)		对照组/(次/年)		OR	p 值	TE/%	TE*/%
	前时段	后时段	前时段	后时段				
δ=0	30.2	6.1	141.6	69.8	0.409	0.056	59.1	63.9
δ=−0.03	1437.4	291.0	553.0	395.3	0.283	0.000	71.7	73.2
δ=−0.15	18409.1	2173.9	4494.6	3566.1	0.149	0.000	85.1	88.9
δ=−0.30	29148.2	4921.1	8334.3	6892.9	0.204	0.000	79.6	86.1

注：TE*为 7.4 节模型计算结果。

计算结果表明，左转车道加长后事故数（δ=0）预期将降低 59.1%，表明该改造项目能够显著提高交通安全水平。此外，临界值–0.03、–0.15、–0.30 对应的严重交通冲突数的下降幅度更大，分别为 71.7%、85.1%和 79.6%。这些结果与 7.4 节各点独立构建的广义极值分布模型的计算结果基本一致。然而，总体来看，本节所计算得到的 TE 值要小于 7.4 节模型的 TE 值。正如前文所分析的那样，贝叶斯层级模型的构建能够结合不同路段、时段的信息，预期能够得到更为准确的分析结果。因此，可以推断 TE=59.1%是更接近实际情况的改善效果值，但这个推断仍需要结合改造前后的实际事故数据进行进一步验证。

除了使用比值比方法定量分析改善效果，也可以利用各种组合条件下广义极值分布的形状对比做定性分析。改造左转车道、对照左转车道改造前后的广义极值分布如图 7-15 所示。图中的实线代表的是基于贝叶斯层级模型得到的广义极值分布，虚线代表的是 7.4 节中各点独立构建的广义极值分布。需要说明的是，不同路段&时段组合条件下变量 TTC1.5 均取其均值。

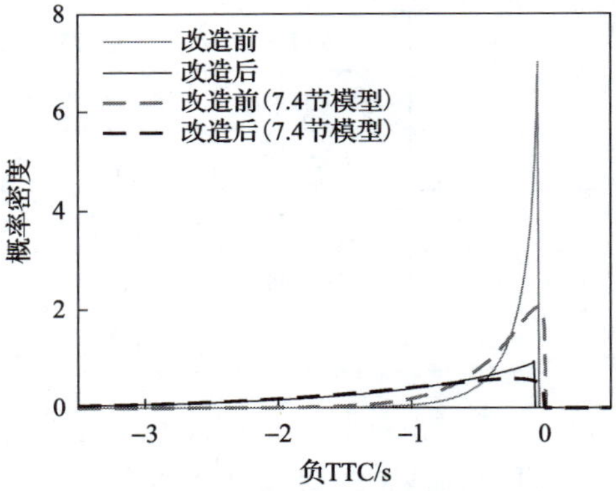

(a) 弗雷泽路-168街改造车道

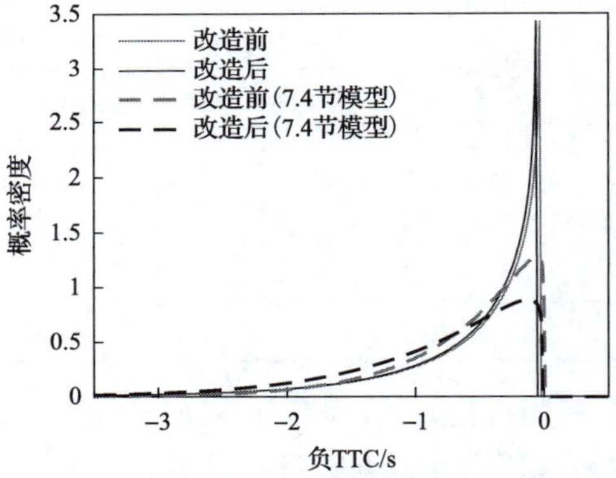

(b) 弗雷泽路-168街对照车道

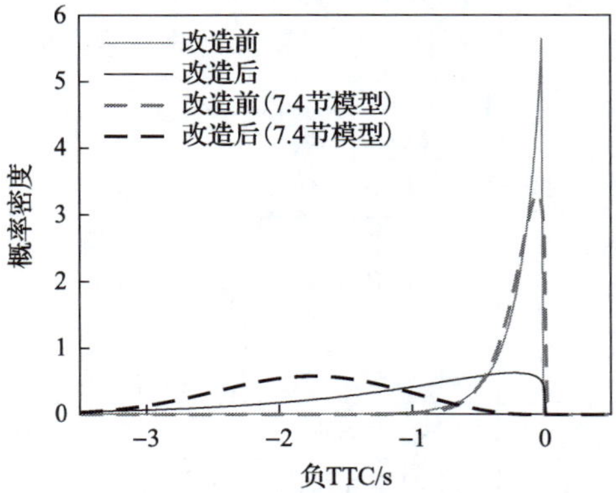

(c) 64大街-乔治国王大道改造车道

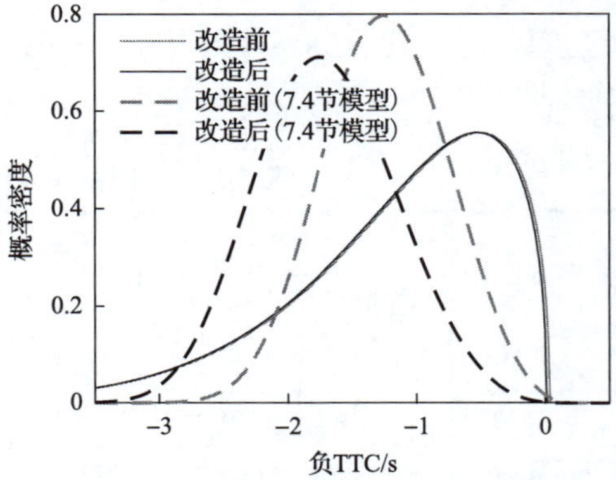

(d) 64大街-乔治国王大道对照车道

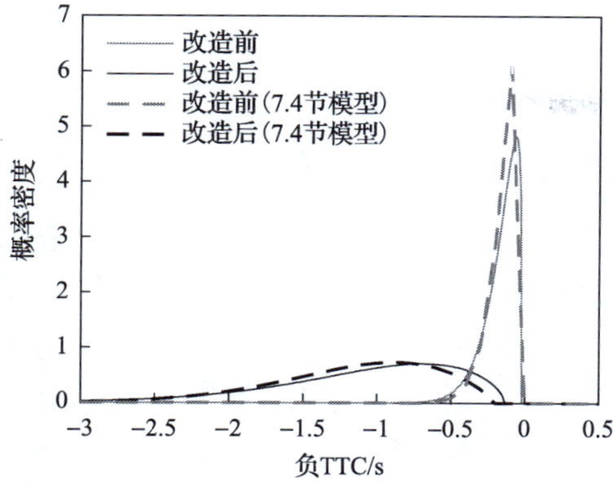

(e) 72大街-乔治国王大道改造车道

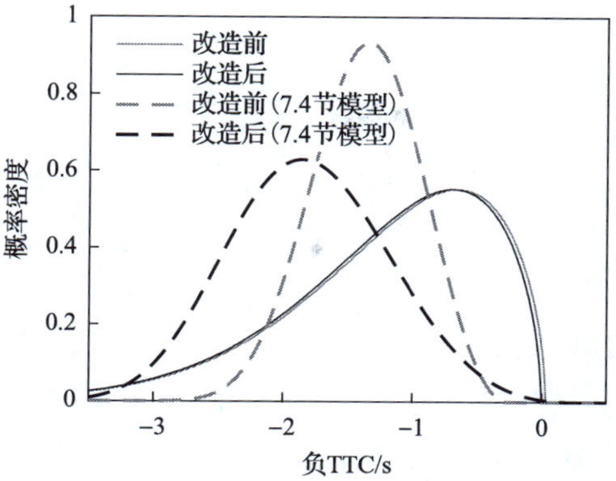

(f) 72大街-乔治国王大道对照车道

图 7-15　改造前后广义极值分布对比

图 7-15 与图 7-4 所展示的结果基本一致，即改造组改造前后的广义极值分布有较为明显的变化，而对照组的广义极值分布则较为一致。不同之处在于，贝叶斯层级模型下的对照组改造前后的广义极值分布基本一致，而在图 7-4 中依据各点的数据独立构建的广义极值分布的变化则相对较大。对照组在改造前后的道路条件并没有明显变化，即使交通条件可能有一定的不同，这种差异也可以通过变量 TTC1.5 的变化来体现。因此，贝叶斯层级模型所表现出的对照组改造前后广义极值分布的相似性在理论上更为合理。

第 8 章　信号交叉口交通事故风险实时预测

本章以信号交叉口为研究对象，应用区组极值理论对信号交叉口追尾事故风险进行实时预测。信号交叉口的交通运行具有典型的周期性，因此以每个信号周期为一个区组，利用各个区组的交通冲突数据和影响交通冲突的动态交通参数数据构建区组极值模型，从而实现对各个信号周期内交通事故风险的实时预测。

8.1　概　　述

交通事故风险实时预测是道路交通安全主动管理的重要组成部分，其主要目标是建立较小时段范围内(如 5min)道路设施上的交通事故风险与该时段动态交通参数以及其他事故影响因素之间的关系。现阶段交通事故风险实时预测主要是针对高速公路，一般是以高速公路上检测线圈采集的交通流参数数据为基础，通过与事故数据匹配形成“事故状态”和“非事故状态”数据集，进而利用 Logistic 回归、人工智能等方法进行事故风险实时预测[59, 60]。

总体来看，现阶段交通事故风险实时预测主要存在三个问题。首先，通过病例对照(即事故状态与非事故状态对照)数据和以该数据为基础设计的预测模型能够识别出易发生交通事故的交通流条件，但其只能区分出某一交通条件是否容易诱发交通事故，却不能预测易发生交通事故的交通流条件的实际风险。换句话说，现阶段的事故风险实时预测模型仅能够判断是否存在事故风险，却不能定量描述风险的大小。其次，现阶段事故风险实时预测的数据来源主要是检测线圈数据。从这些数据中能够提取交通事故发生前某一时段的交通量、车辆速度、密度等交通流参数数据，从而能够帮助识别易发生交通事故的交通流条件。然而，交通事故的发生不仅与交通条件有关，还与驾驶员行为有极为密切的关系。检测线圈数据在描述驾驶员行为方面的能力极为有限。最后，由于高速公路上设置的各种检测线圈和其他传感设备较多，相对应的动态交通参数数据更容易获取，因此现阶段交通事故风险实时预测的研究对象主要是高速公路。而作为道路设施的一个重要组成部分，交叉口交通事故风险的实时预测问题却很少被关注。

为了解决上述问题，本章以信号交叉口交通运行视频数据为基础，结合信号交叉口的周期性特性，利用区组极值模型进行交通事故风险的实时预测，基本原理与流程如图 8-1 所示。首先，通过信号交叉口交通运行视频实时采集系统收集交通口交通运行视频。该系统一般由视频传感器、存储设备、远程处理终端等组成，可以完成实时视频信息采集、传输与处理。其中，视频数据处理主要是为了提取车辆运行轨迹和绘制每个信号周期的时间-空间图，通过轨迹和时间-空间图可以提取车辆相关的参数(如车辆长度、位置、速度、加速度等)和信号周期水平的动态交通参数(如交通量、交通波面积、交通波速度、队列比等)，具体信息将在 8.2 节结合实例予以详细介绍。其次，通过车辆运行轨迹包含的位置、速度等数据还可以计算车辆之间的冲突指标，而这些指标则是推导实时事故风险水平的媒介。极值理论模型是通过交通冲突外推交通事故风险的核心，通过交通冲突极值分布，可以计算得到每个信号周期安全指标。最后，与每个信号周期动态交通参数相对应的安全指标可以反馈至信号交叉口动态控制系统，作为信号优化的一个重要依据。

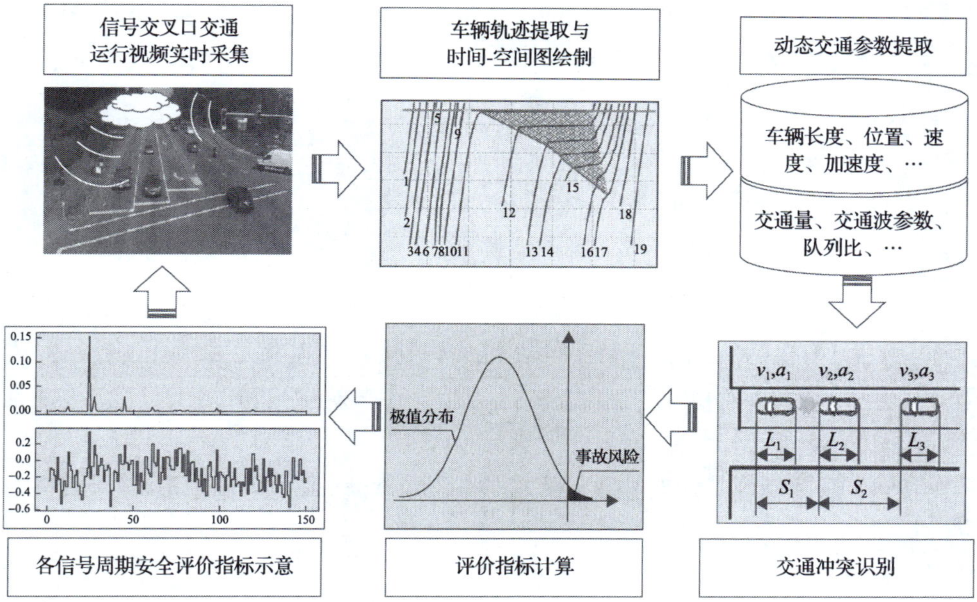

图 8-1　信号交叉口交通事故风险实时预测原理图

信号交叉口交通事故风险预测以交通冲突为媒介。冲突过程中的道路使用者在空间或时间上相互接近，以至于如果其中一方不改变其运行状态将会发生碰撞。因此，交通冲突与交通事故之间存在过程的相似性和连续性，关键差别在于避险行为的成功作用使得冲突过程没有转换为交通事故。两者之间的相似性和连续性为由交通冲突外推交通事故奠定了基础。更为重要的是，使用交通冲突能够将驾驶员行为因素(如加减速行为)融入事故风险实时预测中。以改进的距离碰撞时间

(MTTC)为例，其在计算跟驰行驶车辆的追尾冲突时考虑了车辆的加减速因素，具体计算公式见式(2-4)。

MTTC 值越小说明冲突严重程度越高，当 $\text{MTTC} \leqslant 0$ 时则意味着交通事故的发生。据此，可以以各个区组(即信号周期)内负 MTTC 的最大值为极值样本建立区组极值模型，形式如下：

$$G(z) = \exp\left\{-\left[1+\xi\left(\frac{z-\mu}{\sigma}\right)\right]^{-1/\xi}\right\} \tag{8-1}$$

式中，μ、σ、ξ 为区组极值分布的位置、尺度和形状参数，这些参数可以与每个信号周期的动态交通参数相关联以反映交通冲突区组极值的非静态特性。

根据第 4 章介绍的极值模型安全分析原理，可以推导出两个反映安全水平的指标。由于本章所构建的是以信号周期为区组的区组极值模型，所得到的安全水平指标反映的是每个信号周期的交通安全水平。一个安全指标是事故风险(risk of crash，RoC)，每个信号周期的 RoC 计算公式为

$$\text{RoC}_i = \Pr\{z_i \geqslant 0\} = 1 - G_i(0) = \begin{cases} 1-\exp\left\{-\left[1-\xi_i\dfrac{\mu_i}{\sigma_i}\right]^{-1/\xi_i}\right\}, & \xi_i \neq 0 \\ 1-\exp\left\{-\exp\left(\dfrac{\mu_i}{\sigma_i}\right)\right\}, & \xi_i = 0 \end{cases} \tag{8-2}$$

式中，RoC_i 为非负值，表示信号周期 i 的事故风险。当 $\text{RoC}_i = 0$ 时，意味着该信号周期没有交通事故风险；当 $\text{RoC}_i > 0$ 时，意味着该信号周期存在交通事故风险。

另一个安全指标是周期事故重现水平(return level of a cycle，RLC)，具体计算公式为

$$\text{RLC}_{pi} = \begin{cases} \mu_i - \dfrac{\sigma_i}{\xi_i}[1-\{-\log(1-p)\}^{-\xi_i}], & \xi_i \neq 0 \\ \mu_i - \sigma\log\{-\log(1-p)\}, & \xi_i = 0 \end{cases} \tag{8-3}$$

式中，RLC_{pi} 为信号周期 i 的对应重现期为 $1/p$ 的重现水平，其中 $G(\text{RLC}_{pi}) = 1-p$。一般情况下，RoC 与 RLC 存在正相关关系。$\text{RLC}_{pi} \geqslant 0$ 意味着信号周期 i 内存在发生交通事故的风险，而 $\text{RLC}_{pi} < 0$ 则意味着没有事故风险。

8.2　信号交叉口动态交通参数提取

本节以加拿大不列颠哥伦比亚省 Surrey 市的四个信号交叉口的交通运行视频数据为例说明动态交通参数的提取方法。四个信号交叉口分别为 72 大街-128 街交叉口、72 大街-132 街交叉口、64 大街-乔治国王大道交叉口和弗雷泽路-168 街交叉口。通过在交叉口附近的路灯灯杆或信号灯灯杆上布置摄像机，采集得到共 13h 的交叉口进口道的交通运行状况视频，其中四个交叉口的视频时长分别为 4h、3h、2h 和 4h。

视频数据处理仍然采用的是 Essa 和 Sayed 开发的视频处理和冲突判别系统，具体步骤在第 5 章给予了详细介绍[41]。视频处理的一个核心结果是得到了每个信号周期的时间-空间图(图 8-2)。

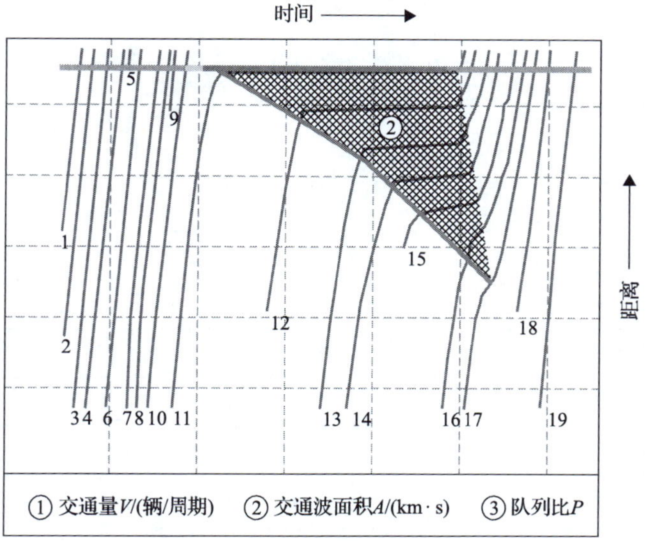

图 8-2　视频处理得到的时间-空间图

由图 8-2 可以计算得出三个重要的交通参数：①交通量，即每个信号周期调查车道上通过的车辆数，分析得到交通量最小值为 2 辆/周期，最大值为 28 辆/周期；②交通波面积，即图 8-2 所示的阴影区域面积，分析得到的交通波面积最小值为 0，最大值为 5.66km · s；③队列比，其计算方法为绿灯时间内到达的车辆比例乘以信号周期时长与有效绿灯时长的比值，最小值为 0，最大值为 2.27。此外，由车辆的轨迹数据，还可以计算得到所有追尾冲突的 MTTC 值。最终，在四个交叉口 372 个信号周期内共得到 2128 次追尾冲突，平均每个周期 6 次，其中 MTTC 最小值为 0.03s，最大值为 3.82s。

此外，从 ICBC 收集到四个信号交叉口 2013～2015 年的交通事故数据。ICBC 提供的事故记录包括事故发生的地点、日期、时间、事故类型、事故严重程度、事故经过等信息。其中，事故经过简要描述了事故发生的过程，包括车辆行驶方向、所在车道位置以及涉及车辆数等信息。为了使这些事故更好地与所研究的交通冲突相对应，从中进一步筛选出发生时间为白天且发生地点为调查进口道的交通事故，最终得到 43 起追尾交通事故。

具体交通参数数据信息和交通事故数据信息见表 8-1。

表 8-1　交通参数数据信息和交通事故数据汇总统计表

数据类型		72 大街-128 街	72 大街-132 街	64 大街-乔治国王大道	弗雷泽路-168 街
视频时长/h		4	3	2	4
信号周期数/个		133	79	44	116
交通量 V/(辆/周期)	均值	13.45	13.43	10.43	13.61
	标准差	4.99	3.52	2.53	3.94
	最小值	2	7	6	3
	最大值	28	25	14	23
交通波面积 A/(km · s)	均值	1.37	0.96	0.61	1.08
	标准差	1.23	0.72	0.42	0.89
	最小值	0	0	0	0
	最大值	4.45	2.90	1.80	5.66
队列比 P	均值	1.10	1.07	1.57	1.13
	标准差	0.32	0.35	0.35	0.27
	最小值	0	0.14	0.55	0.32
	最大值	1.88	1.72	2.27	1.75
MTTC 值/s	均值	1.83	1.63	1.75	1.61
	标准差	0.72	0.72	0.64	0.82
	最小值	0.13	0.15	0.12	0.03
	最大值	3.82	3.75	3.66	3.74
事故数/次	2013	8	0	9	4
	2014	3	1	7	3
	2015	3	0	2	3

8.3　交通事故风险实时预测模型构建

信号交叉口交通事故风险实时预测可以针对每一个交叉口分别建立区组极值模型，即建立四个独立的区组极值模型来分别计算各个交叉口的事故风险和周期事故重现水平。然而，虽然每个交叉口的交通冲突数量较多，但冲突极值(即 MTTC 值较小的交通冲突)的数量较为有限，这会影响极值模型参数估计的准确性并产生较大的不确定性，在一定程度上影响事故风险实时预测的准确度。

为了克服这些缺陷，本节采用具有三级结构的贝叶斯层级广义极值模型，将不同地点的冲突样本结合进行模型构建，从而保证足够数量的极值样本并提高模型的预测准确度。具体模型结构如下：

$$G(z_{ij} < z \mid \mu_{ij}, \phi_{ij}, \xi_{ij}) = \exp\left\{-\left[1+\xi_{ij}\left(\frac{z-\mu_{ij}}{\exp\phi_{ij}}\right)\right]^{-1/\xi_{ij}}\right\} \tag{8-4}$$

$$\begin{cases} \mu_{ij} = \alpha_{\mu j} + \boldsymbol{\alpha}_{\mu}\boldsymbol{X} \\ \phi_{ij} = \alpha_{\phi j} + \boldsymbol{\alpha}_{\phi}\boldsymbol{X} \\ \xi_{ij} = \alpha_{\xi j} \end{cases} \tag{8-5}$$

式中，$G(\cdot)$ 为广义极值分布；z_{ij} 为交叉口 j 上第 i 个周期负 MTTC 的最大值；μ_{ij}、$\phi_{ij} = \log\sigma_{ij}$、$\xi_{ij}$ 分别为广义极值分布的位置、尺度和形状参数；$\boldsymbol{\alpha}_{\mu}$ 和 $\boldsymbol{\alpha}_{\phi}$ 为回归系数向量；$\boldsymbol{X}$ 为解释变量向量；$\alpha_{\mu j}$、$\alpha_{\phi j}$ 和 $\alpha_{\xi j}$ 为常数项。

式(8-4)代表的是数据层，式(8-5)代表的是过程层。除此之外，还有一层先验信息层，用于为式(8-5)中的模型参数分配先验分布。因为并不知道模型参数的任何先验信息，所以对大部分参数均采用无信息先验分布，即假设 $\alpha_{\mu j}$、$\alpha_{\phi j}$、$\boldsymbol{\alpha}_{\mu}$ 和 $\boldsymbol{\alpha}_{\phi}$ 服从均值为 0、方差为 10^6 的正态分布，即 Normal$(0,10^6)$。对于形状参数的先验分布，考虑到广义极值分布对其形状参数比较敏感，而不恰当的先验分布很可能导致模型估计无法收敛，参照已有的交通安全领域的极值模型，假设形状参数的 $\alpha_{\xi j}$ 服从区间为$(-1.0,1.0)$的均匀分布，即 Uniform$(-1.0,1.0)$。

在这种三级层级结构下，根据贝叶斯理论可以求得层级广义极值分布模型参数的后验分布，即

$$\begin{aligned} p(\theta \mid Z) &\propto \underbrace{p_1(Z \mid \theta_1)}_{\text{数据}}\underbrace{p_2(\theta_1 \mid \theta_2)}_{\text{过程}}\underbrace{p_3(\theta_3)}_{\text{先验信息}} \\ &\propto \prod_{i=1}^{n_i}\prod_{j=1}^{s}\text{GEV}(z_{ij} \mid \mu_{ij}, \phi_{ij}, \xi_{ij}) \times p(\mu_{ij} \mid X, \alpha_{\mu j}, \boldsymbol{\alpha}_{\mu}) \times p(\phi_{ij} \mid X, \alpha_{\phi j}, \boldsymbol{\alpha}_{j}) \\ &\quad \times p(\xi_{ij} \mid \alpha_{\xi j}) \times p_{\alpha_{\mu j}}(\alpha_{\mu j}) \times p_{\boldsymbol{\alpha}_{\mu}}(\boldsymbol{\alpha}_{\mu}) \times p_{\alpha_{\phi j}}(\alpha_{\phi j}) \times p_{\boldsymbol{\alpha}_{j}}(\boldsymbol{\alpha}_{j}) \times p_{\alpha_{\xi j}}(\alpha_{\xi j}) \end{aligned} \tag{8-6}$$

式中，p_j 为第 j 层的概率密度函数；Z 为数据集合；θ 为模型参数集合。贝叶斯层级广义极值分布模型的后验分布也是通过基于吉布斯抽样的 MCMC 仿真求解的。考虑不同的变量组合及将变量连接至不同的分布模型参数，可以得到一系列不同的贝叶斯层级广义极值分布模型。最优模型的选择依然以偏差信息量准则(DIC)为根据。

8.4　信号交叉口交通事故风险实时分析

8.4.1　模型估计结果

将三个动态交通参数分别引入广义极值分布模型的位置参数、尺度参数，并同时引入位置和尺度参数，分别构建了三个模型，依次记为 BHM_GEV(1,0,0)、BHM_GEV(0,1,0) 和 BHM_GEV(1,1,0)。此外，BHM_GEV(1,1,0) 仅考虑了 BHM_GEV(1,0,0) 和 BHM_GEV(0,1,0) 中的显著变量。

模型参数估计所用的 MCMC 仿真通过 WinBUGS 软件编程实现。对于每一个模型参数，设置了初始值不同的两个马尔可夫链，并分别迭代 50000 次。模型参数的后验分布通过后 30000 次迭代值计算得到。此外，通过 Gelman-Rubin 统计值和两个链条的混合情况(图 8-3)验证了所建立的模型的收敛性。具体模型估计结果见表 8-2。

根据估计模型的 DIC 值可知，BHM_GEV(1,1,0) 的 DIC 值最小且与其他两个模型的差值均大于 9，这说明 BHM_GEV(1,1,0) 明显优于其他两个模型。此外，交通量(V)、交通波面积(A)和队列比(P)对广义极值分布的位置参数有显著影响，而仅有交通波面积(A)对广义极值分布的尺度参数有显著影响。

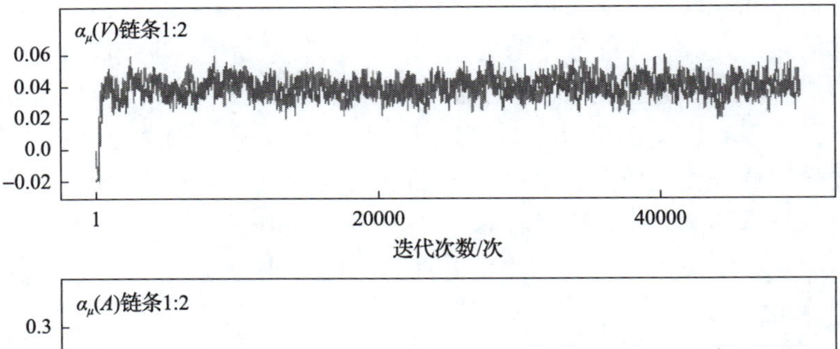

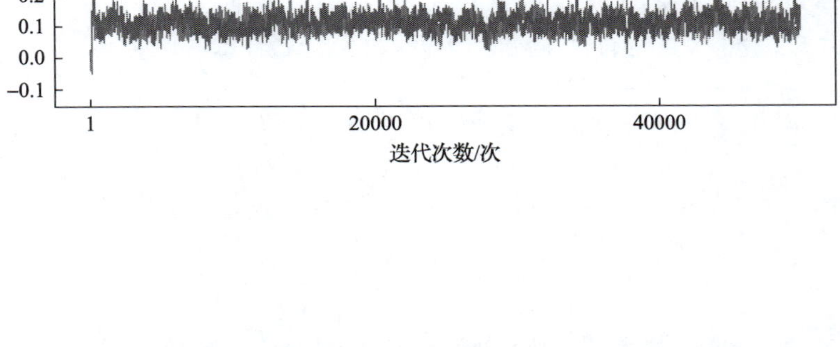

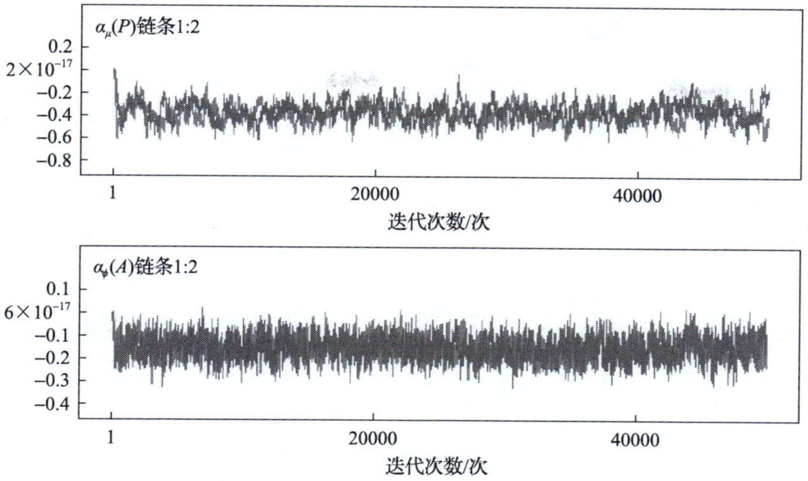

图 8-3　BHM_GEV(1,1,0)模型协变量迭代过程

表 8-2　模型估计结果

参数		BHM_GEV(1,0,0)				BHM_GEV(0,1,0)				BHM_GEV(1,1,0)			
		均值	标准差	2.50%	97.50%	均值	标准差	2.50%	97.50%	均值	标准差	2.50%	97.50%
μ	$\alpha_{\mu[1]}$	−1.484	0.098	−1.673	−1.285	−1.229	0.049	−1.327	−1.131	−1.433	0.109	−1.649	−1.224
	$\alpha_{\mu[2]}$	−1.804	0.103	−2.007	−1.602	−1.558	0.073	−1.711	−1.422	−1.744	0.108	−1.955	−1.530
	$\alpha_{\mu[3]}$	−1.460	0.141	−1.731	−1.184	−1.477	0.109	−1.704	−1.276	−1.343	0.149	−1.633	−1.048
	$\alpha_{\mu[4]}$	−1.527	0.097	−1.710	−1.326	−1.296	0.059	−1.417	−1.188	−1.461	0.106	−1.669	−1.254
	$\alpha_{\mu}(V)$	0.035	0.005	0.025	0.045	—	—	—	—	0.039	0.006	0.028	0.051
	$\alpha_{\mu}(A)$	0.126	0.026	0.075	0.176	—	—	—	—	0.109	0.026	0.059	0.160
	$\alpha_{\mu}(P)$	−0.281	0.069	−0.419	−0.155	—	—		—	−0.362	0.084	−0.525	−0.195
ϕ	$\alpha_{\phi[1]}$	−1.108	0.067	−1.233	−0.970	−1.198	0.104	−1.390	−0.986	−0.895	0.108	−1.097	−0.673
	$\alpha_{\phi[2]}$	−0.718	0.097	−0.895	−0.512	−0.972	0.133	−1.224	−0.704	−0.628	0.099	−0.813	−0.425
	$\alpha_{\phi[3]}$	−0.618	0.129	−0.845	−0.327	−0.767	0.147	−1.034	−0.454	−0.566	0.123	−0.781	−0.294
	$\alpha_{\phi[4]}$	−0.862	0.081	−1.011	−0.692	−0.934	0.118	−1.156	−0.704	−0.758	0.085	−0.919	−0.586
	$\alpha_{\phi}(V)$	—	—	—	—	0.025	0.007	0.011	0.039	—	—	—	—
	$\alpha_{\phi}(A)$	—	—	—	—	0.069	0.037	0.002	0.149	−0.144	0.049	−0.236	−0.047
	$\alpha_{\phi}(P)$	—	—	—	—	—	—	—	—	—	—	—	—
ξ	$\alpha_{\xi[1]}$	−0.318	0.044	−0.400	−0.227	−0.469	0.050	−0.574	−0.375	−0.385	0.054	−0.489	−0.279
	$\alpha_{\xi[2]}$	−0.463	0.076	−0.611	−0.310	−0.474	0.079	−0.633	−0.320	−0.359	0.079	−0.512	−0.198
	$\alpha_{\xi[3]}$	−0.455	0.099	−0.658	−0.265	−0.561	0.099	−0.763	−0.370	−0.393	0.097	−0.564	−0.177
	$\alpha_{\xi[4]}$	−0.527	0.073	−0.678	−0.392	−0.708	0.074	−0.857	−0.564	−0.435	0.078	−0.593	−0.289
$\bar{D}$		80300.0				80430.0				80290.0			
p_D		13.5				11.8				14.5			
DIC		80313.5				80441.8				80304.5			

8.4.2　安全评价指标计算结果

结合估计得到的 BHM_GEV(1,1,0)模型和每个周期的交通参数(即 V、A、P)值，可计算得到每个信号周期对应的广义极值分布。以 64 大街-乔治国王大道交叉口为例，该交叉口共有 44 个信号周期(编号为 213～256)的数据，估计得到各个周期的分布，如图 8-4 所示。实际上，广义极值分布图形本身即表示该周期内交通冲突的聚集情况及分布距离事故区域(MTTC=0)的远近情况。当分布的右尾部穿过 MTTC=0 的点且概率非 0 时，表明对应的周期存在事故风险。由图 8-4 可以看出，64 大街-乔治国王大道交叉口共有 4 个信号周期存在事故风险，对应的编号分别为 226、233、247 和 253。

为了进一步量化分析各个交叉口的实时交通安全水平，根据式(8-2)和式(8-3)计算得到各个周期的事故风险(RoC)值和周期重现水平(RLC)值。在计算 RLC 值时，式(8-3)的 p 取值为 $1/(365\times12\times60/2)\approx0.000007$，其中 2min 为信号周期时长的平均值。在该 p 值条件下，计算得到的 RLC 值表示的是在全年某一信号交叉口所有信号周期内的交通参数都相同情况下所对应的最大负 MTTC 值。四个信号交叉口各周期 RoC 和 RLC 值的变化情况如图 8-5 所示。

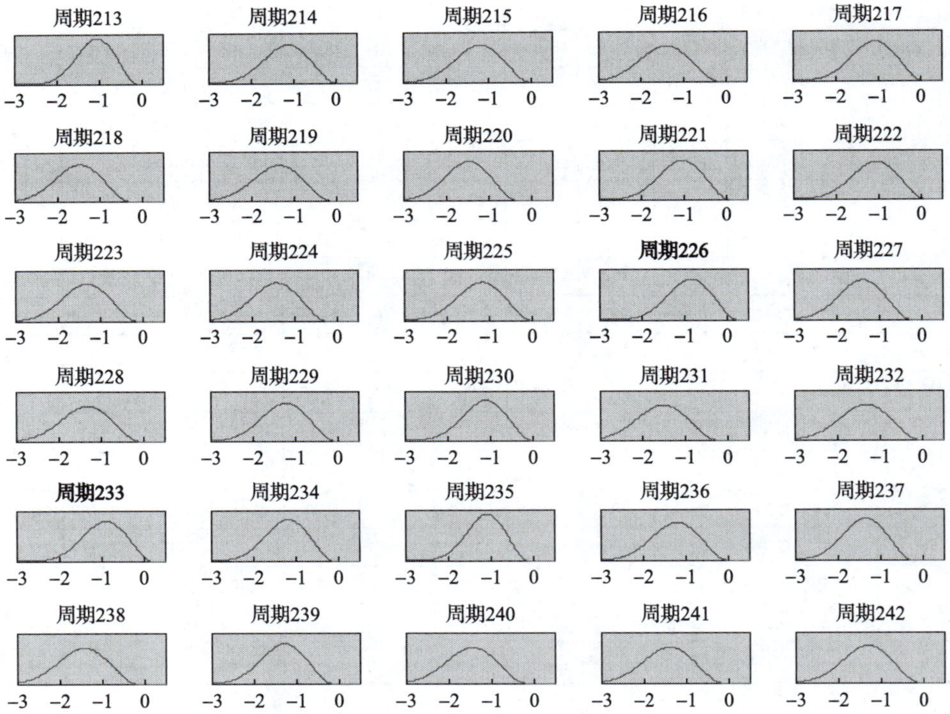

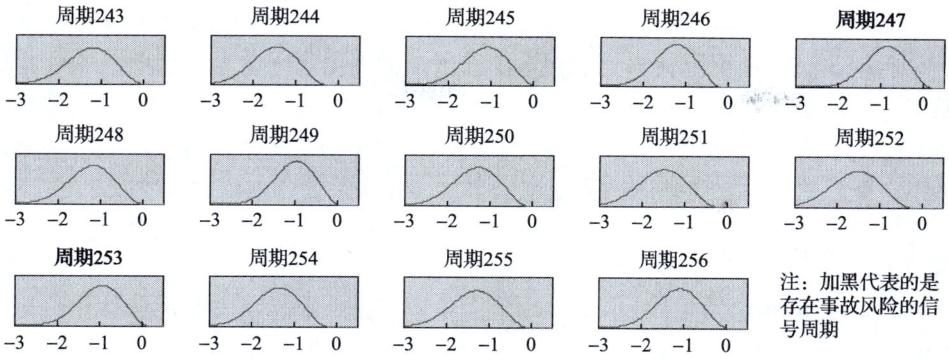

图 8-4　64 大街-乔治国王大道各个周期的广义极值分布

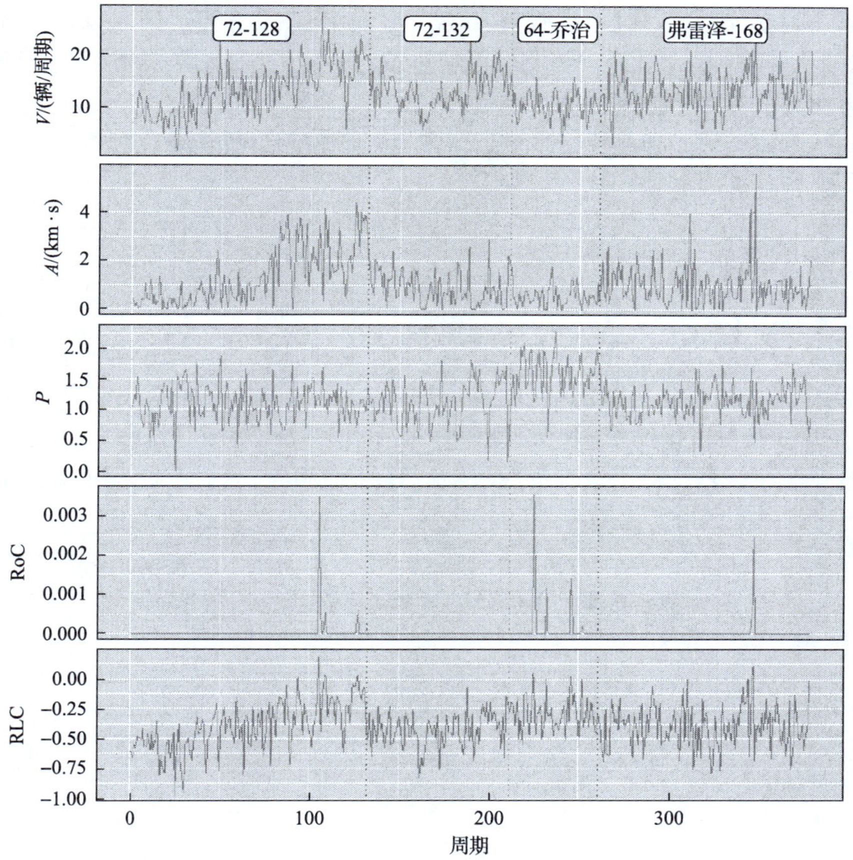

图 8-5　各周期的交通参数（V、A、P）及其事故风险（RoC）、周期事故重现水平（RLC）值

由图 8-5 可以看出，两个安全评价指标均随着各个信号周期交通参数的变化而动态变化，并且周期事故重现水平（RLC）的波动更为明显。如前文所述，事故风险（RoC）为非负值，当 RoC＞0 时其对应的信号周期存在交通事故风险，否则

对应的信号周期可视为安全。然而，即使是“安全”的信号周期，其安全水平也不完全一致，RLC 可反映出“安全”信号周期的安全水平差异。因此，RoC 指标可以直接表明某一信号周期是否存在事故风险及风险水平，而 RLC 指标的安全含义虽然不像 RoC 那么直接，但它与 RoC 存在正相关关系，可以用来进一步区分“安全”(RoC=0)信号周期的安全水平。

8.4.3　实时风险预测结果验证

由于缺少信号周期水平上的交通事故数据，本节从集计的角度验证实时风险预测的结果。如前面几章的处理方法一样，非负的事故风险值可以被视为每个信号周期发生的事故数，因此将一个交叉口所有信号周期的事故数相加即可得到观测时段内的事故总数。进一步假设该观测时段的事故总数可以代表该交叉口更长时段(如一年)的事故水平，因此即可通过 $C_T = N_T/N_t \cdot C_t$ 计算得到该信号交叉口的年事故数，其中 C_t 为观测时段事故数(次)，C_T 为年事故数(次)，N_T/N_t 为年周期数与观测时段周期数的比值。最后，通过对比预测事故数和观测事故数可以验证模型的预测准确度。

按照上述思路计算得到四个交叉口的预测年均事故数分别为 5.5、0、9.7 和 3.7。预测事故数与观测事故数的对比如图 8-6 所示。图中观测事故数的 95%置信区间仍是通过假设其服从 Poisson 分布，按公式 $\left\{\lambda: \dfrac{1}{2n}\chi^2_{2y_0,0.975} \leqslant \lambda \leqslant \dfrac{1}{2n}\chi^2_{2(y_0+1),0.025}\right\}$ 计算得到，其中 n=3 为观测事故的时间跨度，y_0 为一个交叉口在 3 年时间内的观测事故总数。由该图可知，模型预测事故数与观测事故数总体较为接近，且大部分预测事故数均位于观测事故数 95%置信区间内，这说明模型的预测准确度较高。

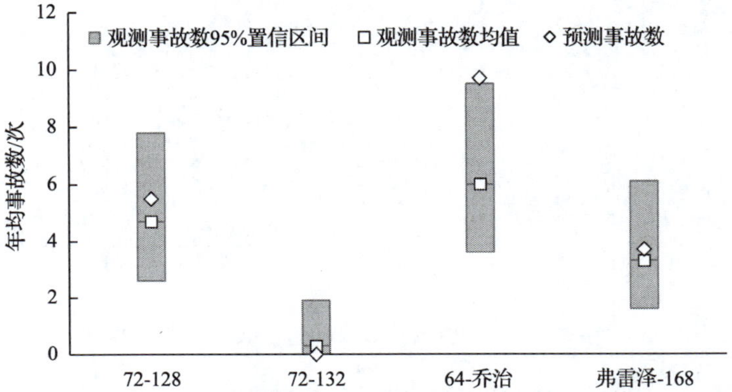

图 8-6　预测事故数与观测事故数对比

参 考 文 献

[1] Tarko A P. Safe Mobility: Challenges, Methodology and Solutions[M]. Bingley: Emerald Publishing, 2019.

[2] Perkins R S, Harris J I. Traffic conflict characteristics-accident potential at intersections[J]. Highway Research Record, 1968, 225: 35-43.

[3] Hayward J C. Near misses as a measure of safety at urban intersections[D]. Philadelphia: The Pennsylvania State University, 1971.

[4] Amundsen F H, Hydén C. Proceedings of the 1st Workshop on Traffic Conflicts[C]. Oslo, 1977.

[5] Fisher R A, Tippett L H C. Limiting forms of the frequency distribution of the largest and smallest member of a sample[J]. Mathematical Proceedings of the Cambridge Philosophical Society, 1928, 24(2): 180-190.

[6] Gnedenko B V. Surla distribution limite du terme maximum d’une serie aleatoire[J]. Annals of Mathematics, 1943, 44(3): 423-453.

[7] Gumbel E J. Statistics of Extremes[M]. New York: Columbia University Press, 1958.

[8] Campbell K, Joksch H C, Green P E. A bridging analysis for estimating the benefits of active safety technologies[R]. Ann Arbor: University of Michigan, 1996.

[9] Songchitruksa P. Innovative non-crash-based safety estimation: An extreme value theory approach[D]. West Lafayette: Purdue University, 2004.

[10] Songchitruksa P, Tarko A P. The extreme value theory approach to safety estimation[J]. Accident Analysis and Prevention, 2006, 38(4): 811-822.

[11] Tarko A P. Use of crash surrogates and exceedance statistics to estimate road safety[J]. Accident Analysis and Prevention, 2012, 45: 230-240.

[12] Hydén C. The development of a method for traffic safety evaluation: The Swedish traffic conflicts technique[D]. Lund: Lund Institute of Technology, 1987.

[13] Minderhoud M M, Bovy P H. Extended time-to-collision measures for road traffic safety assessment[J]. Accident Analysis and Prevention, 2001, 33(1): 89-97.

[14] Ozbay K, Yang H, Bartin B, et al. Derivation and validation of new simulation-based surrogate safety measure[J]. Transportation Research Record: Journal of the Transportation Research Board, 2008, 2083: 105-113.

[15] Cooper P J. Experience with traffic conflicts in Canada with emphasis on post encroachment time techniques[C]. Proceedings of the the NATO Advanced Research Workshop on International Calibration Study of Traffic Conflict Techniques, Copenhagen, 1983.

[16] Laureshyn A, De Ceunynck T, Karlsson C, et al. In search of the severity dimension of traffic events: Extended Delta-V as a traffic conflict indicator[J]. Accident Analysis and Prevention, 2017, 98: 46-56.

[17] Allen B L, Shin B T, Cooper P J. Analysis of traffic conflicts and collisions[J]. Transportation Research Record: Journal of the Transportation Research Board, 1978, 667: 67-74.

[18] Uno N, Iida Y, Itsubo S, et al. A microscopic analysis of traffic conflict caused by lane-changing vehicle at weaving section[C]. Proceedings of the 13th Mini-Euro Conference Handling Uncertainty in Transportation Analysis of Traffic and Transportation Systems, Bari, 2002.

[19] Gettman D, Head L. Surrogate safety measures from traffic simulation models[J]. Transportation Research Record: Journal of the Transportation Research Board, 2003, 1840: 104-115.

[20] Bagdadi O. Estimation of the severity of safety critical events[J]. Accident Analysis and Prevention, 2013, 50: 167-174.

[21] Saunier N, Sayed T. Automated analysis of road safety with video data[J]. Transportation Research Record: Journal of the Transportation Research Board, 2007, 2019: 57-64.

[22] Saunier N, Sayed T. Probabilistic framework for the automated analysis of the exposure to road collision[J]. Transportation Research Record: Journal of the Transportation Research Board, 2008, 2083: 96-104.

[23] Ismail K, Sayed T, Saunier N. Automated analysis of pedestrian-vehicle conflicts: Context for before-and-after studies[J]. Transportation Research Record: Journal of the Transportation Research Board, 2010, 2198: 52-64.

[24] Kraay J H, van der Horst A R A, Oppe S. Manual conflict observation techniqiue DOCTOR (Dutch objective conflict technique for operation and research) [R]. Voorburg: Foundation Road Safety for All, 2013.

[25] Parker M R, Zegeer C V. Traffic conflict techniques for safety and operations-observers manual[R]. Washington DC: Federal Highway Administration, 1989.

[26] Hauer E, Garder P. Research into validity of traffic conflicts technique[J]. Accident Analysis and Prevention, 1986, 18(6): 471-481.

[27] Hauer E. Traffic conflicts and exposure[J]. Accident Analysis and Prevention, 1982, 14(50): 359-364.

[28] El-Basyouny K, Sayed T. Safety performance functions using traffic conflicts[J]. Safety Science, 2013, 51(1): 160-164.

[29] Davis G A, Hourdos J, Xiong H, et al. Outline for a causal model of traffic conflicts and crashes[J]. Accident Analysis and Prevention, 2011, 43(6): 1907-1919.

[30] Saunier N, Sayed T, Ismail K. Large-scale automated analysis of vehicle interactions and collisions[J]. Transportation Research Record: Journal of the Transportation Research Board, 2010, 2147: 42-50.

[31] Tarko A P, Davis, G, Saunier N, et al. Surrogate measures of safety—A white paper[R]. Washington DC: Transportation Research Board, 2009.

[32] Hosking J R M, Wallis J R, Wood E F. Estimation of the generalized extreme value distribution by the method of probability-weighted moments[J]. Technometrics, 1985, 27(3): 251-261.

[33] Smith R L. Maximum likelihood estimation in a class of nom-regular cases[J]. Biometrika, 1985, 72: 67-90.

[34] Coles S. An Introduction to Statistical Modeling of Extreme Values[M]. London: Springer, 2001.

[35] Rao C R. Linear Statistical Inference and Its Applications[M]. 2nd ed. New York: John Wiley & Sons, 1973.

[36] Beirlant J, Goegebeur Y, Segers J, et al. Statistics of Extremes: Theory and Applications[M]. San Francisco: John Wiley & Sons, 2004.

[37] Caries S. A comparative simulation study of the annual maxima and the peaks-over-threshold methods[R]. Delft: Delft University of Technology, 2009.

[38] Jarušková D, Hanek M. Peaks over threshold method in comparison with block-maxima method for estimating high return levels of several northern Moravia precipitation and discharges series[J]. Journal of Hydrology and Hydromechanics, 2006, 54(4): 309-319.

[39] Fatema T, Ismail K, Hassan Y. Validation of probabilistic model for design of freeway entrance speed change lanes[J]. Transportation Research Record: Journal of Transportation Research Board, 2014, 2460: 97-106.

[40] Stephenson A G. EVD: Extreme value distributions[J]. R News, 2002, 2(2): 31-32.

[41] Essa M, Sayed T. Traffic conflict models to evaluate the safety of signalized intersections at the cycle level[J]. Transportation Research Part C, 2018, 89: 289-302.

[42] Gilleland E, Katz R. in2extRemes: Into the R package extRemes. Extreme value analysis for weather and climate applications[R]. Boulder: National Center for Atmospheric Research, 2016.

[43] Cunto F, Saccomanno F. Calibration and validation of simulated vehicle safety performance at signalized intersections[J]. Accident Analysis and Prevention, 2008, 40(3): 1171-1179.

[44] Glauz W D, Migletz D J. Application of traffic conflict analysis at intersections[R]. Washington DC: Transportation Research Board, 1980.

[45] Svensson Å. A method for analysing the traffic process in a safety perspective[D]. Lund: University of Lund, 1998.

[46] Berhrens C N, Lopes H F, Gamerman D. Bayesian analysis of extreme events with threshold estimation[J]. Statistical Modelling, 2004, 4: 227-244.

[47] Mendes B, Lopes H F. Data driven estimates for mixtures[J]. Computational Statistics & Data Analysis, 2004, 47(3): 583-598.

[48] Lee D, Li W K, Wong T S T. Modeling insurance claims via a mixture exponential model combined with peaks-over-threshold approach[J]. Insurance: Mathematics and Economics, 2012, 51: 538-550.

[49] Coles S, Tawn J A. A Bayesian analysis of extreme rainfall data[J]. Applied Statistics, 1996, 45: 463-478.

[50] Ismail K, Sayed T, Saunier N. Methodologies for aggregating indicators of traffic conflict[J]. Transportation Research Record: Journal of the Transportation Research Board, 2011, 2237: 10-19.

[51] Hauer E. Observational Before-after Studies in Road Safety[M]. Oxford: Pergamon Press, 1997.

[52] Brown G R. Traffic conflict for road user safety studies[J]. Canadian Journal of Civil Engineering, 1994, 21(1): 1-15.

[53] Tarrall M, Dixon K. Conflict analysis for double left-turn lanes with protected-plus-permitted signal phases[J]. Transportation Research Record: Journal of the Transportation Research Board, 1998, 1635: 105-112.

[54] Autey J, Sayed T, Zaki M. Safety evaluation of right-turn smart channels using automated traffic conflict analysis[J]. Accident Analysis and Prevention, 2012, 45: 120-130.

[55] Reyad P, Sacchi E, Ibrahim S, et al. Traffic conflict-based before-after study with use of comparison groups and the empirical Bayes method[J]. Transportation Research Record: Journal of the Transportation Research Board, 2017, 2659: 15-24.

[56] El-Basyouny K, Sayed T. Urban arterial accident prediction models with spatial effects[J]. Transportation Research Record: Journal of the Transportation Research Board, 2009, 2102: 27-33.

[57] El-Basyouny K, Sayed T. Measuring direct and indirect treatment effects using safety performance intervention functions[J]. Safety Science, 2012, 50(4): 1125-1132.

[58] El-Basyouny K, Sayed T. Measuring safety treatment effects using full Bayes non-linear safety performance intervention functions[J]. Accident Analysis and Prevention, 2012, 45: 152-163.

[59] Hossain M, Abdel-Aty M, Quddus M A, et al. Real-time crash prediction models: State-of-the-art, design pathways and ubiquitous requirements[J]. Accident Analysis and Prevention, 2019, 124: 66-84.

[60] Roshandel S, Zheng Z, Washington S. Impact of real-time traffic characteristics on freeway crash occurrence: Systematic review and meta-analysis[J]. Accident Analysis and Prevention, 2015, 79: 198-211.

编 后 记

“博士后文库”是汇集自然科学领域博士后研究人员优秀学术成果的系列丛书。“博士后文库”致力于打造专属于博士后学术创新的旗舰品牌，营造博士后百花齐放的学术氛围，提升博士后优秀成果的学术影响力和社会影响力。

“博士后文库”出版资助工作开展以来，得到了全国博士后管委会办公室、中国博士后科学基金会、中国科学院、科学出版社等有关单位领导的大力支持，众多热心博士后事业的专家学者给予积极的建议，工作人员做了大量艰苦细致的工作。在此，我们一并表示感谢！

“博士后文库”编委会